文物保护与文物藏品管理研究

王经芹　赵庆阳◎著

吉林科学技术出版社

图书在版编目（CIP）数据

文物保护与文物藏品管理研究 / 王经芹，赵庆阳著
. -- 长春 ：吉林科学技术出版社，2023.7
ISBN 978-7-5744-0780-0

Ⅰ．①文… Ⅱ．①王… ②赵… Ⅲ．①文物保护－研
究②文物－藏品保管(博物馆)－研究 Ⅳ．①G26

中国国家版本馆CIP数据核字(2023)第157599号

文物保护与文物藏品管理研究

著　　　 王经芹　 赵庆阳
出 版 人　宛　霞
责任编辑　张伟泽
封面设计　皓麒图书
制　 版　皓麒图书
幅面尺寸　185mm×260mm
开　 本　16
字　 数　250千字
印　 张　18
印　 数　1-1500册
版　 次　2023年7月第1版
印　 次　2024年2月第1次印刷

出　 版　吉林科学技术出版社
发　 行　吉林科学技术出版社
地　 址　长春市福祉大路5788号
邮　 编　130118
发行部电话/传真　0431-81629529 81629530 81629531
　　　　　　　　 81629532 81629533 81629534
储运部电话　0431-86059116
编辑部电话　0431-81629518
印　 刷　三河市嵩川印刷有限公司

书　 号　ISBN 978-7-5744-0780-0
定　 价　85.00元

王经芹，女，汉族，1983 年 2 月出生，临沂市郯城县人，研究生毕业于上海外国语大学，现任郯城县博物馆副馆长，郯城县博物馆文物数字化保护与资源应用项目负责人。长期从事文物保护与文物藏品的管理工作，公开发表论文 3 篇，曾获"山东省第一次可移动文物普查先进个人""临沂市第三届全市优秀青年文化工作者"等称号。

赵庆阳，男，汉族，1973 年 12 月出生，山东省，临沂市，沂南县人，中共党员，大学毕业于山东省委党校法律专业，现任山东省沂南县文化和旅游局文物保护中心安全保卫股股长，（沂南县北寨汉画像石墓博物馆研究室主任）。沂南北寨汉画像石墓博物馆画像石廊展览项目负责人。长期从事文物保护、研究工作，公开发表论文六篇。出过《中国汉画像石萃编》、《山东沂南汉墓画像石》、《汉画总录》34.35.36 卷、《沂南汉画像石》、《沂南古画像石墓发掘报告》（增补本）等书籍，曾获《文化大视野》优秀论文奖等称号。

前　言

　　本书主要研究探讨文物收藏品的保护理念和科学保存方法的实用性。文物是人类遗留下的具有历史、艺术等价值的文化遗物，它是人类社会历史发展的重要实物见证。由于历史文物种类繁多，数量很大，分布面广且十分珍贵，为了避免各种人为的和自然的破坏因素，也特别需要加强对文物的社会保护和科技保护工作。本书内容通过多年的工作实践经验总结，以及各方面资料总结有关文物收藏品科学保存方法的实例，对文物藏品的科学保存进行了全方位的探讨，具有很强的专业指导性和实践参考价值。其中王经芹负责 1 到 7 章节，共计 13 万余字，赵庆阳负责 8 到 12 章节，共计 12 万余字，两人均为本书的顺利出版做出较大的贡献。

目录

第一章 文物保护的基础

文物保护是继承文化遗产、发展文化事业的重要内容，在国家提倡大力发展文化产业和文化事业的形势下，我国文物保护取得很大成绩，但与新时期形势发展需要相比，还存在不少问题，认真分析这些问题，探讨新途径和措施对策，加强文物保护与利用，让祖国文化遗产在大力发展文化产业和文化事业中发挥更好的作用，是新时期文物工作者新的课题。本章将对文物保护的基础内容进行简单的阐述。

第一节 文物的概念及分类

一、文物的概念

日常生活中，虽然人们都明白文物所指称的对象，但时至今日，文物在国际上尚无一个被各国共同确认的统一的定义，甚至关于文物的名称、内涵，也没有完全达成共识。

联合国教科文组织一般把文物称作"文化财产"或"文化遗产"，印度和希腊称"古物"，西班牙称"历史遗产"日本则称"文化财产"。

1.文化财产

"文化财产"一词是指"每个国家根据宗教的或世俗的理由，明确指定为具有重要考古、史前史、历史、文学、艺术或科学价值的财产"，具体包括以下几类：（1）动物群落、植物群落、矿物以及具有古生物学意义的物品的稀有收集品和标本；（2）有关历史，包括科学、技术及社会史有关国家领袖、思想家、科学家、艺术家之生平以及有关国家重大事件的财产；（3）考古发掘（包括正常的和秘密的）或考古发现的成果；（4）已肢解的艺术或历史古迹或考古遗址之构成部分；（5）一百年以前的古物，如铭文、钱币和印章；（6）具有人种学意义的文物；（7）有艺术价值的财产，如：1）全部是手工完成的图画、绘画和绘图，不论其装帧框座如何，也不论所用的是何种材料，不包括工业设计图及手工装饰的工业产品；2）用任何材料制成的雕塑艺术和雕刻的原作；3）版画、印片和平版画的原件；4）用任何材料组集或拼集的艺术品原件；（8）稀有手稿和古版书籍，有特殊意义的（历史、艺术、科学、文学等）古书、文件和出版物，不论是单本的或整套的；（9）邮票、印花税票及类似的票证，不论是单张的或成套的；（10）档案，包括有声、照相和电影档案；（11）一百年以前的家具物品和古乐器。

2.文化遗产

"文化遗产"是指："凡从历史、艺术和科学观点看来具有突出的普遍价值的建筑物、雕刻和绘画，具有考古价值的古迹遗存等"；"从历史、艺术和科学观点看来在建筑式样、协调一致性或与环境风景结合方面，具有突出的普遍价值的分散或相互关联的成组建筑"广从历史学、美学或人种学观点看来具有突出的普遍价值的人类工程或自然与人联合工程及考古地址等。

我国明确规定受国家保护的文物包括：

（1）具有历史、艺术、科学价值的古文化遗址、古墓葬、古建筑、石窟寺和石刻；

（2）与重大历史事件、革命运动和著名人物有关的，具有重要纪念意义、教育意义和史料价值的建筑物、遗址、纪念物；

（3）历史上各时代珍贵的艺术品、工艺美术品；

（4）重要的革命文献资料以及具有历史、艺术、科学价值的手稿、古旧资料等；

（5）反映历史上各时代、各民族社会制度、社会生产、社会生活的代表性实物。

具体地说，凡是文物都应具备以下几个基本特征：1）必须是有价值的物质遗存，包括文献形态和狭义的实物形态；2）必须是人类活动的产物；3）必须是已经成为历史的过去且不可能重新创造；4）同文物固有的使用价值的分离。

综上所述，我们可将文物的概念定义为：所谓文物，是指在历史发展过程中，由人类活动产生的，具有历史、艺术、科学价值的物质文化遗存的总称。

3.文物的价值

文物的历史价值在于，凡文物都是人类历史上创造的物质文化遗存，不可能被再生产、再制造，一破坏就无法挽回；同时，文物又是一定历史时期人类为适应生产、生活和其他社会活动之需的产物，无不打上时代的烙印，体现出明显的时代特征；蕴涵着该时代的各个方面信息。通过文物的不同侧面可以探讨当时社会的各个侧面，而文物系列整体，则是历史进程的物证。

文物的艺术价值主要是指文物本身所表现出的艺术性。主要表现在：

（1）审美、欣赏、愉悦功能：许多艺术性的文物具有它永不磨灭的魅力，永远给人以艺术启迪和美的享受，给人以联想并陶冶人的情操，给人以娱乐并寓教于乐。

（2）借鉴作用：许多艺术性的文物都是历史上著名的艺术家或劳动人民智慧的结晶，其中蕴涵着许多宝贵经验，永远值得后人参考借鉴。

（3）资料价值：艺术性的文物表现了文物产生时代的艺术风格、工艺技术水平、当时人们的审美观点，可为美学、美术史、艺术史的研究提供弥足珍贵的实物资料。

文物的科学价值是指文物蕴涵的知识、科学与技术信息所具有的价值。

它主要体现在：

1）反映了当时社会的生产力水平和科学技术水平，是各门科学发展的实物例证，从许多具有科学价值的文物中我们可以看出科学技术发展的历程。实践也证明，各门科学史都需要用实物来证明。

2）具有科学价值的文物可以为今天的科学技术研究所借鉴，服务于当今建设，真正做到"古为今用"。

二、文物的分类

1.文物分类的目的

文物分类的主要目的，见表 1-1。

表 1-1 文物分类的目的

目的	内容
便于文物的科学管理	首先，文物不分类，就是一种无序状态，科学管理无从谈起。其次，不同文物具有不同的特点，其管理需要采取不同的方法，手段和措施。如不同文物体积有差，重量有别，价值殊异，构成的材质也不相同，其管理自应有别。最后，是实行计算机管理的客观需要与基础
便于文物的整理研究和利用	如，对博物馆来说，其文物藏品少者上万件，多者几十万、几百万件，乃至上千万件。如此多的文物馆藏，若不进行分类，要查找某种藏品，岂不是大海捞针？研究和利用更无从谈起
为了更好地保存文物	由于组成文物的材料不同，在理化性质上存在着明显差异，要求的存放环境不同，所采取的保护处理方法也不同。如金属材料文物需要干燥的环境，而漆木竹雕文物则须保存在适当润湿的环境

2.文物分类的原则

（1）在同一次分类中，应遵循同一标准的原则。一次分类中，不能同时使用各种分类标准，否则，将会引起混乱。

（2）按一定标准将同类文物划归为一类。这一原则可以指导人们选择某一分类标准把各种各样的文物划归为几个不同的大类，然后在大类中再进一步分成小类。

至于选择何种分类标准，则根据收藏、宣传、研究、保护、教学等的需要而定。

（3）一种分类法只能依一个标准。由于文物十分庞杂，又涉及收藏、保护、宣传、研究等问题，所以文物分类不可能只用一个标准和一种方法，而要根据需要制定多种标准和多种方法。但在采用某一方法进行文物分类时，不能同时用两个标准或交叉使用两个标准对文物进行分类，而只能用一个方法，一种标准。不过为实际需要，在经统一标准划分出来的大类中，采用另一种标准和方法将大类逐步分成小类，则是可以的。

（4）对复合体文物进行分类，应以约定俗成为原则。复合体文物是指以明显不同质地的材料制成的器物。所谓"约定俗成"原则，系指在长期分类实践中形成的行之有效的原则，它是以器物的主要质地和复合材料中某种材料对器物功能所起决定作用，作为划分类别的科学依据。

3.文物分类的方法

文物分类的方法较多，一般而言，文物分类标准的制定和文物分类方法的运用，均以文物收藏、保护、宣传、研究、教学的需要而定，现概述如下：

（1）时间分类法：是以文物制作的时代为标准，对文物进行分类的方法。任何文物都产生于一定的时代（年代），没有时代的文物是不存在的，这是时代分类的科学依据所在。至于有的文物由于流传物本身原因，时代一时尚难判断，这应属对文物的认识问题和文物必产生于特定的时代是完全不同的两个问题。

在按时代分类时，要注意世界各国的共性和特性，如有的国家将文物分为石器时代文物、铜器时代文物、铁器时代文物；而我国则分为古代文物和近现代文物。其中，古代文物又分为史前文物和历史时期文物。史前文物一般分为旧石器时代文物和新石器时代文物，由于时间跨度长，为便于研究，还可再划分出早、中、晚期。而历史时期的古代文物，一般按朝代划分为夏代文物、商代文物、周代文物、战国文物、秦代文物、汉代文物、魏晋南北朝文物、隋代文物、唐代文物、五代十国文物、宋代文物、辽代文物、金代文物、元代文物、明代文物、清代文物。近代文物，一般指 1840 年至 1919 年间的文物。现代文物，一般指 1919 年至当代的文物。

（2）区域分类法：是以文物所在地为标准，对文物进行分类的方法。文物有产生它的地点，或有出土地点，或有收藏地点，或有埋藏地点，或有建立的地点，等等。总之，都有它的所在位置。离开了具体的地点，文物是无法存在的。区域分类法就是以此为根据，按照文物所在的区域实行归类。通过区域归类文物，可以使人们对某个区域的文物有比较全面的了解，对研究该地区的历史提供比较全面的资料，特别是有利于加强对文物实行区域的管理。

以区域分类法对文物进行归类，首先对区域要有一个范围界定，一般来说，有以行政区划分范围的区域，即国家权力机关或政权机关批准的行政区域，它有严格的区划界线，如北京文物、安徽文物、新疆文物；还有以地理自然位置为范围的区域，即地理（自然）区域，这个区域没有严格界线，其界线是模糊的，如黄河流域、长江流域、淮河流域；还有一种依自然地理的相对位置来划分的区域，如中原与边疆。

（3）功用分类法：是以文物的功用为标准对文物进行分类的方法。作为社会生产和社会生活的历史遗存，文物是为了达到一定的目的而制作的，换句话说，任何一种文物，都有它的用途。正由于此，在对文物分类时，通过对其功用的研究，可以把功用相同或基本相同的文物聚为一类，形成不同的类别。

文物的功用与其形制是分不开的，形制是文物的外形，可以看得见、摸得着，形象、具体。而文物的功用是其内涵，附着于文物的形体中，并通过人利用其形体发挥作用。但按文物功用分类，有某一功用的文物，其形制并不完全相同，往往会因为时代而异。

按功用分类，文物一般可分为古建筑和古器物。其中，古建筑一般包括城市建筑、宫殿建筑、衙署建筑、园林建筑、宗教建筑、馆堂建筑、坛庙建筑、书院建筑、民居建筑、交通建筑、水利建筑、纪念建筑等；古器物则包括农具、手工工具、兵器、炊器、盛器、酒器、水器、乐器、计量器、杂项等。

按功用对文物进行分类，可不受文物的年代和质地的限制，即可以把不同时代不同质地而功用相同的文物划归为一类，有助于对文物进行更深层次的研究。

（4）质地分类法：是以制作文物的材料为标准，对文物进行分类的方法。文物是有一定的物质材料制作而成的文化遗物，由于所用物质材料的多样性，根据不同质地材料进行文物归类，是质地分类法的出发点。

质地分类法主要用于对古器物的归类。这种分类方法有着悠久的历史，时至今日，我国博物馆藏品，还大都采用按质地分类，西方博物馆也大多采用这种方法对文物藏品进行分类。这是因为文物藏品按质地分类优点很多，不同质地的文物藏品对保存环境有着很不相同的要求，所采取的保护方法也不相同。当然，按这种方法进行分类，也存在着判明质地的困难，主要是有些文物并非由单一的材料制成，此时，若能采用现代科学技术，对古器物进行物理鉴定或化学定性、定量分析，将能使文物质地的判定更加科学，从而为按质地对文物进行分类提供更为科学的依据。

（5）属性分类法：是以文物的社会属性、科学文化属性为标准，对文物进行分类的方法，亦即以文物的性质为标准进行分类的方法。文物是人类社会活动的遗存，人们的任何活动都不是孤立的、无意识的或无目的的，这种社会性或目的性使制作的生产用具和生活用具、文化艺术品等都标上了文化传统的烙印，具有了文化的属性。

文物属性是由文物的用途及其蕴涵所决定的，因此，在运用属性分类法时，必须首先研究文物的用途及其文化内涵，只有这样，才能够比较准确地确定它的性质。

按属性对文物进行分类，主要可划分为礼器类文物、明器类文物、科技文物、宗教文物、民族文物、民俗文物、革命文物、工具类文物、生活用具类文物、交通工具类文物、兵器类文物、乐器类文物、艺术类文物、戏剧类文物、体育类文物等。

（6）价值分类法：是以文物价值为标准，对文物进行分类的方法。文物具有历史、艺术、科学价值，没有价值的历史遗迹和遗物不是文物。按价值分类，主要是根据文物价值的高、低来区分文物，至于价值高、低的确认，需经鉴定。

根据我国文物法规，对文物价值高低的区分，采用两种办法：一、对文物史迹，即古建筑、石窟寺、石刻、古遗址、古墓葬、纪念遗址或建筑等，依据其价值的高低，分为三级，即全国重点文物保护单位、省（自治区、直辖市）文物保护单位和县（市）文物保护单位。二、对文物藏品，如陶瓷器、青铜器、铁器、玉器、漆器、石器、书画等，依其价值高低，也分为三级，即一级文物、二级文物、三级文物。

（7）来源分类法：是以文物藏品的来源为标准，对文物进行分类的方法。此法仅适用于博物馆、纪念馆或文物保管机构等文物收藏单位对文物藏品的分类。这些单位的文物藏品，都应有其来源，这是此分类法的依据。

文物收藏单位的藏品的来源，有地区、单位和个人之分，就其形式而论，主要有：1）拨交：系指单位间互通有无或一个单位支援另一个单位的文物；2）征集：是文物收藏单位丰富馆藏的主要渠道之一。征集方式有多种，诸如收购、自愿上缴、赠送（可适当奖励），动员交出本归国家所有而被私人收藏的文物等；3）拣选：系指从废品收购站（文物被当废品收购）、银行（金、银质文物流入银行）、冶炼厂和造纸厂中拣选出来的文物；4）交换：系指文物收藏单位根据国家文物法规所允许而开展馆际之间的文物交换，是调剂余缺、丰富藏品的办法之一；5）捐赠：即文物收藏单位接受文物鉴赏家、文物收藏者等的捐赠；6）发掘：系指经考古发掘发现、由文物收藏单位收藏的文物，是文物藏品的主要来源，且这类文物来源最可靠、最重要。

（8）存在形态分类法：是以文物能否从其存在的地方移动为标准，对文物进行分类的方法。根据这种方法，将文物划分为可移动的文物和不可移动的文物两大类。可移动的文物是指收藏（主要是馆藏）文物和流散文物。种类多，体量小，可根据收藏、保管、陈列、研究、教学需要随意移动和变换地点是其特点。

不可移动的文物基本上都是文物史迹，如古建筑、古遗址、石窟寺、石刻、古墓葬等。种类多，体量大，不能或不宜整体移动是其特点。在这里，必须进一步指出的是：所谓不可移动，实际上并非绝对，除有的绝对不可移动外，如古建筑群、石窟寺等；有的则只是相对而言，有些文物史迹因特殊情况，必须迁移者，经批准亦可以迁移，如位于黄河三门峡水库淹没区的永乐宫迁至芮城县城北。此外，有些本属建筑群组成部分的殿宇、牌坊、石碑等，若仅残存单体者，也有为方便保护和宣传需要而迁移的。

第二节 文物保护技术研究的意义

一、文物的质变与毁损

在漫长的历史发展过程中，人类创造的大量的具有历史、艺术、科学价值的文化遗存，能够保留至今的仅是其中的极小部分，大部分都已毁灭消失。究其原因，除文物本身的材质外，主要有自然和人为两个方面。

自然因素对文物的影响主要表现为自然力对文物的破坏，包括两种不同情况：一是各种自然灾害对文物的毁灭性破坏，如地震、火山爆发、地壳运动、洪水、台风、潮汐、地下水活动、雷击等。这种灾难性的巨大破坏力，往往难以预防。二是自然破坏力，尽管它不如自然灾害那样来势凶猛，却持久地侵袭着文物。这类自然力包括：气候变化、光线辐射、空气污染、生物危害等。这种自然破坏力虽然力量轻微，其过程缓慢，但其日积月累的效果也可达到十分惊人的程度。在这些自然因素的作用下，文物总是向变形、变质乃至彻底毁灭的方向转化，也就是文物的质变和毁损，这是不以人们的意志为转移的自然规律。如金属腐蚀矿化、石雕风化剥离、壁画褪色起甲、织物粘连腐烂、书卷虫蛀霉变、木材干裂糟朽、牙骨龟裂翘曲、皮革脆裂脱毛、文献字迹模糊、建筑倾斜倒塌等等。

人为因素对文物的破坏是指人类的自身行为作用于文物，从而引起文物的质变与毁损。归纳起来，主要有如下三种情况：一是"建设性"破坏。由于发展经济而进行的大规模建设工程危及原来地上文物和地下文物遗存，如为了城市的现代化，随意将古建筑拆毁，用新建筑取而代之；为开发旅游事业，不适当地在名胜古迹区兴建机构、公路、桥梁、索道、饭店和人造景观，破坏了文化古迹的环境风貌，乃至毁坏了文化古迹；在建筑工程施工过程中，一些施工单位为赶工程进度，发现古墓和古遗址瞒而不报，用推土机一推了之等。二是"维修性"破坏，这是一种好心办坏事的行为。本来，在实施文物维修或修复时，一定要忠实于文物的原状和原貌，绝不允许操作者主观臆造，随意加工或加以改变，但或由于对文物缺乏正确的认识，或由于不事先征求或不听从专家的意见，执意按照自己的主观意愿，对文物进行"改造性维修"，以致在实际工作中，"维修性"破坏的事例还时有发生，其中，文物保护单位在这方面尤为突出。三是盗窃性破坏。这种破坏造成的文物损失触目惊心。

据有关报道，在全国著名古墓中，未曾被盗的只是少数；地下非法文物交易活跃，文物走私也十分猖獗。盗窃性破坏又有两种情况：其一是将文物拆卸、锯凿、割裂后盗走一部分，使文物本身遭到破坏；其二是成组文物中被盗走其中的一部分，破坏了文物的完整性。

防自然力破坏，应主要依靠科学技术，它有待于文物保护科学技术研究拿出更好、更科学的保护措施，改善文物保存的环境。防人为因素破坏，主要属于文物保护管理方面的问题，它有赖于全民族的道德素养、保护文物意识的日益提高和政策、法律、规章、制度等的逐步健全并得到严格执行。

除单纯的自然因素和人为因素外，也还存在由于人为因素作用，致使自然因素发生较大变化，从而导致文物遭到破坏的情况。从宏观上讲，人类活动的频繁和对自然的过度掠取，造成自然灾害加剧、全球气候异常（如温室效应）、生态失衡等，使得文物的宏观保存环境恶化；从微观上讲，在博物馆、文物保护单位附近建工厂企业，烟囱林立，烟雾弥漫，污水废气排放，自然会腐蚀文物；城市用水量的增长，使地下水减少，地基下沉，自然会妨害文物安全；水利资源的开发，河流改道，波及地下环境的改变，自然会影响埋藏于地下的文物的保存。这方面的事例在现实生活中举不胜举。

二、文物保护技术与文物保护概念辨析

文物保护技术与文物保护之间存在非常密切的关系，以致很多文物保护理论研究人员和文物

保护工作人员在完全相同的意义上使用这两个概念。其实，如果真正从其科学内涵出发，认真加以细究，二者还是存在很大差别的。

任何文物都有其制成材料，随着时间推移，这些制成材料会发生各种各样的不可逆的物理、化学变化，其变化既有内部原因也有外部原因。内因在于文物制成材料本身，如原料的质量、性质及生产工艺等；研究内因是为了根据文物制成材料的性质，确定保护条件，修复破损文物。外因是文物保护的自然环境，即围绕文物的空间中影响文物寿命的各种自然因素，主要有温度、湿度、光辐射、污染物、水、火、地质环境等。在文物已形成的情况下，文物保护环境因素的控制对保护文物、延长文物寿命起着决定性的作用。

保护文物的技术方法的内容很多，归纳起来有两个方面：第一，改善文物保护条件，即采用一定措施来防止或减缓自然环境中各种有害因素对文物的破坏。第二，文物修复技术，即对已经损坏或存在不利于永久保存因素的文物进行处理，尽力恢复其历史面貌，延长其寿命。

文物保护是通过研究文物制成材料变化规律，运用各种科学技术方法和管理手段，对文物进行防护、保养和修缮。

文物保护技术与文物保护的最大区别在于二者的外延不同。文物保护的外延大于文物保护技术，比如，如何有效阻止人为因素对文物的损坏，不是文物保护技术所要研究的问题，却是文物保护必须加以研究并解决的问题。从某种意义上可以认为文物保护是由文物保护技术和文物保护管理两大部分所组成，文物保护技术主要从科学技术角度研究如何保护文物，构成文物保护的骨架，是硬件部分；文物保护管理主要从管理角度探讨如何保护文物，形成文物保护的肉体和血液，是软件部分。

三、文物保护技术研究的意义

文物是一定历史时期人类文明发展的产物，表现为各种物质文化遗存。这些实物性文化遗存是人类文明信息的一种储存形式，包含着特定历史时期的政治、经济、科技、工艺、美术等各种信息，对于人类今天所进行的生产活动和科学研究来说，它们都是极有价值的资料。要使这些文化遗存能长久地为人类文明的发展服务，首先必须保护好其物质形态载体，而从物质形态角度而言，文物又是由各种材料组成的。

任何物质材料自身都在不停运动，同时各种外界环境因素的长期作用，会引起乃至加速物质材料自身的一系列物理、化学等变化，从而改变文物物质材料的结构和性能，甚至毁灭文物物质材料自身，亦即如前所述，文物的质变与毁损是一种不可逆转的规律。如此一来，文物资源利用期限的长久性与文物物质材料存在期限的有限性便存在不可调和的矛盾。对这一矛盾的内在规律进行探究并加以解决，正是开展文物保护技术研究的意义所在。具体而言，可以概括为如下几个方面：

1.只有通过文物保护技术的研究，才能弄清各种不同文物的损坏机理和运动变化规律。不同质地的文物，其构成材料不同，理化性质各异，其损坏机理和运动变化规律自然也就存在非常大的差别，如青铜器和漆木器就截然不同，只有通过具体研究，才能将之弄清。

2.只有通过文物保护技术的研究，才能为制定和选择文物保护方法，采取文物保护手段及措施提供科学依据。不同的文物需要采取不同的保护方法，运用不同的手段和措施。对于某一具体的文物，到底采取何种方法，运用何种手段、措施最为合适、恰当，这都需要经过反复研究，特别是多次的实验论证，才能为最终方案的选择提供科学的依据。

3.只有通过文物保护技术的研究，才能最大限度地延长文物寿命，为长久发挥文物价值服务。在现有条件下，文物保护技术的研究，可以为文物保护提供最为科学、安全、可靠的方法、手段及措施，舍此之外，没有其他更好的途径。

4.通过文物保护技术的研究，可以更好地保护古代文化遗产，为经济建设和精神文明建设作出贡献。古代文化遗产是前人留给我们的一笔巨大财富，在经济和精神文明建设中具有重要地位，通过文物保护技术的研究，可以对其进行很好的保护，并留传给后代。

5.文物保护技术是文物科学的重要分支学科之一，其研究可以丰富、完善文物科学的研究，为文物保护研究的繁荣做出应有的贡献。

第三节 文物保护技术的研究对象、目的和方法

一、文物保护技术的研究对象和目的

如前所述，文物保护技术是研究文物制成材料变化规律和保护文物的技术方法的学科，这一学科本质决定了它的研究对象就是文物。在这里，有两个问题值得我们特别加以注意：一是其他文物学学科也基本以文物为研究对象，其间区别何在？可以说区别在于研究的出发点、侧重点不同，运用的研究方法也不同。文物保护技术研究文物的出发点在于采取哪些方法、手段和措施才能最大限度地延长文物寿命？任何事物都有其构成的不同方面，文物也是如此，在这些不同方面

中，文物保护技术要研究的是文物的物质构成、成分、运动变化规律、保存规律及保护修复等；在对文物进行研究时，文物保护技术主要是运用一整套的自然科学研究方法。二是文物的理论研究模型含义，在这里，文物是作为文物保护技术的研究模型身份出现的。

可以说，它既可以是具体的实物，但又必须超越具体实物，进行理性升华。

文物保护技术研究的最终目的是最大限度地延长文物的寿命，使文物尽可能长时间地为人类文明发展服务。而研究文物制成材料的变化规律，寻求保护文物的技术方法，都只是达到这一最终目的的手段。

二、文物保护技术的研究方法

文物保护技术的主要研究方法可概括如下：

1.现代文物分析鉴定方法

它是现代分析方法在文物保护技术中的运用，在文物保护技术的研究中具有十分重要的地位。因为要进行文物的保护，首先就要进行文物分析，弄清其成分和结构；离开了现代文物分析鉴定方法，文物保护就无从谈起。如已知古代青铜器多为铜、锡、铅三种金属的合金，但其含量比例随年代、产地而有所不同，仅用肉眼观察是不够的。

在湖北望山一号楚墓中出土的 2500 年前的越王勾践剑，引起轰动，但其具体组成成分却不得而知。文物科技工作者采用粒子激发 X 射线分析法（PIXE）进行了测试，结果显示：该剑的主要成分是 Cu，次要成分是 Sn（且含量分布不均匀），还含有少量 Pb、Fe 和 Sn。此结果的发现，一方面可推测我国古代冶金中早已应用了硫化技术以保持金属剑的光亮锋利，另一方面也为今后对该剑实施保护提供了科学依据。又如我国敦煌研究院文物科技二作者曾对敦煌莫高窟、敦煌西千佛洞的北凉、北魏、北周、隋、唐、五代、宋、西夏、元、清等 11 个朝代 50 多个洞窟中的红、蓝、绿、白、黄及棕黑颜料先后取样 300 个进行 X 射线物相和 X 射线荧光分析，分别得知了这些矿物颜料的结构和成分；陕西省博物馆、考古所等单位曾应用发射光谱分析和 X 射线衍射结构分析等现代测试手段对秦兵马俑彩绘颜料进行综合分析。通过这些分析研究结果，既可了解我国古代对矿物、植物的综合应用、颜料化学及其冶炼技术的发展水平，也为进一步寻求保护、临摹和修复古代壁画及彩塑的方法提供了重要的科学依据。

由于文物保护技术应用的现代分析方法很多，且处于不断发展阶段，下面主要介绍其中的一些常用的、重要的研究方法。

（1）形态分析。弄清文物的微观结构，对制定和选择文物保护方案、采取有效的文物保护措施，具有十分重要的指导意义。用于文物形态分析的仪器主要有实体显微镜、偏光显微镜、金相显微镜、扫描电子显微镜、透射租子显微镜等。

实体显微镜是文物分析鉴定和文物保护工作中最常用的分析工具之一。通常它由物镜、目镜、镜筒、载物台和一个附加的照明灯等部分构成；一些较好的显微镜还配有照相系统，可获得被观察物体的显微放大照片，放大倍数一般为 14~40 倍不等。通过实体显微镜对文物进行观察，可获得文物的微观特征和保存状态等重要信息。如观察严重酥碱的壁画颜料，很容易发现颜料粒子周围附着有大量的盐分颗粒，从而找到壁画酥碱发生的原因，为制定具体的保护和修复措施提供依据。实体显微镜可用于观察纸张、丝绸、陶瓷等各类文物，是文物鉴定的理想工具。

偏光显微镜比实体显微镜要复杂得多，其中最特别的是增加了偏光镜和其他附件。现代偏光显微镜主要由光学、照相和照明三部分组合而成，放大倍数一般为 40~400 倍不等。偏光显微镜是根据不同矿物晶体在偏振光透过时具有不同的光学性质来鉴定矿物。在文物研究方面主要用于古代颜料、丝绸、土遗址等各类文物的鉴定。

金相显微镜的构造与偏光显微镜相似，所不同的是前者增加了入射光附件，可通过垂直的入射光束照射到样品表面，观察样品的微观形态。金相显微镜主要用于研究古代金属的加工工艺、冶炼铸造工艺等问题。使用金相显微镜分析时，一般是用金属文物的残片制成显微样片，然后放在金相显微镜下直接观察或用 $FeCl_3$ 的乙醇溶液浸蚀后观察，并摄取照片。显微金相可以揭示金属文物的金相结构，从而判明合金制造工艺和成分。

扫描电子显微镜的问世使人们对微观世界的认识有了一个巨大的飞跃，其分辨本领从光学显微镜的 0.2μm 扩展到纳米级，整整提高了 1000 倍。它的构造是一束高能初级电子束通过磁扫描线圈，在被测物体表面作有规则的扫描运动。电子束与文物表面相互作用时，会产生背散射电子流和次级发射电子流，这两者都携带有文物表面微观结构的全部信息。这些信息可以电信号形式为探头所接收，将探头电信号放大投射于荧光屏，荧光屏上便显示出被测文物表面的微观结构的放大影像，最后将此影像拍摄成照片。扫描电镜的功能是提供被测物体的微观结构图像，主要用于金属文物的微观结构和腐蚀原因研究、古代颜料和颜料剖面的层位分布及各层的主要元素分布的研究、古陶瓷产地的研究、酥碱壁画中盐分分布情况的研究、加固前与加固后土质文物的微观结构的变化的研究等。

透射电子显微镜是一种以电子束为照明源，将穿过样品的电子（称为透射电子）经电磁透射聚焦成像的电子光学仪器。它是根据被测样品的电子衍射图来鉴定样品的。在文物分析中，主要用于文物材料分析、保护材料与文物间的反应考察等。这种方法研究文物材料，在观察文物形貌的同时，还能得到物相大小、形态、分布等重要信息；若加上 X 射线能谱仪等附件，还可直接得到所测物相的化学成分。

（2）波谱分析。即用各种不同性质或不同频率的波谱对物质进行分析的方法。在文物分析中常用的有 X 射线衍射分析、红外光谱分析、紫外吸收光谱分析、质谱分析和穆斯堡尔谱分析。

X 射线是一种横向电磁波，不同的结晶物质，其 X 射线的衍射效应会存在区别，于是可根据这种衍射效应来测定晶体的内部结构和鉴别晶体的物相，确定被测样品的物质组成。

在文物分析中，X 射线衍射分析主要用于鉴定颜料物质组成、古陶器成分、古代金属和分析古代丝绸等。

红外光谱系分子光谱的振动转动光谱，由分子吸收红外光而产生，波长为 0.75μm～1000μm；它是定性鉴定化合物和测定分子结构最有用的方法之一，广泛应用于有机化合物的鉴定。在文物分析中，主要用于文物修复材料的分析及修复材料老化原因探讨、壁画颜料的鉴定、绘画胶结材料的分析鉴定和丝绸、漆器涂层等各类有机材料的分析鉴定等。

紫外吸收光谱同红外光谱都属分子光谱，是指分子在紫外光照射下，会吸收紫外光而产生分子能级的跃迁，所得到的吸收光谱为紫外吸收光谱。由于有机化合物大多在紫外区具有特征波长的紫外吸收光谱，因此，可通过它来定性和定量测定文物中有机化合物的种类和含量。如在进行古代丝绸的老化研究时，紫外吸收光谱可用于检查丝绸老化后其化学结构的变化情况；也可应用于有机保护材料的老化研究，经过老化实验后，通过测定有机材料的紫外吸收光谱吸收峰位置的变化程度，来比较保护材料的抗老化性能。

质谱分析是将待测物质的原子或分子转变成带电的粒子（即离子），利用稳定磁场（或交变电场）使带电粒子按照质量大小的顺序分离开来，形成有规则的质谱，然后利用检测器分别进行检测，以作定性和定量分析。质谱分析主要应用于测定古代颜料、陶器、瓷器以及青铜器中元素的同位素数值，根据分析数据判明古代文物的产地和测定古代有机物的成分，为文物保护提供依据。

穆斯堡尔谱法也是文物分析中的一种重要方法，这种方法是依据穆斯堡尔效应，所谓穆斯堡尔效应其实就是无反冲核的γ射线得到的共振吸收和散射现象。其方法具有精度高、用途广、测量方法简单、能量分辨率高等优点，是研究物质微观结构的两种有力手段，可广泛应用于古陶器、古瓷器、古代铜器、古化石、古画、古代艺术品和古代颜料等样品的分析研究，研究文物样品的含铁物相，古代陶瓷器的煅烧工艺及条件、年代和出处的测定，以及赝品的鉴定等。穆斯堡尔谱法的优越性在于样品的需要量少，对样品不具有破坏性（用背散射法）。当然由于其放射源的限制，只能涉及几种元素（如 Fe、Sn 等），这不可避免会带来某些片面性，在实际中最好结合其他手段相互验证，以保证得出准确的结论。

（3）元素分析。弄清文物的元素构成及各元素的含量是科学保护好文物的重要前提。常用的元素分析法有发射光谱分析、原子吸收光谱分析、X 射线荧光分析、质子荧光分析和活化分析等。

依据原子物理学理论，当同一元素的原子受到激发跃迁时，就辐射出该元素原子所固有的特征性光谱，因此，可以根据谱图中某些特定波长谱线的有无，来判断试样中某种元素是否存在；同时，当试样中该元素含量较多时，辐射的谱线强度就较大，因此，又可以根据辐射的强度对该元素进行定量测定。根据这个基本原理来进行分析的方法，称为发射光谱分析。目前，发射光谱所使用的仪器为等离子体发射光谱仪（ICP），其特点是能一次性准确快速测定多个元素，在文物保护研究中主要应用于陶器、瓷器和青铜器中元素测定。

原子吸收光谱分析是基于从光源辐射出具有待测元素特定谱线的光，通过试样蒸气时被蒸气中待测元素基态原子所吸收，由辐射特征谱线光被减弱的程度来测定试样中待测元素含量的方法。原子吸收光谱作为元素分析的工具，同样具有检测灵敏度高、测定准确等特点，可满足文物保护中文物样品元素分析的要求。

X 射线荧光分析是基于发光源发出的 X 射线作用于样品时，待测样品原子受到激发，其内层轨道的一个电子，如 K 层，被打出，K 层轨道上便出现一个空位，于是外层轨道上电子就要自动去填充内层空位，这称为退激。当不同外层电子向 K 层跃迁时就会发出不同能量的 X 射线，它们被统称为 K 线系；若向 L 层空位填充，发出的 X 射线称 L 线系。原子由激发到退激，时间极短，发出的光称为荧光。

由于各种不同元素的原子能级不同，因此，荧光 X 射线本质上就是特征 X 射线，各元素不同线系内每条射线的能量可通过手册查出，其强度可由仪器测定，这样就可达到定性、定量分析的目的。作为一种无损检测手段，X 射线荧光可广泛地应用于文物保护中元素的定性、半定性和定量分析，如测定陶器、瓷器和青铜器样品中的多种元素的含量。有关专家曾用 X 射线荧光光谱仪和标本法 X 射线波谱定量分析了安徽省含山县大墩出土的青铜镞的主要成分，确定其各成分含量在 Cu75%~78%，Sn9%~16%，Pb2%~6%范围内。

质子荧光分析是基于加速器的一种重要的离子束分析手段。当加速器产生的高速粒子轰击样品时，会发射出能量确定的特征 X 射线，测定 X 射线的能谱，再根据特征 X 射线的能量峰面积，就可测定样品中含有的元素含量。质子荧光分析主要用于古书、古画、手稿、邮票、织物等文物的分析。如复旦大学近代物理研究所曾对秦始皇兵马俑遗址出土的秦代箭头进行分析，证实这种箭头表面存在着 2 微米厚的 Cu、Sn、Pb、Cr 等金属的氧化层，由此可以推断 2000 多年前的冶金工艺中，我国已采用了铬化技术，这是秦箭头至今仍不生锈的主要原因。

活化分析是利用核反应使待测样品中某种（或几种）同位素变成放射性核素，由测定该放射性核素的特征射线的能量（有时还需测定半衰期）和强度来确定某种或某些元素含量的分析方法。常用的活化分析法有热中子活化分析法、快中子分析法、带电粒子活化分析法等。活化分析是文物分析鉴定中一种重要而常用的测定方法，主要用于快速鉴定样品组成及测定元素（特别是微量元素）的含量，具有灵敏度高、分析需样品少的优点。

（4）色谱分析。色谱分析是一大类分离技术的统称，它区别于其他分离技术的显著特征为：有两个互不融合的相（可为气体、液体或固体），一个叫作"固定相"，而另一个被称为"移动相"，在色谱分析过程中，将被分离的样品注入移动相，移动相载着样品通过色谱装置，并使样品与固定相相互作用，由于样品中不同化合物的物理和化学性质存在着差异，与固定相的相互作用也不同，混合样品得以分离。

通常，与固定相作用程度最弱的成分先通过色谱柱，而作用程度最强的成分最后流出色谱柱。色谱法可用于检查古代文物中的有机添加物、黏合剂、胶结材料、有机涂层、污染物、腐蚀产物、颜料、盐分等。

此外，热分析、色度分析以及仪器联用技术等，也都是文物保护技术研究中的常用文物分析方法。

2.文物断代方法

弄清文物时代或年代对于有效地保护文物具有重要的参考价值。

利用现代技术确定文物年代的方法，大致可分为五大类：利用放射性核素（元素）衰变、辐射规律断代，常用的有 ^{14}C、钾-氩（K-Kr）法及铀子体平衡（U 系）法等；利用天然辐射引起的各种效应来断代，如热释光法（TL）、电子自旋共振（ESR）法、裂变径迹（Ft）法等；根据磁性规律断代，如古地磁法、沉积地磁法等；依据生物规律断代，如树木年轮法；物理、化学及其他方法断代，如氨基酸盐外消旋法、黑曜岩水合法等。

（1）钾氩法

钾氩法主要应用于通常见于火山岩、变质岩和火成岩中许多含钾物质的放射性测量方面。其理论依据是火山熔岩中的放射性 ^{40}K 会蜕变成 ^{40}Ar，而 ^{40}Ar 在火山熔岩凝固时会被高温挥发殆尽。因此，可将火山熔岩的生成时刻作为 K-Ar 记年法的时标零点，随时间推移，火山熔岩中由 ^{40}K 蜕

变成的 ^{40}Ar 含量逐渐积累增多，只要测出火山岩标本中的数量，根据衰变规律和半衰期（^{40}K 为 $1.25×10^9$ 年），便可推算出火山熔岩形成的年龄。其中，利用现代加速器质谱技术，可测出标本中的，^{40}Ar 原子数目，^{40}K 的总含量可由光谱法测定。钾氩法主要应用那些具有火山灰沉积的早期旧石器时代地层。

（2）树木年轮法

此方法是 20 世纪初由美国天文学家道格拉斯开始研究建立起来的。其基本原理是：由于树木都是春夏生长、冬季停止，因此，在树干的横截面上就形成疏密相间的年轮，树干截面上的年轮数目代表该树的年龄，由此可以用来断代。应用树木年轮法确定样品的年代首先必须建立起本地区的主年轮序列，其方法一般以长寿命活树为基础，再与过去砍伐的同树种年龄相衔接，逐步向前推进，即可建立一个气候区的树轮纪年主系列表。

从理论上说，气候区树轮纪年主系列表建立后，即可用于文物断代，其方法是将古代木质遗物上的树轮与树轮纪年主系列表中的特征年轮相比较，然后将样品的年轮谱与主年轮序列对照，就可以定出非常准确的年代。但实际操作起来存在诸多限制因素。首先，不是所有地区的树轮都能形成理想的特征年轮谱；其次，不易找全各个时期的树木样品来建立完整的序列，只能在气候季节变化明显的地区选择适当的长寿命树种才能建立起年代序列比较长的主年轮序列，目前欧美一些国家已建立了近万年的主年轮序列。树木年轮法主要应用于两个方面，一是作为一种独立的方法确定文物绝对年代；二是校正 ^{40}C 测年结果，使 ^{40}C 年代转换到比较精确的历史纪年。

（3）古地磁法

古地磁测年主要有两种方法：一种是利用地层沉积物磁性随地磁极性倒转而倒转的现象进行地层断代，主要用于旧石器时代古人类地层的断代。此法不是独立的绝对年代的测定方法，而是一种"比较测年方法"，作为参考标准的连续地层的地磁极倒转年代序列表要靠钾一氩法预先建立。另一种是利用古代遗物的热剩磁性进行断代，主要用于新石器时代以来的窑、炉、灶、瓦、陶瓷器的断代。其基本原理在于这些遗物的热剩磁性一旦形成就很稳定，可保留几千年不变，其方向与加热后冷却时的地磁方向一致，强度与当时地磁强度成正比；假若该地区的地磁方向和强度随年代变化的关系已经明确，那就可以通过测定样品的热剩磁性来断定其年代。其方法是利用大约 1000 公里范围内已知年代样品预先建立该地 K 古地磁随年代变化规律的标准曲线，对于要测的未知年代的文物标本，根据它的所测地磁数据在标准曲线上找到它的纵坐标位置，其对应的横坐标位置就是磁断代年龄。

（4）热释光测年法

热释光法是通过测定样品中积累的辐射剂量效应来确定最后一次受热后的年代或样品形成的年代，它十分适用于对陶器、烧土或火山灰烬层、岩浆烘烤层进行测年。

可测年代范围的上限可达百万年。

热释光测年的方法是：用已知放射性强度（亦即已知剂量率）的放射源在短时间内辐照陶瓷样品，根据热释光强度与辐照剂量的线性关系，用作图的方法来推断陶瓷器的年龄。此法能应用于断代基于以下四点理由：1）辐照剂量和样品的热释光强度有简单的线性关系；2）热释光强度可以定量准确测定；3）小剂量率长时间天然辐照的积累剂量对陶瓷器固体结晶所产生的热释光效应与大剂量率短时间人工辐照相等剂量的效应是一致的，以此求出古代陶瓷器的等效剂量；4）古陶瓷自高温（超过 500℃）形成后，受恒定的天然辐射剂量率照射。热释光测年的方法误差、测试误差都比较复杂。

（5）电子自旋共振法

电子自旋共振是指原子中电子自旋能级在外磁场中发生塞曼分裂后，在外加微波能量激发下，电子从低能级向高能级跃迁这样一种能量共振现象。电子自旋共振测定标本年龄的原理是基于对标本所受天然辐射损伤量的检测，或者说是基于测量标本中辐射损伤造成的晶格缺陷所捕获的顺磁电子数，其数与标本所遭受的天然辐射总剂量比率是常数，因此，标本内的总吸收剂量必与标本年龄成正比。

电子自旋共振法的优点在于：其一，年龄测定范围很宽，可测定从几千年到几百万年的标本的年龄其二，它是一种非破坏性的方法，而且同一标本可反复测量。其三，可测定的标本种类较广，如人类和脊椎动物的骨头或牙齿化石、海底贝壳、珊瑚、有孔虫、洞穴石笋、碳酸盐类、陶瓷器等。此外，这种方法还可利用有机物的化学变化进行测定。

（6）裂变径迹法

矿物和玻璃物质晶体中，存在着少数铀同位素裂变时留下的细长径迹，一般是由 ^{238}U 核裂变时产生的反冲碎片引起的。裂变径迹在常温下能永久保留，长度一般为 5~20 微米。这种裂变径迹借助于氢氟酸对标本的蚀刻，就能在显微镜下清楚地看到。裂变径迹法的基本原理是通过统计样品中铀的裂变径迹数来推算样品的年龄或经过最后一次高温的年龄。^{238}U 的半衰期约为 $8×10^{15}$ 年，测出标本中 ^{238}U 的总原子数，再用显微镜按上述方法找出标本中的径迹数，即可由衰变公式算出标本的年龄。

裂变径迹法主要应用于火山灰的年龄及遗址中含灰烬地层年代的测定等。

（7）氨基酸外消旋法

氨基酸外消旋法测年的原理是：动物死亡后，体内原生的蛋白质氨基酸的左旋体结构会逐渐向右旋体结构转化，最后达到平衡，以至旋光作用消失，这一过程称为外消旋反应。外消旋反应的速度依赖于化石埋藏环境，特别是以指数函数关系依赖于环境温度。如果化石埋藏环境的温度不变，就可以根据化石中氨基酸左旋体对右旋体的比例来确定化石的年代。但由于化石所处的环境温度可能有其复杂性，难以估定，所以用此法测定年代往往误差较大，可靠性较差。然而由于测年所需样品极少，容易采集，方法简单易行，对填补放射性碳素断代和钾氩法断代中间的空白有一定的作用。

3.实验研究方法

实验方法是文物保护技术的最基本的研究方法之一，之所以如此，主要是由如下两方面情况决定的。

（1）文物保护技术是研究文物制成材料变化规律和保护文物的技术方法的学科。欲探明各种不同文物制成材料的变化规律，当然需要通过各种各样的大量实验，如纸质文物随温、湿度变化有哪些规律性？不在实验室内，分别研究在各种不同的温、湿度下，纸质文物性能发生哪些不同的改变，要想找出其中的规律性是不可能的；又如，在大气环境下，青铜病常从某些古铜器锈皮低缝冒出并蔓延，这是腐蚀现象中的特殊类型，其原因何在？只能通过实验才能找出问题的答案。保护文物的技术方法的取得同样只能通过实验才能解决。

（2）文物保护、修复必须遵循"整旧如旧日，保持原貌"和"可逆性、可再处理性"的客观规律。文物保护、修复必须"整旧如旧，保护原貌"，这是由文物的特性、文物保护的根本目标决定的。"旧"就是文物的本质、附于其上的信息和它表现出来的状貌的综合，"旧"根本上变了，文物也就不是文物了。

文物修复必须具有"可逆性、可再处理性"，这是因为：1）随着科学的不断发展、文物保护科技研究的深入，不断会发现修复文物的更新更好的材料；2）为更有效地长久保存文物，必然要对已经修复而效果不是最理想的那些文物，去除原用的材料，代之以新的材料，重新进行修复；3）许多已经使用而取得较好效果的材料，一旦老化，也必须被去除，重新处理。如曾使用一种水玻璃材料对陕西西安半坡遗址土层表面进行喷涂加固，暂时的效果尚好，可是后来水玻璃材料已老化，凡喷涂过的地方均结成硬壳而大片剥落，正是由于这种水玻璃材料无可逆性、无可再处理性，结果造成了该遗址的破坏。又如明定陵出土的大批丝绸，因建国初期用于加固的化学树脂老化而出现硬化，文物面临损毁的严重后果，后经过对原加固材料的去除研究，将上面已经硬化的药物去掉，并对其进行加固软化处理，才使丝绸恢复了柔韧性，这些都说明了原加固材料具有可逆性是何等重要。另外，不仅加于文物上的材料要有可逆性、可再处理性，而且在修复文物的全过程中，一切用来把文物的各个部分分离、重合等的材料和操作工艺也必须是可逆的、可再处理的。既然"整旧如旧，保护原貌"和"可逆性、可再处理性"如此重要，那怎样才能做到这些呢？唯一的办法只能是在实施真正的修复前进行大量的、反复的实验。

4.传统文物保护技术方法

传统文物保护技术，是指世代相传地对文物保护行之有效的技艺，有些学者称之为"适用技术"或"中间技术"。尽管现代科学技术在文物保护中的应用越来越多、越来越广，但这并不意味着传统文物保护技术在文物保护技术的研究中不需要了，恰恰相反，这些传统的文物保护方法历经几千年的考验，自有它的独到之处，因此，世界各国对采用传统技艺保护文物都十分重视。如从我国的青铜器保护和修复来看，传统技术仍占据重要地位，实际修复中运用的仍然是传统的修复方法：锡焊接法、打制法和修配法。这些方法或单独使用，或酌情并用，将残破的青铜器复原，然后用胶水调颜料涂抹，再涂黄蜡一层，遂成为一个完整器。又如我国的传统修裱技艺，可以说是文物保护领域的一朵奇葩，至今仍焕发着旺盛的生命力。

应该将传统文物保护技术作为一笔丰富的历史遗产，进行继承并使之发扬光大，事实也正是如此。现在专家们正在努力探索一种更理想的混合技术从而使现代技术与传统技术在保护文物方面能融为一体。

第四节　文物保护技术的研究内容及特点

一、研究内容

1.文物制成材料的研究

如果将文物保护技术研究比作一棵参天大树，那么文物制成材料的研究就是这棵大树的根；如果把文物保护技术研究比喻为滔滔江水，那么文物制成材料的研究就是这滔滔江水的源。文物制作材料的研究在文物保护技术研究中占有十分重要的地位。因为文物材料的自然老化，其内在因素还是文物材料本身，外界因素只是为文物变质老化提供了一定的条件。在考古发掘中，出土的古代金器饰品保存至今仍金光灿烂，而出土的青铜器则锈迹斑斑，至于铁器，汉代以前的今天已很难见到，就是这方面生动的写照。

文物制成材料研究方面的主要内容包括：（1）研究各种文物制成材料的成分、结构与性质；

（2）研究文物制成材料的老化机理；（3）研究文物制成材料变质老化的规律性。

2.文物保存环境的研究

以下两个方面的原因决定了文物保护环境的研究是文物保护技术研究中涉及面广、为数最多的研究项目：一是保存环境是引起文物变质的重要外界因素，而且因素极多，既有物理、化学、生物的因素，也有气候、

地质的因素，甚至还有人为的因素；二是文物一经形成，其自身制成材料是无法再彻底改变的，为最大限度延长文物寿命，只能从保存环境上着眼、下功夫。文物保存环境研究的主要内容包括：（1）影响文物保存寿命的环境因素研究，现阶段它主要包括温度、湿度、光辐射、空气污染物、有害微生物、有害昆虫、地质环境等。（2）文物保护技术标准与方法的研究。研究文物制成材料老化变质机理及其规律、影响文物保存寿命的环境因素的目的就是要确定保护文物的技术标准与方法。

3.文物修复、整治技术的研究

无论怎样保护，随时间推移，文物总是向毁损的方向发展，这是一条客观规律。面对已经损坏的文物，只能采取修复、整治的方法。因此，文物修复、整治技术的研究构成文物保护技术研究的重要内容之一。不同的文物，其修复、整治技术也不相同，如青铜器的修复技术不同于壁画的，古建筑的整治技术也不同于石窟寺的。

二、文物保护技术的特点

文物保护技术是一门综合性的应用技术学科，它具有以下三个显著特点：

1.在学术上具有综合性

通过文物保护，文物保护技术使自然科学与人文科学交叉渗透，相融共存于一体。如前所述，文物本身并非自然物，而是人工创造的产物，具有鲜明的社会属性，蕴涵着十分丰富的社会人文信息。但是，文物的实体却是取材于自然物，无不具有自然属性，也就是说，文物具有自然和社会两重属性，这两种属性都是文物价值的重要体现，均必须很好地加以保护。

要保护好文物的自然属性，就是要保护好文物实体，这需要依据自然科学理论，运用自然科学知识和方法；而要保护好文物的社会属性，就是要保护好文物的形制、纹饰、饰物神态、工艺等，这必须要有人文科学作为指导。因此，文物保护的确是自然科学与人文科学的交叉渗透，缺一不可；文物保护技术的学术研究需要文理的大综合。

2.在技术上具有应用性和实用性

文物保护技术不以推进某一学科或技术本身的发展为自己的功能，而是把自然科学中诸多学科的科学技术转化为文物保护科学技术，即通过保护文物本身原有的自然属性，从而保护文物本身原有的社会属性，以此为其主要功能与根本任务。换言之，文物保护技术实质上是各种自然科学技术在文物保护领域的应用，当然能得到实际应用，还得结合各种文物自身的不同特点、文物所处的不同具体环境等；同时，还需要考虑人力、物力、资金等因素。因此，文物保护技术在技术上具有应用性和实用性。

3.在学术宗旨上具有保守性

文物保护技术的科研目的不在于发明创造一种新的材质或产品，而完全是为了使文物本身原有的二重属性得到完全无损的长久保存。如前所述，文物保护必须遵循"整旧如旧，保护原貌"和"可逆性、可再处理性"的客观规律，它使得文物保护技术的学术宗旨是必须慎之又慎，宁可保守些，不能冒风险，也不允许冒风险。当然，这与在文物保护技术的科学研究中，不断开发新材料，创造新方法、新工艺等是完全两个不同的问题。

第五节 文物保护技术与相关学科的关系

一、文物保护技术与化学的关系

化学是文物保护技术赖以建立的基石，是文物保护技术的最为重要的支撑学科。从宏观角度理解，化学是一门在分子和原子水平上研究物质的组成、结构与性能及其相互关系和物质与能量转换规律的科学；从微观角度理解，化学运动涉及核电=体系间的电磁相互作用以及这种作用引起的物质和能量的变化。分子的结构与组成，涉及化学元素和化学键；化学反应涉及化学键的断裂、重建以及随之产生的物态和能量变化，这些内容是研究文物制成材料损坏规律及科学保护文物技术方法的最为重要、直接的基础。

在化学中，又以无机化学、有机化学、分析化学、高分子化学、物理化学、植物纤维化学、染料化学、硅酸盐化学、金属化学等与文物保护技术关系尤为密切。

二、文物保护技术与物理学的关系

这里可以从两个不同的层次看：第一，物理学是研究自然界中物质运动的最一般规律和物质基本结构的科学。它的研究对象决定了它是所有其他自然科学的基础；从某种意义上，甚至可以说所有自然现象的最终解释都要回到物理学上来。第二，物理学的很多分支学科直接构成文物保护技术的重要基础。如原子物理学、高分子物理学、光子学、光学、电磁学、力学等，没有这些物理学内容作为支撑，进行文物保护技术的研究是无法想象的。

三、文物保护技术与生物学的关系

生物病害是影响文物寿命的重要因素之一，要想有效地控制生物因素的危害，必须以生物学知识为基础。关系密切的有微生物学、昆虫学和毒理学等。在所有微生物中，常见的文物（主要是有机质文物）有害微生物是细菌、放线菌和霉菌中的一部分菌种，其中又以霉菌危害最大。通过微生物学的研究，了解和掌握这些有害微生物的形态结构、繁殖生长、营养代谢的相关理论知识，无疑是制定和采取有效防治措施、方法的根本基础，也对防治实践工作具有重要的指导意义。如：根据微生物学理论，微生物的繁殖生长都需要重要的外界条件，缺少这些条件，微生物就无法生长；这些条件不利，微生物就不能很好生长。概括地说，这些条件就是微生物生长的理化因子，其物理因子有温湿度、通气（给氧）、酸碱度、水分和辐射，它们对微生物生长具有决定性作用。化学因子主要指微生物的营养物质，这些物质主要有碳素化合物、氮素化合物、矿质元素、水和一些特殊的生长因素（微量有机物质）等，它们对微生物的生长速率有很大影响。

对文物造成危害的还有有害昆虫，要想做到对这些害虫的有效防治，必须对它们的形态生理、生殖发育和生活习性等有清楚的了解和认识，而这些知识的获取有赖于昆虫学的研究及其发展。如：熏蒸杀虫法是经常使用的化学杀虫法，但不同种类的害虫，由于生活习性、生理机能、接收药剂的方式、程度不同，效果也就不同；即使是同一种害虫，它处于不同发育阶段，对药剂反应的差异也很大；再者，即使是处于同一发育阶段的害虫，随时间不同，其生理状况不同，杀虫效果也会有异。此外，还存在害虫对药剂的抗药性问题。所有这些，都必须运用昆虫学的研究成果，详加研究，得出结论，然后才能制定出科学合理的防治害虫方案。

第二章 古建筑与文物消防

文物古建筑作为历史的流传载体与时代交替的文明产物对于一个具有五千年历史的文明古国来讲有着深刻的文化价值，也要求我国在社会发展和人文进步的同时能够完整的保护好这些古代建筑，因此文物古建筑的消防安全管理成了相关单位和政府关注的问题。本章就文物古建筑的消防安全管理的各项问题进行总结与分析，并给出一些对策，希望对我国的文物古建筑消费安全管理的相关工作起到帮助作用。

第一节 概述

一、我国古代建筑的历史概况与火灾

（一）我国古代建筑的历史概况

我国历史悠久，幅员辽阔，古代物质文化遗存丰富。古代建筑具有卓越的成就和独特的风格，在世界建筑史上占有重要地位。

我国距今已有四千年以上有文字可考的历史，是世界上四大文明古国之一。我国古代建筑活动就已发现的遗址、遗迹来看，最低可追溯到七千年以前。由于我国的地理、气候、民族的差异，使各地域之间建筑有所不同，但经过较长时间的创造、发展、融合，逐渐形成了以木质材料构筑房屋，而且采取了在地平面上拓展为院落式布局的独特建筑体系，一直沿袭发展至近代。

纵观我国建筑历史的发展，总的方向是沿着历史各代的更替及其政治、经济、文化的兴衰起落而发展的。根据我国新中国成立前后的考古发掘的历史遗存实例资料来看，我国建筑历史的发展过程大致可分为新石器时期；夏、商、周、春秋时期；秦汉时期；隋唐时期；宋辽金元明清等五个时期，其中的汉唐明三代是我国建筑史发展的三个繁荣辉煌的时期。

1.新石器时期

根据我国发掘出土的大量房屋遗址的实例来看，大约在一万至四千年前由于地理、气候、材料等条件的影响，营造方式也多种多样，具有代表性的房屋遗址主要有两种：一种是距今约六七千年长江流域多水地区的干阑式建筑，即浙江省余姚市河姆渡村房屋遗址，这是我国已知最早采用榫卯技术构筑木质结构房屋的实例。另一种是黄河流域的木骨泥墙结构的房屋，即西安市东郊半坡村遗址。

2.夏商周春秋时期

公元前21世纪至公元前220年的两千余年间，由于夏商的中心地区都处在黄河中下游的湿陷性地带，为适应建筑需要，先民们在建房地基处理上最早采用了夯土技术，既可消除黄土湿陷又可夯筑高大的台基和墙体，且能适应建造院落式群体的组合。商代创造了灿烂的青铜文化，随之有了较先进的生产工具，因而在建筑技术方面有了较大的发展。近些年来发掘出商代时期成汤都城遗址、西亳的宫殿遗址约1080平方米，其中筑有八开间的殿堂约350平方米，柱径达40厘米，柱列整齐对应，开间统一，充分说明此时木质构架建筑技术有了较大提高。商代后期的宫殿、宗庙、建筑增多，且在建筑规划上出现了以中轴线对称布置的建筑。

木构架房屋和院落式布局在西周初期已经出现。陕西省岐山县凤雏村的西周遗址就属此例。凤雏村遗址是一座相当严整的四合院式建筑，由二进院落组成，中轴线上依次为影壁、大门前堂、后室。屋顶已经铺瓦，墙体已采用三合土（白灰、细沙、黄泥）抹面，以使墙面光洁。

春秋战国时期，由于铜、铁工具的使用，加上都城、宫室的大量兴建促使建筑结构技术较前提高。壁柱、横枋上出现了镂空、青铜装饰的构件。壁画、镶嵌玉饰的装修已经出现，美观舒适的要求在建筑中显现。

3.秦汉时期

秦统一六国后，集六国建筑之大成，在咸阳仿建六国宫殿及离宫，这些规模空前的建筑物使秦代的建筑技术和艺术得到交流、融合与发展。著名的秦阿房宫规模之大，在当时的历史条件下是空前的；同时还修筑了规模宏大的陵墓以及规模庞大的秦兵马俑和万里长城。近些年来，秦陵区发掘出土的瓦件、花砖、雕花纹地面石、云气纹青铜门楣、石雕等建筑构件十分精美，这充分说明秦代在建筑技术上较先朝又有所发展。

汉继秦而立。其建筑规模和水平开创了我国建筑史上第一个繁荣时期。西汉都城长安是同一时期世界上最大的都城之一，全城面积36平方公里，开十一城门，城内辟八条纵街、九条横街，街宽近45米，置九市、一百六十巷里，城内建有未央宫、桂宫，宫门外均建巨阙，城内建有官署府库。西汉所建明堂、宗庙，是迄今所见规模最大而完整的汉代建筑群。中国古建筑的抬梁式、穿斗式、密梁平顶式的三种形式都在此时出现。独立的大型多层木构楼阁、宫殿、悬山、囤顶、攒尖和歇山屋顶的五种形式，不仅出现而且被广泛应用。梁架上向外挑出的斗拱、阑额、飞椽翘角的艺术风格已经展现。

东汉初期佛教传入我国以后，宗教建筑极为兴盛，因而出现了大量佛寺、佛塔、石窟等新型建筑，有的还溶进了印度、中亚地区的雕塑、雕刻、绘画建筑艺术，使汉代质朴的建筑风格，变得更加成熟。

4.隋唐时期

在继承汉代建筑技术的基础上，隋唐时期在建筑材料、技术和艺术的应用上取得了前所未有的成就。隋创建新都大兴城，总面积84平方公里，平面为横长矩形，开十三城门，干道纵横各三条，称六街。街道之方正宽阔、宫殿官署之集中、功能分区之明确均超过前朝。如此巨大的城市一年基本建成，表现出了卓越的设计和施工能力。相隔23年后，新建东都洛阳面积47平方公里，也是一年建成，并且建有更多而庞大的附属建筑物。

唐建都长安后，在都城建设上发展迅速，很快成为外商云集之地的国际大都会。在建筑技术和艺术上有了巨大发展，是我国古代建筑史上的第二个峰期，主要显示在以下几个方面：

（1）城市建设规模宏大，规划严整。唐都城是在隋大兴城的规模基础上发展起来的，当时在长安修建的大明宫规模很大，是明清紫禁城的五倍，其中主殿是含元殿，整组建筑气魄宏伟，大明宫另一组雄伟的宫殿是麟德殿，由前、中、后三座殿组成，面阔十一间，总进深十七间，面积达五千平方米，约为北京故宫太和殿的三倍，足以证明当时的建筑技术和建筑艺术已经达到相当高的水平。

（2）建筑组群组合处理日趋成熟。唐代在宫殿、陵墓等建筑方面，突出了主体建筑的空间组合，而且强调以中轴线为主。大明宫的布局从丹凤门经含元殿、宣政门、紫宸殿、太液池、蓬莱山为轴线，长达1600米，西侧双阁的陪衬和轴线上的空间变化，形成朝廷威严的气氛。

坛庙陵墓建筑上的布局也都极为相似。一般都沿着纵轴线采用对称式庭院布局，往往以二、三或更多的庭院向进深方面重叠排列，表现出其宏伟而富于变化的建筑群体。

（3）建筑艺术风格气魄宏伟、严整开朗。除大明宫、含元殿、麟德殿以外，保留至今的山西五台山南禅寺大殿和佛光寺大殿的实物都反映了唐代建筑艺术和结构的和谐统一。

5.宋辽金及元明清时期

宋代建筑主要继承了唐代传统，少有创新，但在城市结构和布局上有所变化，城市规划严整，使城市成为商城，在交通和城管方面有所发展，而且在城内建有消防安全设施"望火楼"。宋代对建筑贡献较大的是朝廷颁布了我国有史以来第一部建筑法典—《营造法式》。这部法典对工程设计、用料标准、施工方法都作了明确规定。这部建筑法典一直被以后各代沿袭使用。

辽金时期建筑基本上没有什么发展，从辽代遗留下来的建筑来看，不论木作装修、彩画以及佛像都反映出唐代建筑手法。建于辽代的蓟县独乐寺观音阁和山西应县佛宫寺释迦塔（又称应县木塔）等建筑风格和唐代风格基本相似。

元明清三代奠都北京。元代在河北省建造了规模宏大的都城一元大都（即后来的北京城）。由于统治者崇信宗教，因而宗教建筑异常兴盛，保留至今的元代宗教建筑为数不少。木架建筑方面仍继承了宋代传统，但在规模和质量上都逊于宋代，建筑发展处于凋敝状态。值得一提的是元代的壁画艺术水平很高，山西芮城县永乐宫壁画就是我国元代壁画艺术的典型。

明代建筑是继汉唐以后的第三个发展高峰期，不仅建造了南京、北京两大都城和宫殿，制定了各种类型建筑等级标准。在元大都的基础上建造的新都北京，街道沿用元大都之旧，皇城宫城、宫殿则全部新建。全城最高大宏伟的建筑都建在这条全长 7 公里的南北中轴线上，形成全城脊柱。衙府在皇城前，太庙社稷坛在宫城前左右分开，其余布置住宅、寺庙、仓库，规划之完整、气魄之宏大，是唐代以后各代无可与之匹敌。

北京紫金城内的宫殿、太庙、天坛、陵墓都显现出至今最完整的古建筑群，也是院落式建筑布局的杰出范例。

明代建筑外形严谨，多为朱墙琉璃瓦、汉白玉台基，规格划一、质量极高，使建筑整体定型化。

（1）建筑组群的布局极为成熟。北京故宫严谨的对称布局，层层门阁殿宇和庭院空间相联结，组成庞大的建筑群体。南京明孝陵、北京十三陵以及各地所建的佛寺、清真寺等，留有不少建筑群的实例。

（2）园林建筑有较大发展。园林建造风格空前提高，园内不仅建筑物增多，且用石造假山追求奇峰阴洞、曲径通幽。

（3）砖的制作技术空前提高，使用已普及，大至城墙、宫殿、庙宇、地府县衙，小至民宅建筑都用砖砌筑，保留至今的大小明代建筑，无不反映出砖的普及应用。

（4）琉璃面砖和瓦的质量空前提高，应用更加广泛。红黄蓝绿等颜色多达十余种的琉璃品种用于门楼、照碑、佛塔及较大建筑的墙体、屋顶及塔面的外表，使宏伟建筑的色调更加富丽堂皇。

（5）官式建筑的装修、装饰、雕刻、彩画定型化。建筑中具有装修效果的门窗、格扇、天花、彩画、雕刻花纹图案完全程式化。建筑底部的汉白玉台基须弥座及栏杆，红色墙体上镶嵌着琉璃制品，以及青绿点金彩绘，产生鲜明而极为富丽的效果，使宫殿、庙宇等建筑庄重肃穆。

清代历经 260 余年，在建筑上大体沿袭了明代传统，但也有所发展。

最为突出的是在建造园林，帝王苑囿方面，其规模之大、数量之多是任何朝代所不能比拟的。例如，北京西北郊兴建的畅春园、承德兴建的避暑山庄，以及北京的圆明园都是规模空前的园林建筑。在朝廷的影响下，各地的官僚、富商也大兴园林之风，形成造园高潮从而促进了清代造园技艺水平的提高和发展。

民族、宗教建筑有较大发展。各地大兴仿造民族宗教建筑之风。这一时期，喇嘛教建筑在内蒙古既有一千余所，西藏、甘肃、青海数量更多，为了蒙、藏少数民族上层朝觐之需要，还在承德避暑山庄东侧建了十一座喇嘛庙，俗称"外八庙"。西藏布达拉宫就是清顺治二年重建。喇嘛教的建造形式多样，突破了佛教传统单一的形式，给清代建筑注入新的生机，形成中国古代建筑最后的一朵奇葩。

民居建筑丰富多彩。由于各地民族所处地理环境、气候条件、生活习惯思想文化千差万别，建筑材料、构筑方式的不尽相同，所以，形成了各民族建筑风格的千变万化。这一时期的民族建筑，虽然南北方的格调各具特色，但都采用了木材构架，仍然没有脱离四合院的格局。室内摆设上，主要门庭或运用三雕（木、石砖）装修、装饰，或作彩绘、彩画，整体素淡典雅、十分美观。这种建筑目前全国各地遗存较多。

规范设计施工，提高群体建筑装修、装饰水平。清雍正十二年颁发了《工程做法则例》，对单体建筑大木作、斗拱、石作、瓦作、铜作、铁作、画作、雕琢等用料都做了规定，为提高施工工程质量起到了积极的推动作用。

综上所述，在我国建筑历史发展的长河中，是勤劳而睿智的先民们，用他们的智慧创造了光辉灿烂而具有独特风格的建筑文化。这些具有历史价值、艺术价值和科学价值的古代建筑，显示了我国建筑史上的光辉成就。它不仅是中国的宝贵财富，而且早已跨越国界成为世界文化宝藏和世界建筑艺术宝库中的一颗璀璨晶莹的明珠。

（二）火灾严重危害木质古建筑的安全

随着社会的进步，建筑历史也在不断地发展，因而建筑火灾的次数也在增多。由于历经各个朝代的更替，社会政治经济的兴衰，各种型制的木质结构的单体和古建筑群也随之起落，历代所建成的宫殿、寺院（佛寺、道观、清真寺）衙署、陵墓、坛庙、学宫、仓廪、佛塔、民居等等各种类型的建筑物层出不穷，但保留至今的却为数不多。这些被毁的建筑物除一部分是在历史的进程中由于受自然条件和地理气候变化以及风灾、水患、地震等原因塌毁以外，多数毁于火灾。

据历代史籍所载，发生在宫廷、殿堂、坛庙、楼阁中的火灾几乎长年不断，由于这些火灾发生在京都皇室且影响较大，因而被史学家记载并且入编史册，作为史料而流传。至于距京都较远的地方府衙、官署及民间民居、宗教建筑，发生较大的火灾往往被疏漏，从古至今缺乏记录的火灾可说是不计其数。纵观历史，我国是个多火灾国家，其主要原因是建筑物广泛采取了木质结构，除了墙体和屋顶是非燃烧物外，大量使用了木质构架。无论是大型宫殿、小型楼阁、台榭，以及民间民居，一旦发生火灾，燃烧极为迅猛，损失巨大。

为了保护好我国现存的古代木质建筑和珍贵历史文物，不使这些文化遗产被火灾毁坏，我国近些年来颁布了一系列法令法规，这对保护好这些珍贵文化遗产无疑是一项有力的保证。各级消防保卫、文物管理部门，必须要以这些法令法规为依据，积极做好古建筑和文物单位的消防安全保卫工作，确保祖国这些珍贵的文化遗产与世长存。

二、我国古代建筑和古民居现状

（一）我国现存古代建筑概况

我国历史悠久，幅员辽阔，古代物质文化遗存极为丰富。据统计，我国现存包括古迹遗址在内的不可移动文物40余万处。其中，33处被列入世界文化遗产，近7万处被公布为各级文物保护单位，2351处被我国公布为全国重点文物保护单位。有国家级历史文化名城103座；国家级重点风景区117处；国家级历史文化名镇、名村80处；博物馆2200余座，馆藏文物2000万件以上。

古代建筑包括的范围很广，主要是城市、宫殿、衙署、坛庙、佛寺、道观、清真寺、祠堂、陵墓、文庙、（孔庙）学宫、民居、园林、桥梁、堰坝、城垣、观象台、石阙、碑碣，以及佛教寺院中的石窟、佛塔，等等。这些古建筑物内存放着大量的文物和艺术精品，如彩绘、壁画、塑像、雕塑、木雕、砖雕、石雕等。

我国古代木质建筑除分布在历史文化名城、名胜区、名镇名村之外，全国各地分布极其广泛，几乎遍布全国各地。由于受气候、地理环境、历史地位宗教信仰等因素影响，因而各地保留至今的古建筑的多少很不平衡。

就目前所存古建筑的现状而言，北方地区似乎多于南方，内地多于边陲。我国的华北地区是保留木质古代建筑最多的地区，山西省是我国古代建筑保留最多的省份。

建筑学家梁思成先生称山西为"全国古建筑的宝库"。其中，五台山是古建筑云集之地，而且历史久远。我国当前最古老的古建筑一南禅寺大殿是唐代建中三年的原始建筑。南禅寺大殿和建于唐大中十一年的佛光寺大殿，被国内外建筑学家称颂为"千年瑰宝"，在中国乃至世界建筑史上享有崇高的盛誉。五台山第一寺庙—大罡通寺建于东汉永平十一年，清代兴盛期有庙宇360余座，以后逐渐衰落。目前尚存76座，这个规模在全国仍是第一位的。山西大同市的华严寺、榆次区的永寿寺山西太原市的晋祠，以及建于辽清宁二年的应县木塔，都是中国乃至世界古建筑中的瑰宝。山西不仅宋辽金时代古建筑多，而且古民居建筑也十分丰富，至今保存明清以来的古民居大院为数较多。祁县的乔家大院、渠家大院，太谷县的曹家大院、襄汾县的丁村古民居，以及近期发现的灵石县王家大院等等，都是品位极高的历史建筑。

山西以外的华北地区也仍有一批早年古建筑保留至今。天津蓟州区的独乐寺，建于辽统和二年，规模宏大，构筑独特，其山门和观音阁为原始建筑。阁内立十一面观音塑像，身高16米、神态庄重，衣带飘逸，是我国最大泥塑佛像之一；观音两旁侍立的胁侍菩萨是辽代艺术珍品。建于辽太平五年的宝坻区的广济寺以及时间相近的河北省正定市的文庙、龙兴寺、天宁寺、开元寺等，都属年代久远的古建筑。

除此以外，全国各地也存在不少宋代早期或中后期的古建筑群或单体古建筑。诸如，辽宁义县的大奉国寺、河南登封嵩山的少林寺、济源市的奉仙观、江苏吴县的玄妙观、浙江杭州市的灵隐寺及六和塔等等。

至于元明清各代保留至今的古代木质建筑，全国各地为数就更多，主要集中在山西、河北、北京、辽宁、沈阳等地。河南、陕西以及各省较大城市为数亦不少。

值得重视的是，内蒙古、青海、宁夏、西藏等省区的少数民族地区，寺庙（佛寺、清真寺）遍布各地，大多历史久远，大量文物珍藏其内。

各地至今保留着年代久远的古建筑以外，全国各地保留着元明清以来的古建筑也非常之多，包括我国著名的三大古建筑群—北京故宫、河北承德的外八庙、山东曲阜的孔庙；云南的国通寺、筇竹寺、大理丽江古城；贵州的阳明祠纪堂鼓楼；四川的武侯祠、宝光寺、都江堰市二王庙、伏龙观、青城山、峨眉报国寺、平武县报恩寺；甘肃省的白塔寺、宏仁寺、五泉山拉卜楞寺；山东邹县的孟庙、蓬莱阁；湖北的武当山、荆州古城、灵泉寺；湖南岳麓书院、岳阳楼、龙兴讲寺、南岳庙；辽宁沈阳故宫、清东陵、北陵、永陵；浙江省宁波的天童寺、阿育王寺、天一阁、禹陵、禹庙；安徽省合肥市的包公祠、明教寺、马鞍山采石矶古建筑群、九华山；江西的滕王阁、万寿宫、佑民寺、大上清宫；福建省泉州市的开元寺、清净寺；广东省广州市的海幢寺、光孝寺、番禺学宫、佛山市的祖庙、肇庆的水月宫；广西桂林市的桂王城、三江县的程阳桥、恭城孔庙、柳州市的柳侯祠等等。

我国古代建筑遗存呈现的特点是：建筑年代近的多，年代久远的少；砖石结构遗物多，木构遗物相对较少。特别值得重视的是这些不能被移动的文化遗产，其中保存着大量的不能移动的历史文物，诸如北京故宫博物院、承德大佛寺、拉萨布达拉宫、陕西省碑林博物馆、山西太原晋祠和解州关帝庙的春秋楼等等，珍藏了大量的石雕、雕塑、绘画、壁画。

（二）我国现存古民居概况

古民居建筑，主要指具有传统习俗和生活方式的古城堡、古镇、古村落以及民俗奇特的少数民族居住的村寨、院落。目前，我们所能看到的古建民居除在城市保留至今的"四合院"以外，绝大部分保留在地处荒莽而偏僻的乡村。

1.我国古民居分布广泛而丰富

我国古民居的分布情况和我国当前基层政权一乡镇政府的分布情况极为密切。我国大约有47000多个乡镇建制，这些乡镇大都设置在各个历史时期人群会集、经济交流畅通之地，往往和一些历史名人有着不可分割的联系，因而历史文化积淀较为深厚的古城堡、古镇绝大部分有着百年、数百年甚至千年以上的历史，故保留下来的传统古民居建筑较多而集中。我国现存的这些古建筑是先民们长期生活在特定的居住环境下，经过不断发展完善的基础上逐步形成的。这些古民居蕴藏着深重而久远的远古建筑文化。

从地域上看大体可分为南方和北方两大体系：

（1）气势恢宏，雄伟壮观，严谨华，贵，粗犷细腻，错落有致，宽敞豁朗，突出礼制的北方大院式古建民居群山西晋中地区的常家大院、祁县的渠家大院和乔家大院、太谷县的曹家大院、灵石县的王家大院以及平遥县城内的古民居，气势恢宏，高大华贵，平面布局多为严谨的四合院，一般由影壁、垂花门、大门厢房、正房依次排列，体现着以"礼"为本的建筑特色。河北省的古村落以燕山和太行山为背景，多为依山而建的四合院。北京郊县、区则以清代四合院形式为主体，具有严谨的空间秩序、显明的中轴线，错落有致，青砖灰瓦，附上刀法朴实的三雕（砖、木、石）和壁画、楹联，形成高雅的文化氛围。陕西省内的古民居大多融合了晋冀两省及京郊区县的古建风格，规模较大，且多集中在关中地区：三原县的周家、邑县的唐家、白河县的张家陕北米脂县的姜家大院，以及泾阳、华县、华阴县的古民居，其共同特点均为四合院式，一般都是坐北向南，房屋布局以厅为首，左右为厢房，门额上多有横额题字，四周有较高围墙、居高临下的哨楼，形成具有防御功能的城堡式建筑群，是中国北方古民居的典型。

（2）依山傍水，组群密集，古朴典雅，博大精深，清秀灵逸，恬淡明晰的江南古建民居群江南由于多山多水，而且少数民族分布较广，因而古建民居建筑变化极大，风格迥异。地处西南地区的云、贵、川地区的自由式民居建筑，依山傍水，古朴壮丽，民族特点突出，形成当地民族独有的吊脚（角）民居、土司古堡"三合"小院等特色。具有钟灵毓秀物华天宝、人文荟萃的巴蜀古民居建筑更是别具一格，地处川东、川南两部的古民居博大精深而神秘，花样丰富而多彩，并富有古代场（集市）、镇的实用型建筑。地处华东地区的水乡古村镇星罗棋布，在青山绿水之中和小桥、古寺、古庙、古塔相映成趣，古宅飞檐翘角、清新多变、构筑别致，尤以江浙古民居最具特色。值得一提的是，皖南徽派古民居建筑更是盖世叫绝，这些古民居主要集中在徽州地区的歙县、黟县以及江西的婺源地区，其特点是依山傍水、粉墙青瓦、马头翘角，结构之精巧装饰之美妙、营造之精良，无不显示着中国传统古民居建筑文化之精粹。广东、广西的古民居建筑风格更是古香古色、工艺精湛、雕龙画凤、华丽优雅、韵味无穷。福建省永定区的土楼民居历史悠久、千姿百态、规模宏大、结构奇巧，是一个聚族而居的庄园，一座土楼便是一个村庄。其内部功能齐全，住宅环环相套，且有较大的公共活动空间，集当地各种民居建筑之所长于一楼，被誉为东方建筑文化的一颗明珠。

2.古民居内涵丰富

古民居不仅包括住宅民舍，它还根据当地历史文化的变迁演绎出许多和人文密切相关的附属建筑物—祠堂、寺观、庙宇、牌楼（坊）、书院（学堂）、塔幢、戏楼、园林、亭、台、楼、阁、桥等建筑。这些建筑物的建筑规模形式、结构造型、艺术效果往往比民居建筑品位要高出许多。这些建筑集中显示了当地宗族、权贵、绅士们的政治实力和经济基础以及历史文化底蕴的品位。

祠堂：也称家庙。是在封建宗法制度下同族人共同祭祀祖先的房屋，亦宗族聚集议事或者进行庆典娱乐的地方。清代民间祠堂大量出现，几乎村村设有祠堂，有的村甚至设有家祠、宗祠、神祠等不同祠堂，这些祠堂因是集资兴建，所以一般都是村镇中最高大华丽的建筑。

寺庙、道观：民间自建的寺庙、道观，不同于早期官庙建筑。村民为了祈福保平安，在古镇村落附近适当地方建造村庙，不仅有佛寺、佛庙、道观，还包括对所有崇拜对象诸如关公、财神、土地、龙王而修建庙堂、神龛。这些庙宇的建筑一般也比较豪华，并不次于祠堂建筑。

牌楼：也称牌坊。是标志装饰性建筑，多建于街市要冲、古村镇的要道村口或村镇中央。多用来表彰忠孝节义的人物和纪念某人某事。有功德牌坊、贞节牌坊。其建筑型制、规模大小都以"间"柱和屋顶的楼数多少为标志，如四柱三间、六柱五间，材料多以木材、石料建造居多，一般都建造得华丽大方。

书院：也称学堂，旧时较大的村庄、古镇为使子弟受到良好教育而设立的读书处所。随着时代的变迁不少书院改为学校，而其中一部分以古建筑为文物，而保留至今的书院仍不在少数。安徽黟县宏村的南湖书院占地六千余平方米，建筑高大宏伟、庄严宽敞，可视为历史书院的典型代表建筑。

塔幢：塔起初是佛教的专门建筑，最早建在寺庙中心，作为膜拜对象。

后以殿堂取代了中心位置，塔作为标志性建筑被移至寺内或寺旁。而塔的作用在民间被转化为调节村镇风水的"风水塔"或作为风景衬托的风景塔。

有的为了纪念历史名人被作为名人纪念塔。

桥：江南的古村镇大多依水而建，桥梁必不可少，除了各种形态各异的石桥外，山地古镇建造的各种奇特的木桥为数更多，多雨地区建有遮风避雨的廊桥，这些廊桥通常作为聚会、买卖之地。桥的作用不仅是联系古村镇两岸之间的通道，它还是调节两地风水的重要建筑。

阁：是民间民居中的一种古建形式，是建在庭院或景区里的点缀建筑物，有四方形、六角形或八角形不等，一般为二层以上，各层开设窗户，可以凭高远眺。

楼：楼是古民居、古村落、古乡镇中最为普遍且最有艺术品位的建筑物，有的更是豪华出众。有警戒安全的谯楼，大寺庙和大家族中的藏经楼、藏书楼，村落或乡镇供人娱乐的戏楼，村镇或古城中的过街楼等等。

这些楼的外形大部分都有精灵剔透的雕刻，艺术超群。在我国现存的阁楼中，最值一提的是古建艺术中的瑰宝—苏州市吴县东山镇的雕花楼，人物雕刻、音容笑貌，栩栩如生，动物之卧跪跑跳宛如活物。整个"三雕"艺术精湛绝伦，熔浮、园、透雕于一炉，达到炉火纯青的地步。其他雕刻更是富丽堂皇、古香古色，堪称我国近代史上古建筑艺术的罕世珍品。

除上述主要附属建筑外，还有许多亭、台建筑以及小型的园林建筑。所有这些建筑无疑给古村镇建筑增添了更加绚丽的色彩。

庄园：也是中国古代建筑的一大形式，全国保留至今的庄园数以千计。

它是近代封建皇室、权贵、军阀、地主建造的规模较大的住宅建筑。这些建筑群一般都占地较多，功能齐全。建筑豪华，布局井然有序、疏密相间，结构、装饰、陈设精良且有丰厚的文化积淀，楹联、匾额对仗工整，内容雅致，"三雕"玲珑剔透，无不显示着庄园隽秀、雄伟之气。这样的庄园建筑全国各地几乎都有，而且为数较多。具有代表性的有：四川的刘氏庄园、山东的牟氏和魏氏庄园、江西奉新县的张勋庄园、河北顺平县的王氏庄园、浙江平湖市的莫氏庄园、陕西米脂的姜氏庄园、江苏吴县的金氏雕花庄园，以及山西的阎氏、常氏、渠氏、王氏庄园等等。

3.保护古民居建筑的意义

（1）古民居建筑是建筑史上出现最早的建筑类型

古民居也称古住宅，它是我国最早出现的建筑，当前保留至今的古民居其数量之多、分布之广和其他建筑相比都是第一位的。其他各类建筑都是从民居建筑中分化和发展起来的。它是各类建筑的根。民居是人们"家"的所在，是人们在社会生活中最基本的活动场所，因而在建造过程中始终以"实用、坚固、美观"为目的，所以也尽力发挥着各民族的天才和智慧。从选址、布局、建造无不在建筑技术与艺术水平上发挥各自的民族特色，许多民族至今保留着自己的住宅风格，如云、贵地区的少数民族仍采取干阑式住宅，内蒙古新疆地区少数民族仍然住着帐篷式住房，因而留下非常丰富而宝贵的民居建筑遗产。这些严密有致、玲珑清秀、青砖灰瓦、古朴典雅的古民居建筑散发着浓郁的民族气息和深厚的中国文化底蕴。

（2）崇尚"礼仪"制度建造宅居，历史底蕴深厚

据文献记载，早在春秋时期就规定了士大夫的住宅制度，要求住宅大门为三间，中央明间为"门"，左右次间为"塾"，门内为"庭院"，上方为"堂"，堂的左右为"厢"，堂后为"寝"。由门、塾、堂、厢、寝共同组成"住宅"。这种建筑布局被逐代所沿袭，并在民间传播，因而长期以来在民间形成了前屋后堂式的"三合"、"四合"、"六合"院式的民居建筑格局。进而发展成为南北有别的四合院或以小院为开间的明字屋、三间两廊、门楼屋、双堂屋、三坐落、四点金、四角楼、围垅、一颗印等等多种建筑格局。坐向大都坐北向南，以影（照）壁、大门、门房、庭院、廊房、厢房、堂屋、后寝为序排列，组成前庭后院和厅堂斋室，形成南北各具特色的建筑布局和最具有地方特色的建筑类型。

（3）古民居建筑精美绝伦，是储藏历史艺术珍品的宝库

一座精美高雅的古建民居，就是一座丰富的文物艺术宝库，它在建筑过程中就展现着能工巧匠们的才华和智慧，根据华夏民族文化传统、社会潮流，结合主人的社会地位、道德观念、文化品味、修养和理想追求，把中华民族优秀的传统文化内涵结合在一起，把木雕、砖雕、石雕艺术融入古民居建筑之中，因而使不可多得的古老民宅和其内部的艺术珍品得以流传。

木雕。多使用在建筑物的屏风、门格、窗扇、廊檐、挂落、门罩、隔扇、枋心、雀替等处。雕刻形状有浮雕、圆雕、阴阳雕及镂空等，其技法细腻纤巧、玲珑剔透，品类繁多，题材丰富，寓意深刻。

在"纹路必有思路、图像皆有意象"的寓意中寄托着人们对吉祥福祉、平安富贵及万世幸福等美好的追求和向往。

砖雕。多用于古民居建筑的屋脊，房屋上部的瓦当和大门两侧的上部及大门前的影（照）壁

的中心构图，有时也被用在门楼以下的门楣_上或屋檐下上部的地方。构图有开有合，繁简有韵，各具特色，无论是花卉、人物、飞禽走兽均含典故，寓意深刻。

石雕。多显现在柱础，其主要功能在于承载栋梁，形状有灯笼形、圆鼓形、六角形、宝瓶形。墙基石是山墙底部的基础，外部以方见多。石狮多见于大门两侧，有大有小、体态各异。大门两侧的石门墩及其上的抱鼓石，大门前的上马石，都是石雕做的。有地位的达官贵人，为显示其身份，门前还竖有石雕旗杆。除此之外在古建民居中随处可见的还有门枕石、过门石、台阶石、控板石、望柱、拴马桩等等。

其石面上，多雕有山水、桥、亭、松、柏、柳，动物有鹿、羊、鹤等，人物活动其间，有的一石一画、一画一典，表达对家族中后生的期盼、教诲及对幸福吉祥的向往。

楹联和匾额：在古建民居中占有重要地位，不但数量多而且形式美丽，书艺高超，内容深奥。其质地主要以"三雕"（木、砖、石）而成，书体有真、草、隶、篆，形状有大有小、有横有竖，艺术形式有对联、条幅、横幅、册页、扇面、手卷等等。书法艺术均出自历代书法大家之手，其内容有歌功颂德、忠孝节义、写景抒情、激励志向；文理引经据典，对仗工整，论点准确，语不空泛，而且逻辑性很强，富有哲理，既有浓厚的思想感情又有极高的艺术水准，融实用、观赏、审美于一体，堪称古建民居中一朵绚丽多彩的奇葩。

古建民居建筑及其内部的各种艺术珍品和其他历史文物一样，一旦毁灭，就无法挽回。所以，我们一定要尽最大的努力保护好古建民居，真正做到万无一失，使祖国大地上的具有历史价值的古建民居与世长存。

第二节 我国古代建筑和文物与消防的关系

一、文物与火灾

（二）保护文物的重要性

在历史的发展过程中，我们的祖先为我们留下了大量的地上地下历史文物。这些宝贵而丰富的文化遗存为我们储存着极为丰富的历史资料信息，是我们取之不尽、用之不竭的宝贵财富。这些人类自然和社会活动的实物遗存，揭示了中华民族发展的历史过程，以实物形态展现出我国不同历史时期的社会意识形态和科学技术水平。像古代的冶金、纺织、印染、陶瓷工艺技术以及雕刻建筑艺术等等，在今天还散发着熠熠光彩。大量的科技和艺术成果，有些至今还被利用、借鉴和继承，成为经济社会发展不可缺少的宝贵资料。通过对文物的鉴别、整理和科学研究，不仅可以弥补历史文献记载的不足，还可以正历史流传之讹误，使我们更直观地了解历史，并为我们当今的社会建设发展提供有益的借鉴。

1.文物是研究历史、社会科学的重要资料

文物是各个历史时期的见证，也是各代历史的补遗，通过对历史文物的研究，可以了解各代当时的社会生产情况、生活状况、社会制度、思想意识以及科学文化水平等各个方面。因此，保存好任何一件具有历史、艺术、科学价值的文物都是十分重要的。我国是一个文明古国，历史悠久，文化发达，文物典籍遗存极为丰富，但在历史发展的长河中有些历史阶段和一些历史事实并不十分清楚，这就有待从出土的文物中得到证实。如我国的奴隶社会，情况究竟怎样，这个是史学家长期以来有所争论的话题。新中国成立以后从河南、陕西等考古发掘出来的大型商周墓葬中发现有大量的人殉及刻在青铜器上的奴隶买卖和赏赐的实物记载，对当时社会情况也有了较为明晰的记载，使历来有争论的话题得到基本解决。传说纸是东汉蔡伦发明的，20世纪70年代在西安灞桥、陕西扶风西汉墓中相继出现有纸。人们长期以来以为铜制造的工具是在商周时期，而近些年在甘肃、陕西等地的新石器时代的遗址中发现了大量的铜器。

四川距今五千余年的三星堆被认定为"古文化、古城、古国遗址"，从而将四川的历史向前推进了一千多年。甘肃秦安县大地湾考古发现我国新石器时代宫殿式建筑遗址，距今八千年至五千年，从考古发掘的实物，将我国农业、制陶、文学、建筑、绘画的起源时间上推了一千至两千余年。

这些都充分说明，历史文物是见证史、补史、纠正历史的实物例证。

2.文物是提高民族科学文化水平、增强民族自尊心的有效教材

当人们看到我国古代庄严瑰丽的商周青铜器、雄伟壮丽的陵墓石刻、生动流畅的唐墓壁画、气势磅礴的万里长城、历史宏伟的水利工程都江堰，以及北京故宫、承德外八庙、山东曲阜古建筑群等，莫不精神振奋、心旷神怡，更使我们感受到祖国的伟大可爱和自豪，从而激发着我们建设祖国的信心。

3.文物是进行爱国主义教育的生动教材

我国遗存着大量的历史文物和革命文物。五千年前的中华民族在人文始祖轩辕黄帝的率领下，开创了中华民族的最初文明。几千年来世代相承、前赴后继创造了光辉历史和灿烂文化，特别是汉唐时期精英辈出，文化典籍宛若繁星，经济文化称雄于世，为人类进步和历史发展做出了卓越

贡献。遗存在地上地下的历史珍贵文物极其丰富，文物景点、文博展馆遍布全国各地，全国各族人民及海外侨胞通过游览观赏文化遗存及拜谒始祖，极大地激发了炎黄子孙的爱国热情，增强了民族的自豪感和凝聚力。

4.文物可以扩大和促进我国人民与世界各国人民的文化交流和友好往来

我国各地保存和发掘出土的有关古代中外往来的文物为数极多。如西安出土的苏谅妻马氏墓志、宋继芬墓志、安万通墓志、罗马金币、波斯银币、日本的"和同开宝"银币以及保存在西安碑林的"大秦景教流行中国碑"、"中尼合文经幢"、唐墓出土的波斯马球图、"迎宾图"等文物，都是中外友好交往的历史见证。尤其是近些年来随着我国旅游事业的发展，文物古迹及博物馆陈列文物已经成为许多外国朋友了解中国历史文化的一个窗口。同时，近些年来我国还多次在外举办文物展览，如秦俑、法门寺的佛舍利骨、马王堆的编钟等等这些国宝曾在世界许多国家展出，引起轰动，外国友人无不对我国光辉灿烂的历史文化和文明称赞不已，所有这些都无疑增进了我国同世界各国人民之间的友谊和团结。

5.历史文物是促使旅游事业发展的有力支柱

文物自身具有极其丰富的历史文化内涵和观赏性，旅游观光的景点除部分天然风景区之外，绝大部分都是名胜古迹，也是珍贵文物绝对集中的景点，诸如北京的故宫、山东的曲阜、陕西的兵马俑坑和法门寺、四川的三星堆等等，这些旅游景点丰富而珍贵的文物古迹已成为宝贵的旅游资源，促进了经济的发展。

（二）值得保护的绿色文物—古树林木

古树和林木是大自然赐给人类的宝贵财富，是有生命的文物（风景）资源，也被称之为珍贵的"绿色文物"，同样具有重要的历史价值和科学价值。生长在古建筑、古民居、古村镇、寺庙、名胜古迹景点之中或周围的古树林木葱郁青翠，蔚然挺拔，犹如镶嵌在古代建筑周围的绿色珍珠，具有极强的衬托效果，与名胜古迹相映生辉，使古寺、古庙、名胜古迹庄重肃穆隽秀而威严，它和古迹共生存，成为古建筑灿烂文化的历史见证。就其自然功能而言，不仅能防风沙、雨雪，同时还能蔽阳降温、隔音、阻滞尘埃，改善空气质量，防止污染等，因此，先民们在建造庙宇、民宅、庄园、胜迹的始初，就在其内部或周边地区十分重视树木和林木的种植和栽培。最常见的树木是古柏、古松、古槐及被人们称为活化石的古银杏树。我国留存的古柏被列为首位的当数陕西省黄陵县轩辕庙内的轩辕柏，高19米，下围10米，传说是黄帝亲手所植，故称"轩辕柏"，距今已有五千年以上的历史。河南渑池县西山地村的周代古柏高 29.5 米，胸径 2.47 米，胸围 10.7 米，冠幅达 400 平方米。

山东泰安岱庙的"汉柏"、河南嵩阳书院的"将军柏"、北京市密云新城子村的"唐代古柏"、成都市武侯祠内的"武侯柏"。除此之外，我国还有不少树形奇异的古柏，诸如轩辕庙内的"挂甲柏"，北京市天坛内的"九龙柏"等等。我国有名的古松也为数不少。北京戒台寺内的白皮松，冠高 18 米，周长 6.40 米，为唐代所植，因其上部有九大枝干，向上扑展腾空而起，故称"九龙松"。黄山的"迎客松"为人们所熟知。山东泰山脚下普照寺内的"六朝松"、九华山上的"凤凰松"、辽宁千山上的"蟠龙松"，都是状态各异、傲然屹立的古老松树。

银杏树在我国为数较多，而且多在名胜、寺庙之中或周围，它是我国特有的古稀树种，寿命很长，有"活化石"、"寿星树"之称。我国著名的古银杏树有山东莒县浮来山定林寺的商代银杏树，树高 25.4 米，荫盖一亩多地，约九人合围，至今已有三千余年树龄，堪称我国古银杏之最。安徽九华山天台寺的商代银杏树，西安市周至县楼观台周代银杏树，四川青城山天师洞、南岳衡山福严寺、河南嵩山少林寺等处的汉代银杏树，西安市长安区的白塔寺遗址的隋代银杏树等等，年代都很久远。

古槐在我国遗存极多而普遍，多集中在古村镇、古民宅及寺庙和名胜古迹之中。北京北海中的古槐高 15 米，干周长 5.30 米，是唐代所植距今已一千多年，人称唐槐，是北京"古槐之最"。西安小雁塔内的唐槐、河北定县文庙前的"东坡槐"、北京市文丞相祠古槐传为文天祥所植等等，都是我国古槐中的代表。

除上述珍贵的古树外，全国各地还有不少其他珍奇古树，诸如江苏扬州平山堂的千年古垂柳、西藏大昭寺前的唐代文成公主所植的"公主柳"，广西柳州柳（柳宗元）侯祠的古榕、古柳，江西庐山宋代朱熹所植的丹桂，四川新都县的古桂树，苏州天平山上的古红枫，拙政园距今 400 年的古紫藤，浙江文成县距今 500 余年的古柳杉等。一棵古树就是一部珍贵的"历史书"，许多古树往往和一定历史时期的名人轶事相联系，因而全国各地有不少的"护王松"、"护王相"、"护王槐"、"红军树"等等。所有这些都为研究、考证有关历史事件和人物生平提供着珍贵的文物资料，保护这些古树名木意义重大。

另外一种情况是处在坛庙、寺观、陵墓或名胜古迹中间或周围的林木，这些园林式的林木不仅年代久远、树种名贵，而且是集中栽植规模很大。就全国现存的情况被列为首位的还是陕西黄陵县的黄帝陵。早在远古时期，先民们就在黄帝陵所在地桥山广种柏树，因而才有了今天郁郁葱葱茂密的柏林。目前，整个黄帝陵景区面积达 1800 余亩，共有柏树八万一千余棵，树龄在千年以上的古柏多达 30000 余棵。山东曲阜的孔庙，处在孔林包围之中，孔林占地约 3000 亩。沈阳市的北陵是清代皇太极的陵墓一昭陵，面积 4500 余亩，古松近 4000 棵，树龄约 300 年左右，其他各种乔木树种 90 余种，近 8 万株，树高约 20-30 米。沈阳清东陵也是满园古松林立，浓郁苍劲，气势不凡。全国各地的名胜古迹绝大多数都是处在林木环抱之中，如河北省的清东陵、清西陵、山西解州的关帝庙，浙江的九华山，绍兴的舜王庙，四川青城山，山东省的蓬莱、崂山道观，北京的天坛等等。所有这些林木的形成大部分是随着庙宇、陵墓、名胜的建造而种植和栽培，有的甚至早于胜地的开创，因此其生长年代十分久远，这些古木无论是蔚然成林，还是茕茕孑立，无论是它们位于庙堂之前还是身处古民宅的庄前屋后，或者身处郊野荒山、山峦之巅，我们都应该同样珍惜、同样敬仰。古树有高洁之德、坚贞之志、不易之节、利人之情、启人之灵。我们应当保护它、褒扬它，对其冠以"绿色文物"的称号，是当之无愧的。

（三）文物的耐火性能和火灾的关系

文物是由一定的物质材料制作而成的文化遗物，由于所用物质材料的不同，因而决定了文物的燃烧与否的性能。从文物构成的质地来看，它可分为有机材料文物和无机材料文物，即我们经常所说的可燃烧文物和不燃烧文物。鉴于文物存在的特殊性，有的文物在火灾情况下虽然不能燃烧，但可使文物内部可燃物质炭化，或者在火的作用下产生变形变质而被破坏。因此，依据耐火性能，文物可分为可燃与易燃烧文物、难燃烧文物（或称炭化文物）、不燃烧文物等三种类型。

1.可燃与易燃烧文物（即有机材料文物）

主要包括：（1）纸质文物：古书籍、书画、文献、经书图表。（2）丝毛、棉麻类文物：服饰、丝织品、毛织品、棉麻织品。（3）象牙骨器文物：甲骨文、象牙雕刻、贝币、骨器雕刻、角器等。（4）古器文物：各类木器家具、木雕、版画、壁版画等。（5）其他类：皮革制品、漆器、竹藤器、蜡像、蜡塑等。这类文物火灾危险性最大，遇火后燃烧迅猛、抢救困难、损失最大。

2.难燃烧文物（高温下的炭化文物）

主要指古建筑中的泥塑、泥雕（偶像）和木芯外敷不燃材料的工艺文物。这些文物在制作过程中，多以草木做骨架，外层敷较厚的灰沙泥或麻刀泥造型。种类虽少，但社会存量较多，而且分布极广。一般情况下不会燃烧，只有在强烈的辐射热或在烈火、高温的作用下外敷灰沙泥和泥雕烧焦，泥胎内的草木就会炭化而使文物毁坏。

3.非燃烧文物（即无机材料文物）

主要包括：金属文物，有金器、银器，铜、铁、锡、铝、合金等金属制成的文物；石质文物，有石刻、碑碣、玉器、宝石、石雕、画像石等文物；陶、瓷文物，有陶器、瓷器、玻璃、珐琅、砖雕、瓦当建筑材料等文物；石窟、壁画文物，主要有古遗址、遗迹、古墓葬、壁画、摹崖书画等。上述文物在火的作用下不会燃烧，但由于高温的作用往往会使其变质变形，使文物被毁。在非燃烧文物中有不少文物是经过冶炼和焙烧过程中制作的，如金属文物，由于其成分的不同，熔炼过程的温度也各不相同，金属文物中的铸铁文物，它的熔点最高是1200℃，陶器文物在焙烧过程中的温度约是800℃，瓷器制作焙烧温度则是1200℃，而建筑火灾的火场温度都在1200℃以上，火灾的中心燃烧区的火灾温度可达2000℃以上。从此可以看出，一些金属文物虽然是不燃烧文物，但在火灾的高温作用下，陶、瓷器文物被熔解而遭破坏。一些铸铁、石质、琉璃、料石、玻璃等文物虽未达到被高温直接破坏的温度，但在高温情况下，突然遇水冷却而被淬裂，也同样使文物遭到破坏。

二、古建筑（民居）的建筑布局和单体建筑类型与消防的关系

（一）古建筑的类型和消防特点

1.古建筑的类型

在漫长的岁月里，早期社会建筑的发展是极其缓慢的。到了摆脱巢居生活以后的奴隶社会，建筑才有了巨大发展。在长期的封建社会，建筑更加成熟，并在各个方面的技术处理上有卓越的创新和贡献。当前我国保留下来的古建筑一般都具有政治、宗教、景观和迷信色彩，大致可分为以下几种类型。

（1）宫殿、坛庙、陵墓

宫殿、坛庙、陵墓是古代帝王建造的最隆重、最宏大、最高级的建筑物，集中地表现了古代人民在建筑技术和建筑艺术方面的创造力，代表着历史上各个时期建筑文化的最高水平。

1）宫殿。我国最早的宫殿建筑从商代已经开始一直延续到明清时期，但保留下来的建筑实物，仅在北京、沈阳的故宫和承德避暑山庄还有宫殿建筑。

2）坛庙。指古代帝王在祭祀天地、社稷、宗庙时，所建造的天坛、社稷坛、太庙以及其他一些祭祀建筑。目前，保留下来的有北京的天坛、太庙、社稷坛和山东曲阜的孔庙以及全国各地保留下来的文庙（孔庙）等建筑。

3）陵墓。主要指封建统治阶级死后的寝葬陵墓。受"风水"的影响，多选在沟壑纵横、山峦起伏、风景秀丽，背山面水的地方依山为陵。陵墓一般为地上和地下两部分。地上部分主要是环绕陵体的建筑群，包括神道、献殿及陵墓的保护建筑。像保留至今的陕西黄帝陵，沈阳市的北陵、东陵，河北省隆化县的清东陵、易县的清西陵等。地下部分是安置棺椁的墓室，有的规模宏大、结构严密，真正成为"地下宫殿"。像北京的明十三陵、秦始皇陵的兵马俑坑、陕西乾县的唐永太公主墓等。

（2）宗教建筑

我国的宗教较多，其中以佛教历史最长，传播极广，因此保留下来的寺庙建筑较多。但不论是单体或群体建筑都是我国古代宫殿和民居建筑的繁衍。

1）寺庙、祠观。全国分布极广，以山西为最多，体现着宫殿和住宅的类型。结构多用梁柱式木构架，装修、色彩也都用传统的民族形式。单体建筑以殿、阁或塔为主体，另辅以山门、天王殿、钟楼、鼓楼、配殿、藏经楼以及僧舍、食堂等。

2）清真寺。伊斯兰教的寺院。建筑形式和处理手法基本上是中国的传统形式。但有的寺院在平面布局和建筑形式上，受到外来建筑的影响，在形状上有所差异。建筑的设置一般以礼拜堂为主体，两侧设有厢房、会客室、讲经室或附以省心亭、邦克楼等建筑。

3）塔幢。我国最早的塔约始建于公元一世纪的东汉时代，由印度传入我国。初建时都是埋葬佛骨的舍利塔或称佛塔。由于隋唐时代佛教盛行，全国普建佛寺，因而塔的建造极为普遍，塔的数量极多，几乎是无处无塔。

在长期的建筑实践过程，在塔的建造技艺上逐渐形成了我国自己的形式，使塔的种类繁多、形象更美、品位更高、用途更广，成为我国传统建筑文化的重要组成部分。其造型多为楼阁式、密檐式、亭阁式、金刚宝座式和覆钵式（即藏式塔或喇嘛塔）等等。其用途主要是佛骨舍利塔（墓塔）、藏经（藏佛像、藏宝）塔、风景塔、风水塔以及镇灾避邪塔等等。其建筑材料由最早全部使用木材逐渐过渡到砖木混合或砖、石、木共同建造。近二千年来，由于自然和人为的原因，历尽沧桑成千逾万座宝塔被倾圮。至今我国尚存各种大小不等的塔约3000座。和消防安全密切相关的塔主要是木质结构的楼阁式筒状塔体、砖壁木质楼层塔、木质中心柱塔和砖木混合结构塔等类。具有代表性的为应县木塔、甘肃张掖木塔、西安大雁塔、杭州六和塔、正定天宁寺木塔、定州料敌塔以及苏州的虎丘塔，等等。

（3）民居建筑

住宅是历史上最早出现的建筑类型。我国各民族迄今还保持着古老的居住形式。

（4）园林建筑

我国造园艺术，在数千年的发展过程中形成了自己独特的风格。在选址上，因地制宜，充分利用地势、地貌的原状，布景以"景自天成"的自然风景为特点，屋宇建筑则以木质结构为主体，并以灵活的风格、合理的布局、适宜的建筑体量和精巧的装修，取得很高的艺术成就，因而在世界上享有盛誉。

我国历史上遗留下来的古典园林，按其所在的地位、用途和功能以及造园艺术的特色，大致可分为皇家园林、私家园林、坛庙祠观园林和名山胜境园林四大类。皇家园林和名山胜境园林，规模较大，建筑内容复杂。私家园林规模较小，建筑内容单纯。但其共同的特点是没有明显的轴线感，注重景观，屋宇建筑物在布景中占有突出的位置，成为构图的主题。最常见的屋宇及建筑物有厅、堂、轩、馆、楼、台、亭、阁、榭、廊等，并以假山、走廊、桥梁、曲径为联系。园林中的木质古建筑的处理特点是以厅堂为主体建筑，形体高大，装修华丽，陈设考究。附属的榭亭，多系临水或水中建筑。有的还是"花间隐桥书斋置庭"的建筑。长廊在园林中，既是导游线路，又是建筑之间互相联系的脉络，体形不但特长，且曲而狭窄，"随形而弯，依势而曲"，形成直、曲、波形的复廊。像北京颐和园和兰州五泉山上的长廊、承德的避暑山庄和苏州的留园、网师园等。这些建筑从消防工作来看是很不利于火灾的扑救。

2.古建筑的消防特点

根据全国古建筑的类型和布局的情况，从消防保卫角度来看，具有以下几个特点：

（1）木质结构古建筑分布广。从城镇到乡村，从平原到山巅，从崇山峻岭到沟壑崖边，从河湖海岸到小溪潭涧以及风景秀丽的地区，几乎都有木质古建筑。

（2）城市内的木质古建筑，多集中在人群密集的市中心或狭长窄小的深巷（胡同）内，又多是台基高筑的单体或建筑群。

（3）在庞大的古建筑群之内，庭院、殿堂繁多，建筑密集，互相毗连，道路不畅，进攻困难。

（4）木质古建筑多以松、楠木为主，木质含油量大，年代久远，质地干燥，跨度大，举架高，空气流畅，易发生火灾，扑救难度较大。

（5）梁架、斗拱、飞椽外露，翼角外伸反翘，火灾情况下极易形成飞火，也极易受飞火蔓延。

（6）建在远乡僻壤的古建筑，道路崎岖，环山难行，消防部队在短时间内不易到达。

（7）火灾因素多，消防设施简陋，用水极端困难，消防供水无法保证。

（二）古建筑结构的种类和特点

我国的古建筑，有着丰富多彩的内容和形式，在结构发展、平面处理和艺术造型等方面，达到了较高的水平。在用木质材料构筑房屋时，其基本的构架，是用立柱和横梁组成的。

1.木质结构古建筑的种类

我国因受自然条件、地理环境和生活习俗的影响，古建筑普遍采用木质结构。从结构种类上看，大致可以分为以下四类：

（1）叠梁式

在屋基上立柱，柱上架梁，梁上放短柱，其上再置梁，梁的两端承檩，如此层叠而上，在最上层的梁中央放脊瓜柱承脊檩。这种结构在我国应用极广，实际完全是北方建造的特色。其特点是运用斗拱承重出挑，室内少柱或无柱，空间较大。但梁柱用材较大，耗材多。

（2）穿斗式

又称立贴式。柱距较密，柱径较细，落地柱与短柱直接承檩。柱径不施梁，而用若干穿斗联结，以挑枋承托出檐。这种建筑多见于长江流域。

（3）干栏式

它的特征是居住面是用支柱架离地面的楼层。有的是由全竹、半竹半木或全木结构，以有利于防水和防虫、蛇毒害，分布于西南地区的云、贵一带的少数民族地区。

（4）藏式和藏汉结合式

藏式建筑主要以柱、平檩构成屋架，其上置小径圆木或厚板，排成平形屋面，上敷泥，设排水槽；藏汉结合式建筑，主要是把汉式的迭梁形的坡形屋顶、斗拱、方亭和藏式平屋顶结合而成的建筑。

2.木质结构古建筑的特点

（1）榫卯结合的形式

木质结构古建筑共同的特点是，在各节点的构造上都使用了榫卯结合的方式，使建筑结构有一定的承受外力的能力。使用榫卯组合木构架，是我国古建筑的突出特点。

单体古建筑是用成千上万个构件通过各种不同的榫卯连接成一个完整的木构架。在木构架中，构件之间的互相结合是个关键。许多古建筑的破坏，常常是因为节点榫卯的破坏，致使建筑物歪斜倒塌。可见，榫卯连接的好坏，对延长木质结构古建筑的寿命是十分重要的。

榫卯结合的构造手法，大约在我国已有六千年以上的历史。目前，我国保留下来的唐代以来的大型木质结构古建筑，经过一千多年，未因地震或自身重量而倒塌，充分显示了榫卯结合的严谨可靠。由此可见，我们在扑救木质结构古建筑火灾时，其榫卯交汇点应当是我们的保护重点。

（2）斗拱一不可缺少的构件

我国木结构中使用斗拱，在世界建筑中是独一无二的。大约在二千五百年前的春秋时期，我国的建筑上已经出现了斗拱。它在建筑中的作用最初是用以承托梁枋和支承屋檐。后来被广泛地使用于构架各部的节点上，成了不可缺少的构件。特别是高大的殿堂和楼阁建筑，出檐深度越来越大，

而檐下的斗拱层数也越来越多。尤其是隋唐时期和以后的明清时期，凡属高级建筑的宫殿、坛庙、城楼、寺观和府第等，都普遍使用斗拱，以示尊严华贵。然而法制规定，不许庶民百姓使用斗拱。因此，建筑物上有无斗拱成为识别等级地位的明显标志。

斗拱在建筑中的作用不仅是为了装饰，而且是梁架结构的一个组成部分，是构造完善、制作精密的一组构件。它在建筑结构上的主要作用是挑出承重，并将屋面上的大面积荷载经过斗拱传递到柱子上，也是木质古建筑屋顶和屋身立面上的荷重过渡。

斗拱从外观上看，是由各种形状的小木件组装而成，层层叠叠颇为复杂，但看它的细部又是有条不紊，是一件非常科学的建筑结构物。它的种类很多，若从大的方面分，可分为内檐斗拱和外檐斗拱。外檐斗拱又分为上檐斗拱和下檐斗拱。从具体部位上，又可分为柱头斗拱、柱间斗拱，转角斗拱以及平坐斗拱，等等。斗拱本身的构件组成也是名目繁多，如升、斗、拱、昂、翘等。

（三）组成单体建筑的构件附属物及其作用

我国当前现存的木质古建筑是一个完整的木构架体系。在一座单体木质建筑中数以万种的构件无不在建筑中起着承重、支撑、防护、牵制及艺术效果的功能。为了有利于进一步做好古建筑的消防保卫工作，尤其是在火灾情况下保护好承重构件，在这一节里就组成单体建筑的构件及其作用概括地作一介绍。

1.承重构件

主要有柱、梁、枋、檩、椽等。

（1）柱

柱是大木结构中的一个重要构件，主要功能是支撑梁架。总的可分为外柱和内柱。按结构所处的部位可分为檐柱、金柱、中柱、山柱、童柱等。

（2）梁

也称袱。是大木结构中的主要承重构件。断面大多为矩形，架在柱子上的纵向构件。按其在构架中的部位可分为单步梁、双步梁，三架、五架、七架梁，老角梁，子角梁以及直梁、月梁等。

（3）枋

大体可分三种：1）额枋。用于柱间，是置于柱子上端联络与承重的构件。2）平板枋。位于额枋之上是承托斗拱的构件。3）雀替。是置于梁枋下与柱相交处的短木，可以缩短梁枋的净跨距离。

（4）檩

也称桁。是架在梁上的横向建筑构件。按其部位（自上而下）可分为脊檩、金檩（有上、中、下之分）、正心檩（檐檩）、挑檐檩等。

（5）椽

是垂直搁置在檩条上，直接承受屋面荷载的构件，按其部位（从下而上）可分为飞檐椽、檐椽、花架椽、脑椽等。其断面形状有矩形、圆形和荷包形等。

2.装修

我国古建筑主要是靠柱子承重，因此，装修在一般情况下不起承重作用，是古建筑物下的小木作，也是古建筑的从属部分。为了室内光洁明亮和使用的需要，常用门、窗、格扇等，把建筑物的柱间镶填起来。在古建筑中我们把各种门、窗、格扇、天花、藻井等，统称为装修。

装修虽不属建筑结构承重部件，却也是完整木质结构体系的重要组成部分。室内隔断装修其构造形式不仅十分精美，而且显示了古建筑的艺术效果。按其部位来分，可分为外檐装修与内檐装修两大类。

内檐装修一般有槛框、隔房、花罩、天花、藻井以及护墙板、壁橱等。

（1）槛框

就是安置门窗的架子。在建筑物的檐枋之下，有时分为上、中、下三个部分。一般使用在较大而隆重的殿堂正间的两侧。

（2）门窗

古建筑的门窗，明间一般为外檐门，多为四扇、五抹隔扇门，主要作用于通风采光。一般采用双榫实肩做法。门窗的格子心是由棂条组成的各种几何图形，有的是用硬木浮雕、透雕或缠交的动植物、神话故事等。

（3）天花、藻井

天花是为了不露出建筑物的梁架，常在梁下用天花枋组成木框，内放密小的木方格或放较大木板，板下施彩绘或贴以彩色图案。藻井是高级的天花，一般用在等级较高而隆重的殿堂明间正中，如帝王的御座、神佛像座之上。形式有方形、矩形、圆形与多角形。

（4）家具陈设

我国古建筑日常使用的家具有床、桌、椅、凳、几案、柜、屏风等。考究的用紫檀、楠木、花梨、胡桃等上等木材制成，表面施油不施漆，有的镶配理石或藤、竹、树根制作，在造型和工艺上都有极高水平。在重要殿堂内，家具多在明间中轴对称置放，成双或成套排列。

陈设。以悬挂在墙壁或柱面的字画为多。厅堂正中悬横匾，下挂堂幅，配以对联或在明间后檐金柱间置屏风，上雕书画、诗文、博古图案。

有的在墙上悬挂镂玉、贝、大理石的挂屏或在几、桌、条案、地上放置理石屏、盆景、瓷器、古玩等。

（5）金属装修

金属用于建筑装修的颇多，特别是铜。由于色泽美观、耐锈蚀、易加工，所以，自古以来铜被大量用于门窗上的铰页、铺首、门钉等。有的建筑物上使用金、银等贵重金属绘贴彩画，或用于错镶构件，称为错金、错银。此外，还有的在古建构件上镂饰珠、玉、贝或缠裹锦绣等。

3.墙体

古代木质建筑，以木构架作承重体系，墙体并不承重。但墙体在许多木构建筑中又是必不可少的，它不仅起围护作用，且对建筑外形有一定影响。对古建筑墙体的处理，往往表现了建筑物的精美程度。墙体结构因其本身的结构和艺术成就，在古建筑技术上也占有重要的地位。

墙体在古建筑中主要起隔音、防寒、防火及对木架起横撑作用。按照其所处的部位可分为檐墙、山墙、屏风墙、照壁、隔断墙、防火墙等。依其常用的建筑材料则有土墙、砖墙、木墙、夹泥墙等。历来有"墙倒屋不塌"的谚语。藏式建筑的墙壁在立面的处理上，采取了横带蜈蚣墙装饰，开设长方形的梯形窗口。墙体下部用石砌，上部用"边麻"装点，饰以铜镜，既坚固又大方，达到了较好的艺术效果，这是藏式建筑的特征。但是，利用边麻（也称苏芦草，是生长在青藏地区的野生灌木，收获后捆成小捆，晒干切齐，放到盛有赤色或黑色的漆锅中浸煮，然后用来砌墙）砌墙虽然比石料经久耐用。但对防火极为不利，一旦遇火极易燃烧，而且强度大，会造成飞火蔓延。

4.屋顶瓦件和结构

我国古代建筑的屋面是古建筑中最有代表性和富有特色的部分。它在建筑形式、建筑等级、建筑艺术等方面都有十分详细、完整的规定。对这方面了解不够，就不能达到更好的保护古建筑的目的。

（1）屋顶的结合形式和瓦件的使用

屋顶的形式。古建筑的屋顶都是用木架支承的，可分为庑殿、歇山、悬山和硬山四种常见的形式。每种形式都可能有重檐形式。在封建社会里，屋顶的结构形式有着严格的等级制度。重檐庑殿为最尊贵的建筑，重檐歇山次之，再次为单檐庑殿、单檐歇山和悬山，硬山最为低下。凡在屋顶上两坡相交的地方或两端都要做"脊"。脊既是我国古建筑结构不可缺少的部分，又是装饰艺术组成的重要部分。建筑越雄伟，脊就越高大，脊的线条也越复杂。其名称繁多，有正脊、垂脊、戗脊（岔脊）、博脊（围脊）、角脊等等。

瓦的种类和瓦件的使用。古建筑屋顶上所使用的瓦主要是琉璃瓦和布瓦（也称青瓦）两大类。而琉璃瓦又分上釉和不上釉两种。其颜色颇多，有黄绿、黑、蓝、紫、翡翠等。只有皇宫和庙宇才能使用黄色琉璃瓦。除琉璃瓦和布瓦以外，屋面上的其他瓦件不下六十种。而最令人注目的是正吻和怪兽。正吻也叫鸱尾，是古建筑屋脊上两端的饰物，其形制有八个级别。

现存古建筑物上最大的正吻高达一丈多，重达三千七百斤，由十三块琉璃件拼成，正脊的高度往往是正吻的近二分之一，构成了破拆的困难。怪兽是建筑等级的象征，均以奇数出现，最多不过十一个。它不仅具有艺术与装饰的效果，而且作为一个建筑构件，用它覆盖脊瓦，让小兽下的连砖与脊瓦结合在一起，使建筑更加坚固。

上述三种情况的结合，形成了中国古建筑绚丽多彩和不拘一格的独特风格。

（2）屋面的做法和材料

这里主要指椽以上建筑部位的做法和用料。古建筑的屋面构筑十分考究。为了防止雨水淋湿墙壁，在屋顶上采取了较大出檐。为了避免出檐过深而影响采光，在形状上做出向上反曲的屋檐，使屋角反翘，而使屋顶呈现出一种舒展飘逸的形象。这是中国古建筑的一个非常突出的特点。

为了解决古建筑的防寒、防热、防虫、防水、防腐、防火，古代的匠师们对屋面处理采取了十分严谨而细腻的技法。按其层次而分，是在椽上铺设了2-3厘米厚的望板或方砖，其上敷泥、苫背、撒瓦、扶脊、接吻兽。在等级较高的宫殿、堂阁建筑大都在天沟屋脊上做锡背或灰背处理，以解决屋顶雨水渗漏问题。灰背与锡背做法大致是在望板上刷桐油，然后糊油衫纸，油衫纸上苫泥背，内夹麻布，背上压麻或压油衫纸，泥背上铺锡背。反复三次后再用灰背收顶。如为瓦顶，灰背上再加盐卤铁灰背。这样处理后的屋面，在灰背表面形成三氯化铁，并在苔藓等自然物质的作用下，就被固定在屋面上，形成硬度高、寿命长、防水性能好的屋面建筑（当然要进行破拆，困难也是较大的）。

数百年的大殿、庙宇至今不渗漏、不腐朽，仍然保存完好，处理防水的绝技令人惊叹。

5.油漆彩画雕刻

中国古建筑的特点，不仅在建筑方式、造型、使用材料等方面具有独特之处，而且在绚丽多彩的油漆彩画陪衬后，使得建筑物更加金碧辉煌，庄重美观。木结构表面施以油漆彩画等艺术装修，不仅保护了木材，而且也起到了装饰、美化的作用。

油漆。我国旧式油漆，均以桐油为主，加入樟丹、广红等颜料，刷后光泽饱满，油皮耐久，永不变色。一般程序，从披灰打底到成活，须经六道工序。

其中刷油四次（层），虽对防腐极好，但对防火则极为不利。

彩画。纷繁的古建彩画种类极多，最常见的有和玺彩画、旋子彩画和苏式彩画三大类。和玺彩画是等级最高的装饰彩画。宫殿式的彩画中，龙凤是广泛被应用的题材，因为龙凤是至高无上的象征，代表着皇权的标志。

雕刻。人们常用"雕梁画栋"来描述古建筑的精美。其实，我国古建筑何止雕梁。在单体建筑中，从石做的台基、踏步、栏杆，木做的梁、枋、板、斗拱，各个构件的出头与收尾，装修中的门窗、福扇、雀替、花牙、垂头处理，瓦件的猫头、滴水、门额、戗脊、吻兽、宝顶，以及建筑群体中的影壁、花墙、花窗，甚至沟眼井盖、树池、甬道，到处都闪烁着我国雕刻艺术的光辉。古建筑的雕刻在取材上是多种多样的，如石、木、砖、金属、泥、琉璃等。题材上也是丰富多彩，如花卉、翎毛、走兽、鱼、虫、龙、凤，以及人物、吉祥如意图等，其形式上也是变化无穷的。

古建筑和文物保护建筑的类型布局与消防工作我国当前尚存的木质结构古建筑，在具体构筑及艺术处理上名目繁多，变化多端，各具特色。单体建筑是一个完整的木构架体系，建筑的布局多种多样，式样上的艺术处理美丽动人。古建筑按现有的类型和布局，从消防保卫的角度来看，大体可分为以下四种。

（1）单体古建筑

它是指旁无衬托而单独存在的建筑，以及古建筑群中相互毗连距离在 50 米（即发生火灾后在大风、缺水情况下，不受火灾蔓延影响的距离）以外的建筑。常见的有较大城镇的钟楼、鼓楼、城楼、箭楼、角楼，山岳上的寺观、殿堂等建筑。这些单体建筑的形状大多为正方形、长方形和三角形等。绝大部分建在十数米的高台上或城墙之上。屋内上部多为"抬梁式"，横平直竖、组成骨架、梁架等露于内，多用油质较大且有香味的柏木、杉木、松木、樟木、楠木构建。这样的单体建筑，结构变化极大，其突出的消防特点是：

1）建筑举架高，木构件繁多，跨度大、空间大、空气流畅，一旦起火犹如架起的木材燃烧，火势发展迅速，难以扑救。

2）结构奇特。外形窗层多，内部楼层少，有的还夹有暗层，容易使人发生错觉。像北京内城的角楼、长陵的棱恩殿，西安的钟楼、鼓楼、城楼，天津蓟县独乐寺内的观音阁，应县木塔等，这些建筑如发生火灾，在进行侦察与灭火过程中应仔细摸清其结构。

（2）古塔类

古塔幢按类应属单体建筑，但它的形体和高度又远超出一般单体结构的特征，在火灾扑救方法上和单体建筑截然不同。与火灾有密切关系的木质和砖木结构的古塔幢在全国约有百余座，主要是楼阁式和密檐式两大类。内部大都是空心筒状。最富有代表性的是山西应县木塔，它是一座楼阁式木塔，平面为八角形，外观五层，夹有暗层四级，实为九层，高67.13米。西安大雁塔是砖木结构的筒状方形塔，全高七层，64.1米，架设木梁，铺设楼板和木质楼梯。这些高大奇异的古建筑的内外任何层次、部位发生火灾，都犹如抽火的烟囱，也是火灾发展扩大的通道，给扑救带来极大的困难。

3.庭院式的建筑群

以木构架为主的我国建筑体系，平面布局的传统习惯是以"间"为单位，构成单座建筑，再以单座建筑组成庭院，进而以庭院为单元构成各种形式的组群。这种组群的形式，多见于宫院、寺庙、祠观，在全国各地分布极广。其布局手法，一般都采用均衡对称的方式，沿着纵轴线与横轴线布局。大多数以纵轴为主、横轴为辅，但也有纵横二轴线并重的。其主要形式大致有以下三类。

（1）四合院式建筑

在纵轴线上先配置主要建筑，再于主要建筑的两侧和对面布置若干座次要建筑，组合成为封闭性空间。在全国各地，无论是宫殿、祠庙、衙署或民居，都比较广泛地使用这种布局。

（2）廊院式建筑

它的布局特点是沿纵轴布置主要建筑，院内均齐对称，正殿（正厅）、配殿（厢房）围绕中庭沿边配列，周围绕以回廊，大门设在正中或偏于一旁，院内有楼、台、亭、阁、牌坊，辅以山门、钟楼、鼓楼等建筑，高低错落，构成一个完整的格局。

（3）巨大的建筑群

此建筑常以重重院落相套，向纵深发展，横向则配置以门道、走廊、围墙等建筑，分隔成为若干个互相联通的庭院。其特点是建筑豪华，装修讲究，色彩艳丽。像北京明清故宫、明长陵和曲阜孔庙等都属此类。

上述建筑群的共同特点是，建筑物互相毗连、密度极大，院落深邃，道路狭窄，一旦发生火灾，进攻困难，是火灾扑救的不利条件。

4.古遗址、古墓葬上的保护建筑

为了保护好古遗址、古墓葬的原貌，文物保护单位在原遗址上往往建立保护建筑。这些保护建筑都采用了现代较为先进的框架结构，多为人字型和拱型的钢木结构。它的特点是举架高、跨度大、易燃材料多，发生火灾后火势凶猛、蔓延迅速，不易控制。钢质屋架耐时短、落架快，为了保护文物，不能用强水流扑救。陕西的秦俑坑保护厅是 200 米×60 米×4.5 米的体积，一旦起火要保护好是十分困难的。西安的半坡博物馆、长安区沣西的西周车马坑遗址等，均为新型大屋架建筑。

上述几种建筑类型和建筑群，都是极其珍贵的历史文物，新建保护建筑下面的地面、地下历史遗迹、遗物更是举世稀有的珍贵文化遗产。这些地方，绝大部分被各地文化机关和文物管理单位辟为博物馆或文物展厅，展览着全国或当地历代的历史纪实和出土的珍贵文物，作为向群众进行文化科学、热爱祖国和精神文明教育的阵地。在这种情况下，就出现了建筑文物和历史遗留文物同时并存的现象，如北京明清的故宫博物院、西安的碑林博物馆、陕西临潼的秦俑坑展览厅，等等。这些单位一旦发生火灾，就给灭火工作带来极其艰巨的任务—既要保护好古代遗留下来的木质建筑，又要保护与抢救古建筑物下的珍贵文物。在这种情况下，若有任何疏忽，都会给祖国这份珍贵遗产和宝贵财富带来不可弥补的损失。

（四）古建筑和文物保护建筑的起火燃烧规律与耐火（倒塌）时限

由于木质结构本身不能防火，因而不少古建筑毁于火灾。古代木质建筑一般在选材上比较讲究，多选用既防腐、防虫且强度较大、油脂较多的松、柏、楠、樟、铁、栗等木质，以延长使用寿命。但遇火燃烧迅速。

1.造成古建筑火灾的原因，多系生活用火不慎、用电不慎和雷击起火酿成巨灾的原因主要在于防火工作薄弱，没有必要的准备，缺乏基本的安全防范措施和相应的消防设施。古建筑多处在距城镇较远的远乡僻壤，设施不佳，消防队不能及时到达，尤其是雷击引起的火灾，一般情况下都是火势猛烈，蔓延迅速并伴有急风暴雨，给扑救工作造成极大的不利。

2.古建筑火灾的燃烧规律，往往和引起起火的原因、燃烧部位的关系极为密切猛烈起火与平稳起火完全是两种不同的情况。平稳起火无论发生在建筑物的任何部位，燃烧都是比较缓慢地进行。只有在随着时间的延长，温度不断增加，造成燃烧物质在高温的作用下析出大量可燃气体后，才可以造成较猛烈的燃烧，促使火势发展。猛烈起火，是指在外界的影响下，如可燃气体、液体引起的爆炸或雷击等，突然引起的火灾。这样的火灾起火速度快、燃烧猛烈、面积大。然而，无论哪种原因引起的火灾，其共同的燃烧规律都是，火势从下向屋面沿屋盖向四周蔓延，再沿屋面可燃建筑物烧向返回方向的屋檐，由于受屋檐空气流向的影响，当火势发展到猛烈阶段，这时较大的承重构件开始燃烧，火焰向外扩展，产生强烈的辐射热，若古建筑高度超过 15 米时，在距其周边 30 米范围内的建筑物或可燃物具有燃烧的可能，使燃烧面积扩大。

3.从耐火（倒塌）时限看，木质结构比钢架结构的耐火时间长

钢架结构建筑在火灾情况下，如果温度达到 450-500，只要 10-20 分钟即可倒塌。而木质结构建筑在火灾情况下，其延续的时间比钢架结构几乎高出一倍。这是由于质轻而且干燥的木材，在火灾情况下向里燃烧的速度近视值是 0.8 毫米/分钟，而木质古建筑绝大部分的承重构件的直径大、断面粗，从燃烧到破坏延续的时间长，一般直径在 300 毫米以上的柱和梁的耐火时限可达 40 分钟以上。因此，木质古建筑中的大断面结构，对灭火争取时间是极为有利的。

火灾条件下，木质结构的倒塌，主要是由于燃烧时高温的影响，使木质结构表层被烧蚀和里层炭化，削弱与破坏了荷重的断面。火场上的倒塌，不是由于建筑物的支架（包括钢架在内）全部受损后造成的，主要是由于建筑物局部的承重构件受损后发生倾斜，落架时使各交汇节点榫卯接合部位发生拔榫脱卯和拉力作用而形成的全面倒塌。

（五）古民居的建筑布局和消防特点

我国当前存在的古民居大部分为明清（其中有少数元代建筑）或民国早期的建筑物，一般是村落式或独家独院，而且大部分为"四合院".以中轴线进行布局，依次为影壁、门房、厢房、正厅（堂房）相连为一起，院落之间相互毗连，成为较大的民居建筑群。各院的建筑物多为就地而起的单层建筑，偶尔可见正房有楼层。屋体与较大型的古建筑（宫殿、庙宇）相比较为矮小。

其内厢房一般为单坡式厦房，前低后高，俗称"倒崛根"，门房和上房（厅房）多为双坡式建筑，一般为三开间，每间阔约 3 米左右，进深大约 3-6 米，内部面积约 50-60 平方米。这些古民居按用途大致可分为居住型和展示型两大类。居住型古民居的主人大多是继承其先辈遗产，至今居住，其建筑仍保留着历史的原貌；展示型古民居大部分是历史上在经济、仕途方面取得显赫成

就的富户人家所建造的豪宅，因其建筑技艺超群、具有文物价值而作为展览实物向社会开放，给人们以历史、科技、文化、艺术美的启迪。古民居的消防特点主要表现在以下几个方面：

1.居住型古民居

（1）生活用火较多，诸如炉灶炊事用火、取暖用火以及其他生活用火；

（2）用电较多，诸如照明用电、各种家用电器用电、取暖用电，甚至还有家庭小型作坊进行加工的动力用电等等，因而具有用电火灾危险；

（3）建筑物以木质结构为主，年久干燥，加之室内空间较大，空气流通良好，一旦发生火灾燃烧迅猛，蔓延迅速；

（4）房屋内易燃、可燃物质以及生活用品较多，极易引起火灾，一旦起火难以抢救，损失惨重；

（5）独家独院式古民居地处偏远，道路不畅，甚至道路不通，一旦发生火灾消防车辆及灭火人员不易接近，给灭火和抢救工作造成极大困难；

（6）消防器材匮乏，甚至完全没有，一旦发生火险，火情得不到及时控制，可能造成火势扩大；

（7）居住人员大都缺乏消防意识，缺乏防火和扑救初起火灾的常识。

2.展示型古民居

（1）展示型古民居一般本身具有珍贵的文物价值，并且其内部陈列存放着大量的珍贵文物，一旦被火吞噬会造成无法估计的损失；

（2）木质结构，建筑毗连，面积极大，有的竟高达20余万平方米，空旷无人，一旦发生火灾，不易及时发现，可使火势迅速蔓延，损失扩大；

（3）通道窄狭而深邃，消防车辆无法接近，给火灾扑救带来极大困难；

（4）文物相对集中，抢救较为困难，可能造成极大损失。

第三节　古建筑和文物单位的火灾预防

我国价值较高的木质古建筑及其文物单位遍布全国各地，几乎是无处不有。从消防安全管理角度出发，处在较大城市或省辖较大城市内的古建筑和文物单位消防管理工作相对比较到位，消防安全系数较高同时又处在消防设施、装备齐全的消防部队监管之列，消防安全有较好的保障。而我国大部分国宝级木质古建筑和文物单位处在远乡僻壤之地，消防管理十分薄弱。有的古建筑和文物单位就是管理人员、宗教职业者、文物珍宝同在一室的混合体，同时有大量的生活必需品以及名目繁多的宗教必需品，更为甚者在其内部开设商店、旅馆、酒店、餐厅以及工艺产品的作坊，这是应该认真对待的防火安全重点。

一、生活用火的预防和管理

（一）炉灶设置、使用和管理

炉灶是古建筑和文物单位人们生活中的必需设施，尤其是远离城镇的单位更是必不可少的加热设施，若疏于防范和管理往往又是形成火灾的主要条件。设置时须遵循以下几个原则：

1.对生活中必需的炊事、锅炉房的选址，必须远离木质古建筑和文物存放地。

2.锅炉的购置必须是符合国家标准的合格产品，安装必须符合国家规定的规范要求，操作人员必须是经过培训合格取得技术等级的技术人员。

3.取暖用火的设置。生火取暖，是冬季御寒的一项重要措施。由于古建筑和文物单位极少有供暖设施，因此冬季使用火炉、火炕、火盆、电热毯等进行防寒就成为生活中的重要措施。

为了确保古建筑的消防安全，文物单位设置取暖设施需做到以下几点：

（1）在古建筑物内设置火炉必须远离木柱、木板，其最近距离不应小于1.5米，其炉口上部必须有铁板隔挡，最低不得小于1.2平方米。

（2）在木质地板上设置火炉时，必须用耐火砖或土坯垫成厚度不小于14厘米的隔热层，炉旁不能堆放易燃或可燃物质。

（3）使用的手炉（笼）不能随意乱放，切忌放在易燃物上，更不能用其烘烤被褥。

（二）炊事用火

炊事用火是古建筑和文物单位重要的不安全因素之一，必须给予足够重视：

1.炊事用房必须远离古建筑群体和文物所在地，更不能放在古建筑物之内或文物邻近，必须保证有足够的安全距离。

2.炉灶的建造必须安全、科学。建造炉灶必须考虑炉膛、炉齿，灰坑、烟道口、炉门的合理性，炉灶连通隔墙或火炕必须选用耐火不燃的建筑材料，认真砌筑，严防用料不当，造成漏火。

3.烟囱的建造必须严格遵照"曲突徙薪"的典故要求。烟囱穿过闷顶、保温层（房盖）时，其周围应用不燃烧材料隔绝，上加防火帽，防止飞火飘散，并经常对烟囱进行检查，发现裂缝及时维修。

4.使用秫秸柴草烧饭的灶膛必须有专人看管，灶膛前的柴禾不能堆积过多，余物应当立即清除，炉灰要用水浇灭；没有热源的炉灰，也要倒在专设的灰坑内，以防死灰复燃。

5.炊事烹调过程中的火灾预防：

（1）炊事烹调必须精力专注，精心操作。

（2）起用油锅时，操作人员不能离开；油锅温度过高起火时，不要惊慌，可迅速盖上锅盖，端离炉火，使其窒息。

（3）油炸食物时，油锅不能过满，且应放置平稳。

（4）煨、炖油质或脂肪食物时，应有专人看管，汤水不能太满，严防浮油外溢引起火灾。

（5）严禁将空锅放置炉灶上干烧。

（三）照明用火

地处大中城市、乡镇附近以及交通发达地区的古建筑和文物单位已使用电能源照明，不存在用各种油类或蜡烛照明。在一些较为偏远的地区或地处崇山峻岭之中的不少古建筑、古庙宇、道观庵堂、佛寺，其住持、僧人、道士、比丘尼等仍然在清贫环境中生活，他们仍然使用煤油灯、植物油灯、酥油灯或蜡烛等明火照明。这对古建筑和文物单位是十分危险的，稍有不慎即可酿成火灾。因此，必须有严格的防范措施。

1.使用各种油灯和蜡烛照明，要远离可燃物和易燃物质；

2.最好将照明灯具放在固定位置，不要随便移动，在照明灯具的四周可用玻璃蔽挡，既防风又可阻止燃烧物进入；

3.可在油灯上设置灯罩，灯罩上绝对不得再套纸质灯罩，防止引燃可燃物；

4.油灯添加油时一定要将灯火熄灭，并且应当远离油桶，及时清除油垢，保证安全。

（四）其他用火

1.吸烟

吸烟易引发火灾，甚至酿成悲剧为了杜绝火灾，要做到：

（1）古建筑和文物单位为绝对禁烟区，应设置醒目标志，管理严格，严禁吸烟。

（2）选择远离重要文物区的空旷场地或客厅房，设立游客休息室、吸烟室，设专人看管，保证安全。

2.诱杀虫害、驱赶蚊蝇应当谨慎用火

每当夏秋之季蚊蝇虫害肆虐，地处远乡的古建筑和文物单位为了驱逐害虫往往采取许多消灭虫害的措施，最常见的有以下几种方法：

（1）室外生火驱赶

即在古建筑庙宇的上风方向生火制烟，采取类似篝火的形式消灭虫害，对此活动应派人监视，防止飞火引起火灾；

（2）室内毒杀

主要指在室内点燃蚊香熏杀蚊蝇。对此，应严加看管，并且将蚊香放在固定的铁盘或磁盘之上，远离易燃和可燃物。

3.禁止小孩玩火、燃放烟花爆竹

古建筑和文物单位内部往往居住着居民或过客，来往人员较多。其中小孩在文物单位内部聚集玩火或燃放烟花爆竹，严重危害文物单位的安全，应当予以禁止。

二、易燃与可燃物质的管理措施

古建筑和文物单位的易燃物和可燃物可说是种类繁多，针对其不同种类性质，应分别采取不同的管理和预防措施。

（一）易燃物质的火灾预防

1.石油产品

古建筑和文物单位严禁设立汽车库房或存放各类较大型的机械设施，也不允许在其内部存放各种石油产品（汽油、柴油、煤油及各种机构润滑油），设置充电室等。对因历史原因已经形成的专用建筑或各种机械设备，除限期搬迁拆除外，应采取以下措施：

（1）对不符合消防安全要求的简易汽车库应进行改造，提高其防火等级。库内不得设置充电设施；通电时必须在库外安装分电闸盒，人离闸关；严禁使用明火、严禁吸烟。

（2）对有机械设施的车间、专用库房，应与古建筑和文物区相互分隔，使其专用范围地域专业化，不能对古建筑和文物造成不安全因素。

（3）对经常备用的石油产品（汽油柴油、煤油、润滑油），绝对不能存放在古建筑物内或文物集中的地方，更不能和其他物资共存一个库房，应存放在古建筑和文物集中的区域之外的安全地点。

2.宗教用品

（1）香、蜡、纸、炮的防范和管理

古建筑文物单位内部不应设立香、蜡、纸、炮库房。如必须设置，其库房应当远离古建筑和文物区域，确保安全。

严格控制每天的储存及销售量，用多少，供多少，并应将剩余物存放在安全区内；对于爆竹要严格控制，禁止随便燃放，若因举办重大活动需要燃放，须经公安机关批准，并指定安全场地限时燃放。

（2）植物油、酥油的存放和百灯供、千灯供祭祀的安全要求

1）植物油和酥油的存放，应有专门的存放库房，并健全严格的消防安全设施和措施，严格禁止将植物油和酥油放在殿堂之中的供台附近。

2）百灯供、千灯供的祭祀场合，必须配备足够的灭火器材，安排专人值班，现场看守，保证百灯供、千灯供祭祀现场的绝对安全。

3）百灯供、千灯供祭祀过程需要添加植物油或酥油时，必须使用长嘴油壶，将灯火熄灭后再行添加，以保证添油过程中的绝对安全。

4）制作百灯供、千灯烘的供台，严禁使用木质等可燃材料，应当使用金属板等不燃材料。

5）幡幢、柱锦、幔帐、哈达等易燃宗教用品，应远离百灯供、千灯供的供台，防止其被供灯明火引燃。

（3）幡幢、柱锦、幔帐、哈达等宗教用的安全要求

这些宗教用的多是化纤织物或毛织品，一旦遇火极易燃烧而且速度极快。对此，应采取如下预防措施：

1）时刻警惕，必须与明火保持绝对安全距离；

2）对易燃零散的哈达应统一存放在殿堂之中的安全地带，待会期结束后搬离殿堂。

3）悬挂易燃的幡幢、幔帐、柱锦等物，应使用降落式挂钩，在紧急情况下，放下拉绳使其降落，然后将其拖放在安全地带。

（4）殿堂或集体诵经场所使用的塑料座垫，在集会时方可带进，会完后立即带离，不得将其集中存放于殿堂或诵经场所之内。

（5）经书、经文及名人字画的安全措施

1）藏经楼内的经书、经文，应当按照文物仓库的要求严格管理，并应按函卷分类装箱保存。

2）对具有历史文物价值的名人字画应存放于金属或木质匣函之内，在非常时期便于搬迁。

（6）寺庙中的印刷场所的安全措施

1）印经院必须远离寺庙内的中心古建筑和文物区。

2）加强对纸张的管理，对成批印刷纸，必须设专库专人管理，按用量发放；废纸、下脚料等应有专人及时清理、收集和管理；需要焚毁的废经应在有安全保障的焚纸炉内烧毁，做到人离火熄。

3）印刷厂内各个操作场所，严禁使用明火取暖和明火照明。

3.饲草、炊事、取暖用柴

（1）饲草存放应远离古建筑物及文物，经过粗加工的饲草应放置在专用草房之内，其房屋只留取草之门，不应设置窗户或通风孔；未经加工的饲草应堆积在空旷地方，其顶部和四周用草泥涂抹，保证饲草安全。

（2）炊事用柴应放在远离灶房之外的安全地带，以日用量随时取用，不能积累在炉灶周围。

（3）取暖用柴。供烧炕取暖的秫秸柴草、树木枝梢干柴易于起火，应依次按量取用，不能放在住宅附近，不得堆积过多，以免火患。

（二）可燃物质的火灾预防

1.宗教场所。

（1）佛龛及其周围装修装饰物应该远离香烛明火，最小安全距离不应小于 1.5 米。

（2）佛堂、佛龛的香烛案台应设在殿堂之外的露天场所，香烛案台应用金属等不燃材料制成，其四周应用金属网罩围罩，顶部应设坡式金属顶盖，防止飞火飘扬，其下部应设水槽，及时熄灭落下的香烛残物，保证安全。

（3）殿堂下的坐具坐垫及其木质物品，应远离殿堂，存放在安全地区。

2.古建筑文物单位内部的修葺所需用的可燃材料，应远离古建筑和文物地区集中存放，集中保管，按照日消耗材料发放，严防剩余流散。

3.古建筑物内的装修装饰物应按建筑物的自然间隔分隔，留出 1-2 米间距，桌凳、几案、书架、床榻亦应分类放置，相互保持一定安全距离。

4.古树林木的防火，应采取以下几项措施

（1）大中型古树林木区应设消防供水管道，安装消火栓，确保林区安全；

（2）无条件安装消火栓的林区应设置消防水池、配备消防泵、消防水带以及相应的消防设施。

（3）分散存在的珍贵树木应严加保护，在其附近设置消防器材点，配备必要的灭火器及其工具（火钩及打火工具等）。

（4）加强昼夜巡查，在进入林区的交通要道或树木附近，设置醒目的禁火警示牌，严禁将火种（火柴、打火机、烟蒂等）带入林区。

三、古建筑和文物单位内部特殊行业的火灾预防

远离大中城市的文物景点和名胜古寺庙、道观单位，为了解决善男信女朝拜和旅游者的生活需求，在其内部开设餐饮摊点、旅店、商店，甚至开办各类作坊，存在诸多火灾隐患，严重威胁古建筑和文物单位消防安全。对其中该取缔的必须依法取缔，该整改的必须依法整改，及时消除隐患，对其中必须保留者，必须按照消防规范和要求，加强火灾防范工作。

（一）餐饮业

设立在古建筑和文物单位内部的餐饮业，由于所处地域不同，潜在性的火源较多，消防设施不足，职工防灾意识不强，消防管理不到位，抗灾能力较低。因而应做好以下预防工作。

1.古建筑和文物单位内开设的餐饮业，必须达到消防安全要求，远离文物和古建筑，或设置防火墙，使其与文物和古建筑物相互隔离，保证在发生火灾情况下不扩大，不蔓延，不殃及文物和古建筑。

2.厨房烹饪操作间应着重考虑以下几点

（1）使用煤炭炉灶的炉膛、炉门、烟囱部位一定要严密和牢固，防止明火飞扬，烟囱上部要加防火安全帽，防止飞火飘散。

（2）使用液化石油气的炉灶，要保证炉灶安全状态良好，钢瓶和炉灶应保持1-1.5米安全距离；钢瓶不能斜置，不能靠近火源和热源；工作人员不能自行处理残液；使用过程中不得离人，不得吸烟，严守安全操作规程，经常检查维护炉灶各部位，防止因阀门堵塞、失灵以及胶管老化等发生跑、冒、漏气，造成不安全因素。

（3）油炸食品时，油温不能过高，防止起火，锅内食油容量不能超过锅容量的三分之二，若

遇油温过高而起火时不要惊慌，应立即盖上锅盖，将油锅端离火源，并熄灭火源。

3.餐厅内不得使用可燃物或易燃物吊顶。就餐桌凳不能拥挤，保证通道畅通。装饰灯具应远离易燃和可燃材料，且使用节能灯泡，如使用白炽灯等灯具其功率不得超过 60 瓦。工作人员要注意提醒旅客不要将燃着的烟头与火柴、打火机、餐纸放在一起。营业结束后，管理及工作人员要对餐厅进行认真检查，彻底消灭火种，关闭空调、电视机、音响、灯具等电器设备的电源，方可离开餐厅。餐厅应配备足够的灭火器材。

（二）旅店业

设在古建筑物及文物区的旅店业一般规模较小，耐火等级较低，火灾危险性较大，对其应采取以下防火措施：

1.加强火源管理。旅店内顾客南来北往，流动性较大，难免发生吸烟、丢弃烟蒂及火柴现象，对此应设醒目的警示牌，提醒客人不乱丢烟头及火柴梗。管好店内炉灶，取暖用火一定要远离可燃物质，周围不能烘烤衣物：炊事用火一定要防范炉膛烟囱发生火灾，炉灶前、烟囱周围不能堆积可燃物，严禁乱倒灰烬，防止死灰复燃。

2.加强电源管理。客房内禁止乱拉接电线，不得安放电热炉，台灯、壁灯、音响、电视等电器，其电源安装、使用应做好防火安全管理。

3.客房内应有具体的安全疏散路线示意图，指明安全通道，使旅客入住后做到心中有数，增强消防安全意识。

4.店内应配备足够的消防器材，设立专人管理，定期检查维修，保证完整好用，使每个职工知性能、会使用、会扑救初起火灾。

5.店内应建立健全严格的值班制度，值班时不脱岗、不睡觉，做好夜间巡查，在非常情况下及时将旅客疏散、引导到安全地区。

（三）商店

一般情况下，商店地方狭窄拥挤，商品堆积，可燃物多。因此，必须采取以下预防措施：

1.严格火源管理。营业厅、室内严禁使用明火，禁止吸烟。严禁使用明火采暖，更不得使用炉灶煮饭烹调。

2.可燃物质的货架、柜台应更换为金属框架或由玻璃组合而成，对可燃木质结构及耐火等级较低的吊顶，可采取喷涂防火涂料等措施，提高其耐火防火性能。

3.商品陈列摆放要科学合理，不能堆积过多，保持通道畅通无阻，确保在火灾情况下能及时疏散和抢险。

4.用电设备安装使用必须符合电气设计安装规范要求。电线应选用铜芯线，穿金属管或高塑管敷设，接头必须用接线盒密封或装设分线盒。店内严禁乱拉乱接临时电气线路、禁止使用碘钨灯、高压汞灯，白炽灯及荧光灯。

配电盘应有接地线，保证电气线路绝对安全。

5.加强消防措施。商店应设置、配备必要的消防设施，加强检查维护管理，保证火灾情况下能充分发挥其灭火效力。加强消防值班制度，昼夜 24 小时应有人值守，发现火情及时报警，确保商店安全。

（四）古建筑物内各种雕塑、壁画等文物的火灾预防

我国历史上的建筑设计和艺术处理，建筑追求外形美和内部艺术美的完美结合，一些保留至今的古建筑成为名副其实的文物宝库，蕴藏了大量的雕塑、壁画等艺术珍品。为了美化建筑，我国古代的能工巧匠们，在建筑物上运用可雕、可刻、可塑的材料创造出各种艺术精品。雕刻艺术品一般使用硬质材料，如木材、石材、金属、玉石、玛瑙、陶瓷、陶瓦、骨质、贝壳等。其中，在建筑物上遗存最多的是木雕、石雕和砖雕。雕塑一般使用软质材料，如石膏、树脂、面粉、黏土等，其中使用最多者是黏土。黏土是使用在泥塑、泥雕、浮雕的主要原料。

这些以雕、刻、塑为特征的艺术精品绝大部分镶嵌在古建筑物上或塑造在殿堂的佛龛内或悬空墙壁之上，它和古建筑并存，传世至今，国宝级文物为数众多。

寺庙、道观、清真寺及名胜古迹的建筑物内存在着大量的雕塑、雕刻、雕塑群、浮雕群，佛龛内的座台上供奉着泥、木、石、金属性质的各种佛像，千姿百态，形象逼真；佛像背后或殿堂内的四周墙壁上塑造着大量珍贵的浮雕或壁画，其中不少是仅有的稀世珍品。这些文物珍宝在火灾情况下，除了木质、骨质文物可以用水扑救外，其他文物诸如泥雕、泥塑和壁画等最难施救。

因为这些文物既怕火烧，又怕水流冲击，稍有不慎即可造成无法挽回的损失。石雕、石刻、砖雕砖刻、铸铁金属文物在火灾情况下虽有一定的耐火耐温性能，但经火灾高温在水的急剧冷却的作用下就会淬裂。为了在火灾情况下能够卓有成效地保护这些珍贵文物，文物单位应采取以下防范措施：

1.在极为珍贵的古建筑物内和藏有稀世珍宝的殿堂、厅馆、藏宝楼阁、文物库内，可不敷设电气线路，不设电气设施，不用电气照明。特殊情况下需照明时可使用以干电池做电源的照明灯具，使用完毕之后立即收回以彻底根绝因用电不慎而引起的火灾，确保珍贵文物集中地的绝对安全。

2.为了保证极其珍贵而不能移动的文物的绝对安全，可在其下部设计安装自动升降或移动的机械设施，遇有火灾，可启动自动设施将文物转移传送到安全地区。

3.对既怕火又怕水的泥塑、泥雕文物可采取以下预防措施

（1）殿堂正中的卧、立泥塑佛像可利用其上部天伞装饰物设置卷轴式的防火幕或防火挂毯，火灾情况下打开卷轴放下防火毯幕保护文物。

（2）设有佛龛的塑像（立、坐佛像），可在佛龛上部设金属顶盖，四周可设置金属卷闸，非常时可以合围保护。

（3）对大殿两侧的雕塑、壁雕、浮雕文物，可在其上部原有隔罩部位的墙体、横梁侧面安装金属卷闸，非常时期可放闸保护。

（4）零散的泥雕、泥塑中较为珍贵的艺术品，可配一些防护罩之类的物品放置在固定并方便使用的部位，非常时可及时加盖在塑像上部进行保护。

4.古建筑物内的壁画，可在壁画上部的橡檩结合处的凹陷部位内安装金属（铁皮、铝皮）卷闸或卷轴式的防火毯、防火（帆）布装置，一旦发生火灾，可放下卷闸或卷轴对壁画进行防火、防水保护。

5.附设在古建筑物上的原始文物，诸如镶嵌在木质构件上的楹联、木雕以及门窗上的错金、错银、错铜饰件，桶花门上的雕花、镂空雕刻，墙壁上的砖雕等艺术珍品，可进行切割拆卸保护，为此可配备一些切割器材，以备急用。

6.寺庙、道观文物景点内文物相对集中的展厅、展室，应准备足够的防火隔阻物，诸如防火毯、防火布、防火板以及可以随意移动的超薄铁铝皮，在非常情况下可以对不可移动的珍贵文物进行掩盖保护。

7.文物珍品较多而防火设施极为简陋匮乏的单位，应备足沙箱、沙袋及铁锹、铁铲等灭火用具，在火灾情况下可对地面文物和建筑底部柱础、石雕、砖雕文物用沙土进行覆盖保护，避免文物被毁。

四、建立防火安全管理和防火安全检查制度

防火工作在古建筑和文物单位是一项长期而重要的经常性工作，必须建立健全相应的管理制度和措施，确保不发生任何火灾事故。

（一）建立消防安全组织

1.成立由单位领导负责的消防安全领导小组。加强对消防工作的领导，推动本单位各部门落实"谁主管，谁负责"的消防安全责任制，统一组织、发动群众做好古建筑和文物系统的消防安全工作。

2.根据古建筑群、寺庙建筑群和文物价值及火灾危险程度，配置消防安全设施和器材，成立专兼职消防队或建立志愿消防组织，开展消防安全自防自救，群防群治；与当地消防监督机构、消防中队主动联系，密切配合，制定灭火作战计划和文物抢救、疏散、保护措施，进行消防战术、技术训练和灭火演练。

3.实行分级、分区、分院落、分殿堂的防火安全岗位责任制。古建筑和文物单位的各级管理组织，要有一位主要领导担任防火安全负责人。院落、殿堂及营业场所的负责人为其责任区消防安全负责人。负责做好本责任区的火源管理，及时清理打扫蜡烛、香尘、油渍残渣、纸屑，保持本责任区无火灾隐患。

（二）建立防火安全制度

建立防火安全制度，并严格落实，是做好古建筑和文物单位防火安全的重要保证。根据一些古建筑和文物单位的管理经验，应建立以下三个基本制度。

1.火源管理制度

（1）严禁在古建筑和文物区内使用明火，必须使用时须经本单位消防保卫部门（公安处科、消防科）审批、领取用火许可证。

（2）在古建筑群体中的寺庙、道观内，进行烧香、点燃蜡烛、化纸、燃放爆竹等宗教活动，必须远离建筑物并指定地点，设专人管理和看守。宗教职业者必须值班巡查，坚持做到烛熄、火灭，方可人离。

（3）严禁在古建筑和文物区内鸣放烟花爆竹、玩火、吸烟，严禁将火种带入古建筑和文物管

理区。

2.消防安全管理制度

根据"谁主管，谁负责"的原则，逐级落实消防安全责任制，建立健全各项管理制度。

（1）建设好管理好本单位专职或兼职消防队伍，抓好业务知识的学习和灭火技能的训练，增强灭火战斗能力，保证一旦火灾发生，能够及时将其消灭在初起阶段。

（2）管理维护好消防设施，保证道路畅通，保证消防设施（消火栓、灭火器、自动报警、灭火系统）完整好用。

（3）加强重点要害部位的消防安全工作，将古建筑、珍贵文物以及供电设施、易燃品、文物仓库等列为重中之重，落实防火和灭火措施，严加管理。

（4）建立健全消防安全通道、消防水源供给、灭火器材配备和维修保养等管理制度。

（5）建立健全消防安全巡视、巡查及值班制度。

3.建立消防安全检查制度

（1）建立日查、周查、月查制度，保证把消防安全检查落到实处。

（2）建立消防安全领导小组每月进行一次全面检查的制度，其检查内容为

1）火灾隐患整改及防范措施；

2）消防通道及消防水源；

3）消防设施及灭火器材的配置及使用；

4）明火使用的管理和用电线路安全；

5）消防安全重点部位的管理；

6）易燃物品管理处置；

7）消防值班及自动报警，灭火系统设施运行及工作记录等；

8）专兼职消防人员的业务教育及实际操作训练情况；

9）各项规章制度、消防安全责任制的贯彻落实。

（3）建立定期或不定期的火灾隐患整改研讨制度，在消防安全检查过程中，及时发现火灾隐患，能改则及时改，不能改则加强防范措施，限期整改，不能养患成灾。对于本单位无能为力解决的重大隐患，应及时上报有关部门专项研究，制订计划，尽快解决，同时要做好防范工作，保证本单位的绝对安全。

第三章　博物馆纸质文物保护

在我国长期历史发展过程中，保留了许多纸质文物，比如书籍等，纸质文件极其脆弱，容易受到环境因素影响而被破坏，所以需要做好纸质文物保护工作，采用科学的管理方法，确保纸质文化得到充分保护，避免出现不可逆的纸质文物破坏与损失问题，对于中华文明延续具有重要现实意义。因此，本章将对博物馆纸质文物保护方面进行深入地研究与分析，并结合实践经验总结一些措施，希望可以对相关人员有所帮助。

第一节　纸质文物的基础知识

纸的发明是我国劳动人民智慧的结晶和创造，在纸张出现以前，人类文化的记录和传播都是十分局限和困难的，纸张作为文字的主要载体材料，其统治地位至今不衰。有人评价说，"纸有纸草之便而不易破裂，有竹木之廉而体积不大，有缣帛羊皮之软而无其贵，有金石之久而无其笨重，白纸黑字一目了然"。由此可见纸张作为文字载体的优越性。中国古代造纸技术的出现是图文载体划时代的革命，为人类文明做出了卓越的贡献，并留下了无数珍贵的纸质文物。

自西汉以来，各地遗留和保存了大量的纸质历史文献资料和图书档案等。世界上最早的植物纤维纸即中国古代西汉的陕西灞桥纸、甘肃金关纸、新疆罗布淖尔纸和陕西中颜纸，均不晚于汉宣帝时期，主要用于包装；而东汉的甘肃旱滩坡纸已有字迹可见，从西晋始，中国的纸张开始盛行。迄今发现的早期纸质文物，有汉代的古纸残片、魏晋的纸质文书、唐代为主的敦煌遗书、北宋江苏宜兴经卷册、明代九华山的血经等。千余年来留存下来的数量浩繁的书画作品也是纸质文物中的瑰宝。

纸质文物一般是指以纸张为载体材料的图书、法书绘画、档案、文献、经卷、碑帖等形式的历史遗存物，是图书馆、档案馆和博物馆的主要收藏品。

一、古代纸张及造纸工艺

1.纸的概念及构成要素

（1）纸的概念

什么是纸？不同的著作和不同的人有不同的定义。如，《大苏维埃百科全书》中认为"纸是基本上用特殊加工、主要由植物纤维层组成的纤维物，这些植物纤维加工时靠纤维间产生的联结力而相互交结"。《美国百科全书》中将纸理解为"从水悬浮液中捞在帘上形成由植物纤维交结成毡的薄片"。《韦氏大词典》中则认为"纸是由破布、木浆及其他材料制成的薄片，用于书写、印刷、糊墙和包装之物"。我国《辞海》对纸的定义是"用以书写、印刷、绘画或包装等的片状制品。一般由经过制浆处理的植物纤维的水悬浮液在网上交错组合，初步脱水，再经压榨、烘干而成"。上述各种著作虽然说法不同，但归纳起来，仍有共同之处，最主要的是指出纸必须由植物纤维制成薄片状。因仅凭此还不能将纸与其他物质相区别，故还要对纸的定义做附加的规定，有的在定义中概括了纸的形成过程，有的补充了纸的用途。

这样，才能将纸与其他物质区别开来。

此处采用研究我国古代造纸科学技术的著名专家潘吉星先生对纸的定义：传统上所谓的纸，指植物纤维原料经机械，化学作用制成纯度较大的分散纤维，与水配成浆液，使浆液经多孔模具帘滤去水，纤维在帘的表面形成湿的薄层，干燥后形成具有一定强度的由纤维素靠氢键缔合而交结成的片状物，用作书写、印刷和包装等用途的材料。此定义虽然文字较多，却将构成纸这一概念的各种因素都考虑在内了。若要更简洁些，可以简化为：纸是植物纤维经物理—化学作用所提纯与分散，其浆液在多孔模具帘上滤水并形成湿纤维层，干燥后交结成的薄片材料。

在此定义中有两点需要特别加以强调：一是造纸是机械过程和化学过程的结合；二是纸是纤维素大分子通过氢键缔合交织而成，也就是说纤维间产生的连结力不是物理学上的力，而是化学力，且这种连结可用化学结构式表示。

（2）纸的构成要素

由上述纸的概念可以看出，要成为传统意义上的纸，需要具备以下四个方面的要素：1）原料。必须是植物纤维，而非动物纤维、无机纤维或人造纤维，用植物纤维以外原料所制成的纸，不是传统意义上的纸。2）制造过程。植物纤维原料经化学提纯、机械分散、成浆、抄造及干燥定型等工序处理而成者为纸，未经这些工序，用另外途径而成者，也不是传统意义上的纸。3）外观形态。表面平整，体质柔韧，基本由分散纤维按不规则方向交结而成，整体呈薄片状。4）用途。书写、印刷及包装等。只有同时满足这些条件的，才能称为纸，否则，不是传统意义上的纸。

2.我国造纸技术的发展考虑到我国造纸技术史自身发展的阶段性和社会历史进程的自身特征，可以将我国造纸技术的发展历史划分为四个阶段

（1）造纸术的兴起阶段

时间为公元前3—公元3世纪，相当于两汉时期，这个阶段还可再进一步分为西汉和东汉两个

时期。20世纪我国考古出土了大量的西汉的古纸，专家们经过对出土西汉纸的反复而认真的分析化验，确认这些纸都是由破布原料经过切、蒸、捣、抄等造纸工序制造出来的纸的物理结构和技术指标均符合手工纸要求，都是真正的植物纤维纸。只有灞桥纸较欠佳，纤维细胞未遭强力破坏，帚化程度不高，但仍不失为早期的纸；其余如金关纸、中颜纸和马圈湾纸都是相当好的纸，分丝帚化现象明显。因此，西汉初期已经有了适于做书写和包装用途的植物纤维纸，这已成了学术界的公论，也就是说，至迟到汉初"文景之治"时造纸术已经开始起源。

历经二百多年的稳步积累，东汉时期的造纸术在西汉的基础上有较大发展，特别是蔡伦对造纸术的改进做出了历史性的贡献，以致一段时间以来有蔡伦发明了造纸术一说。

（2）造纸术的发展阶段

时间为3—10世纪，相当于魏晋南北朝及隋唐五代时期，又可再分为魏晋南北朝和隋唐五代两个时期。在魏晋南北朝时期，整个造纸生产技术体系基本定型，其造纸技术与汉代相比，无论在产量、质量或加工方面，都有明显的提高，并完成了许多启发于后世的创新。在隋唐五代时期，造纸业得到全方位的新发展，超过以前任何时期。

（3）造纸术的成熟阶段

时间为10—14世纪，相当于宋元时期，在全面继承前一阶段成就的基础上，造纸生产技术体系趋于成熟。出现了高效制浆造纸技术，长达三丈有余的巨幅匹纸以及论述纸的制造技术和对各种纸作品评的专门著作。

（4）造纸术的集大成阶段

时间为14—20世纪，相当于明清时期，此时传统造纸技术进入总结性发展阶段，表现为造纸原料技术设备和加工工艺等方面都集历史上的大成；纸的产量、质量产地和用途都超过前代。自19世纪起，西方用机器造纸的技术和设备及其机制纸传入我国，虽然手工纸仍在全国占据主导地位，但乾隆以后手工纸便日趋没落，二十世纪三十年代以后，手工纸为机制纸所取代。

3.古代造纸的工艺流程

我国古代造纸均为手工造纸，造纸的原料主要是麻树皮和竹等植物纤维。2000余年的手工造纸方法，经过人们不断改进提高，已经形成了一整套的操作工艺。由于采用的原料和条件要求不同以及随着时代的发展，造纸工艺越来越精，造纸过程会有差别，但生产工艺流程基本如下：选料—浸泡—发酵—蒸煮—洗浆—堆晒—碾浆—抄帘—压榨—焙干—成纸。制造优质的手工纸必须具备以下五个要素。

（1）选择合适的原料

选用纤维较长、拉力强、有利于交织的优质麻，竹树皮等原料，除去根、梢、叶、穗和杂草等杂质。选料要根据季节时令。

（2）将原料初步解离成造纸纤维

把原料投入清水池中浸泡数天。浸泡过程中，水中的微生物分解植物纤维中的胶质，从而达到脱胶的目的，并使其中的水溶性物质溶出。捞起后蘸石灰乳露天堆置发酵，进一步去除果胶、色素等。发酵后的原料放入倒扣在一口大铁锅上的木桶内和石灰（或草木灰、碱）一起蒸煮。蒸煮后的原料在水池中反复清洗，把残灰、残渣、残碱等去除，在向阳的空地上摊开，通过日晒雨淋来自然漂白。通过这样的过程，造出的纸为中性偏碱，纯度较高，原料纤维损害较小。

（3）纸张纤维经捶捣后进一步细化帚化

漂白后的浆料用石碾或杵反复捶打，纸张纤维在水中进一步解离而细化和帚化，然后加入杨桃藤等植物胶质，用木棒搅拌。通过这样的过程，纤维较均匀。

（4）纤维均匀交织

纸张纤维均匀分散在水中，即可用竹帘抄纸。抄纸技艺越好，纤维越能在纵横方向均匀交织，有利于提高纸张强度。

（5）纸页干燥

抄起的湿纸反扣在潮湿的细白布上，待重叠近千张，以杠杆重力压榨，挤去多余水分而成湿纸饼。将湿纸饼一张张揭起，用毛刷轻刷到火墙（焙坑）上干燥即可得到平整的纸张。

手工造纸的生产周期长，劳动强度较大，工具设备简单，生产数量有限，但长期积累的抄纸工艺技术使植物纤维在纵横方向均匀交织、杂质少，能较好地满足书写、绘画等需要。

二、古代手工纸

1.古代传统造纸原料

古代传统的造纸原料取自植物纤维，大致可分为以下两大类：

（1）韧皮纤维，存在于植物的韧皮部，又可进一步细分为草本和木本两种。草本如苎麻等各种麻类，多为一年生植物；木本如楮、桑、藤、青檀等，多为多年生植物。

（2）茎秆纤维，多属单子叶植物，由于其维管束（纤维与导管结合而成的束状组织）散生于基本组织中，不易用机械方法将纤维束分离，因此造纸时一般用其茎秆之全部。还可进一步细分为一年生及多年生两种。前者如稻草、麦秆、玉米秆等；后者如竹类、芦苇等。

不同的原料，其纤维长、宽度不同，所造出的纸的质量也存在很大差异。通常是长纤维比短纤维好，细而长的纤维更好，即纤维的长宽比越大越好，这是因为在造纸过程中，纤维必须经打浆而被断开，长纤维裂断后仍有足够长度，且两端分丝帚化，成纸时组织紧密，纸的拉力强度大；同时，细长纤维的比表面大，相互之间交缠效果好。而短纤维在这两点上与长纤维相比，均存在差距，故成纸的拉力强度相对较小。

2.古代手工纸主要类型

（1）麻纸

麻纸是出现最早的手工纸，以麻类为造纸原料，如亚麻、苎麻等。麻类是植物纤维最长的一种造纸原料，长达 120-180mm，其纤维的处理和分离都很容易。由于新麻的成本高和质地粗糙，古代造纸多用麻类的废弃物，如旧麻绳、麻袋片、麻头、旧渔网和破麻布等。

汉晋时期的麻纸质地较为粗糙，唐代的麻纸主要用来书写字帖、经文等，明代以后就很少以麻为造纸原料。

（2）皮纸

皮纸的主要原料是从少数几种树种的嫩树枝或茎秆上剥离下来的内表皮，属于韧皮纤维类。其纤维很长，仅次于麻纤维。古代造纸采用的韧皮纤维有檀皮、楮皮（即构皮）、桑皮、藤皮等。宣纸在我国历史悠久，源远流长，自十九世纪八十年代以来，宣纸在国内外多次获奖。宣纸即以青檀树皮为主要原料，青檀纤维上的皱褶紧密、吸墨性好，最适用于书法和绘画之用。古代宣纸比一般手工纸生产要细致得多，生产周期大约 300 天，为古代手工纸中的佳品。

（3）竹纸

竹纸以多年生禾本科植物嫩竹为原料制造，颜色多呈黄色，又称"黄纸"。竹纤维细长，平均长度为 1.5-2.0mm，较为柔顺，滤水性好，适合用来造纸。在唐末宋初开始制造，到了明清时期大量生产并广泛使用，主要为印刷书籍和文书书写而用。

至今流传于世的纸质文物一般保管良好，最为多见的是古代书籍和经卷，以及明清宫廷保存的大量皇家档案。唐代抄写佛经的藏经纸，主要原料是棉、麻组成，颜色似浓茶水，较粗糙。宋、元刻本多用黄竹纸或白麻纸，有厚薄之分，纹罗约两指宽。明代洪武至弘治的早期刻本，多以棉纸或皮纸为主，竹纸为次；正德至嘉靖中期，多用白棉纸、竹纸，皮纸为次；万历后刻本多用黄色竹纸。清初至康熙、雍正的刻本，基本上用竹纸。乾隆时期，又出现了连史纸。宫廷内武英殿聚珍版印的书籍多用太史连纸，这是清宫定制之纸。道光后基本上用黄纸或油印纸等低劣纸张。

3.纸张原料的结构与化学成分

（1）植物纤维细胞的结构

1）植物纤维细胞形态

造纸植物原料内有一种两头尖、中间空、细而长、细胞壁厚的死细胞，这类细胞呈纺锤状，富有挠曲性和柔韧性，彼此有很强的交织结合力。一个细胞就是一根植物纤维。

2）植物纤维细胞壁结构

植物纤维的细胞壁有一定厚度，分为初生壁、次生壁（外、中、内三层）。两个相邻纤维细胞之间的细胞间隙质，称为胞间层。胞间层把各个相邻细胞连接起来，使植物有一定机械强度，胞间层与初生壁在一起合称复合胞间层。

不同种类的造纸纤维原料，其纤维的长度、宽度、细胞壁厚度均不相同。一般来说，长宽比越大，对纸张强度越产生有利的影响；越是壁薄腔大的纤维细胞，越富有柔韧性和弹性，相互之间交织越好，造出的纸强度越大。

（2）植物纤维细胞壁化学成分

无论何种原料的植物纤维，其细胞壁的主要化学成分都是纤维素、半纤维素和木质素。纤维素和半纤维素主要在次生壁的中层和内层，木质素主要在复合胞间层和次生壁外层。

古代手工纸制造过程中，选料后用净水浸泡就能去除少量杂质成分，如果胶、灰分和无机盐等，用弱碱液蒸煮、洗浆可使大多数木质素去除，将纤维素和半纤维素成分解离出来。从出土的古代手工纸分析来看，非植物纤维细胞（杂细胞）的比例很小。

1）纤维素

纤维素是由若干个β-葡萄糖脱水聚合形成的直链高分子化合物，在聚合过程中，前一个葡萄糖分子 C 上的羟基和后一个葡萄糖分子 C 上的羟基脱去一个分子的 H，O，并构成分子链。

当纤维素分子间成千上万个羟基靠得很近时，一个纤维素分子链上羟基（-OH）中的日原子与另一个纤维素分子链上羟基（-OH）的 O 原子互相吸引形成氢键。分子链越长，氢键结合越多，键能总和越大，纸张强度也越大。

由于氢键的作用，若干个纤维素分子排列整齐有序，相互靠得很近，形成的结晶状态区域称为结晶区。结晶区内有害物质和水分难以侵入，纤维素分子不易产生有害反应，有利于提高纸张寿命。

2）半纤维素

半纤维素与纤维素共生于植物纤维细胞壁中（主要在次生壁的中、内层）。半纤维素是由木糖、阿拉伯糖、甘露糖、葡萄糖等非均一单糖脱水聚合形成的高分子化合物。由于半纤维素分子聚合度小，且带有支链，造成分子间间隙大，分子间难以形成大量氢键，故耐久性和稳定性都较差，表现为容易发生水解反应、容易吸水润胀。半纤维素含量过多引起纸张发脆。但纸浆中含有适量的半纤维素，既有利于纤维纵向分细，便于打浆，又能保护纤维，使之不易被横向切断，从而提高纸张的机械强度。

3）木质素

木质素也是由碳氢、氧组成的高分子化合物，但分子结构很复杂。总体上来看，它是一种以苯基丙烷为结构单元，具有网状的空间立体结构的高分子化合物，分子结构上存在许多活泼基团，如-OH、-CH$_3$O、-CHO、-COOH 等。因此，木质素的稳定性非常差，容易氧化，尤其在光照条件下，氧化更快，从而使纸张发黄变脆。

第二节 纸质文物的损毁原理

一、古代纸质文物耐久性好的内因

（一）古代手工纸的耐久性

纸张耐久性就是纸张在保存和使用过程中，抵抗外界理化因素的损坏和维持原来理化性质的能力。造纸植物原料的种类、植物纤维的化学成分和生产加工工艺是影响纸张耐久性的三大主要因素。

从古代造纸的生产过程来看，其原料和生产工艺有利于纸张的耐久性：第一，造纸原料的质量好。古代造纸的原料主要是麻类、树皮和竹子，其中麻和树皮的纤维长，纤维素含量高，木素含量低，杂细胞极少。

第二，生产过程处理缓和。生产过程中造纸原料仅仅和石灰、草木灰等弱碱一起蒸煮，对纤维素损害较小，并且纸张呈弱碱性，有利于长久保存。第三，使用流动水。古代生产纸张使用的水通常为清洁的天然纯净水，水质好，无污染、无金属离子。第四，生产工具多为竹木制品，避免了金属离子的危害。第五，长期积累的手工抄造工艺使纸张纤维在纵横方向交织均匀。

（二）字迹耐久性

1.色素成分的耐久性

从汉代直至清末，我国纸质文物的书写方式以毛笔蘸墨为主。古代制墨工艺讲究，以原料不同可分为松烟、桐烟、漆烟和墨灰四种，尤以桐烟墨和漆烟墨为佳品。桐烟墨写成的字迹黑而有光泽，不易脱落；漆烟墨是燃烧桐油和一定数量的漆而制成的，其字迹也较稳定。尤以安徽皖南的胡开文、曹素功等作坊生产的微墨为上品。

墨的主要成分是炭黑，属于"乱层石墨"型晶体结构，晶体能量低，理化性质稳定，表现为：不溶于水、油和一般有机溶剂；耐热、耐酸碱，不容易与其他物质起反应；耐光性好而不褪色，能吸收各种波长的可见光而呈黑色。古代印刷油墨的色素成分也是炭黑。其特点是黑度高、吸油量低、化学性质稳定。

2.色素成分与纸张结合的耐久性

当字迹材料转移到纸张上时，干燥后会在纸张的表面结成一层薄膜，通过这层膜把字迹色素成分固定在纸张上的方式，称为结膜方式。这种结合方式是各种结合方式中最耐久的。

古代字迹色素成分与纸张的结合方式为结膜方式，优质块墨成分比例为"三碳二胶"，墨中的皮胶、骨胶的结膜是由于水分蒸发后，胶粒彼此紧密接触，分子间相互渗透扩散，紧密黏合在一起而形成牢固的薄膜，这种牢固的薄膜能将炭黑颗粒牢固地吸附在纸张载体上。油墨中内含植物干性调墨油（如蓖麻油、苏子油等）成分，其结膜是因分子内含较多的不饱和脂肪酸，在空气中均匀吸收氧气而形成的膜。这种物质成膜能力强，与纸张纤维的黏附能力也强，形成的结膜耐摩擦，不易扩散。

从承受信息内容的载体材料—手工纸和反映信息内容的记录材料—墨迹来分析，其化学成分是稳定的，制作工艺是精良的，因而古代纸质文物的耐久性较好。

二、纸张老化

尽管古代纸张的耐久性较好，但在文物保管和利用过程中，随着时间的推移，纸张的外观、结构和理化性质等方面仍然会逐渐发生不可逆的变化称为纸张损坏或老化。纸张老化具体表现为变色泛黄、发脆强度下降和化学性质改变三个方面。引起纸张老化的原因错综复杂，往往是多种外界自然因素和纸张自身某些因素综合作用的结果。

纸质老化是纸质文物保存过程中常见的现象，也是必然的趋势。由于纸质老化，给文物保存造成巨大的损失，因而世界各国对纸张老化都进行了大量的研究。

宁波天一阁博物馆对馆藏所有善本书进行全面清查时发现：善本书共计30615册，其中虫蛀的有 6491 册，发生水渍、霉变、黏连、焦脆和破碎残缺现象的有 1303 册，断线或无封面、副页的有 1902 册，合计破损书共 9696 册，约占总数的三分之一。

（一）纸张文物损毁的内在因素

纸质文物损毁的内在因素是其载体材料—纸张的主要成分发生化学变化。

1.纤维素水解

纤维素水解反应是纤维素分子在一定条件下，加水发生反应，β-葡萄糖 1，4 甙键断裂，水分子加入，生成比原来纤维素分子链短的一群物质，即水解纤维素的过程。

纤维素水解反应的结果是：纸张纤维素分子聚合度下降，分子间范德华力和氢键作用力减小，纸张机械强度下降，耐久性受损。

影响纤维素水解的因素有：水分（空气湿度或纸张含水量）、酸的催化能力与种类、微生物分泌的胞外酶温度、纤维的种类等。

2.纤维素氧化

纤维素氧化就是纤维素分子在一定条件下，分子内的-OH 被氧化成为-CHO、-CO、-COOH 等，生成与原来纤维素结构不同的氧化纤维素的过程。

纤维素氧化反应的结果是：纸张发黄变脆，随着-OH 氧化，β-葡萄糖 1，4 苷键容易断裂，聚合度下降，葡萄糖基进一步氧化生成乙醛酸、甘油酸、草酸等小分子物质，纸张耐久性受损。

影响纤维素氧化的因素有氧化剂的种类与数量、光、水分（空气湿度或纸张含水量）、温度等。

3.半纤维素的水解和氧化

与纤维素分子相比，半纤维素分子聚合度小，有支链，分子间隙大，结晶区比例小，游离的-OH多，具有较高的吸湿性和较好的润胀性，更容易发生水解和氧化反应。

4.木质素氧化

木质素分子中的每个苯丙烷上都有许多活泼基团，反应能力很强，化学性质极不稳定。木质素分子中含有发色基团，常常呈黄褐色，木质素还能与某些物质作用，生成新的发色基团，形成特有的颜色反应。因此，木质素含量高的纸张容易被空气中的氧气氧化，降解成大量低分子化合物。

（二）纸质文物损毁的外在因素

1.温度的危害

温度是物质分子、原子无规则运动的宏观表现，是用来衡量物体冷热程度的状态参数。

（1）高温的危害

在高温条件下，各种有害化学物质对纸张产生破坏作用，且温度越高，化学反应速度越快，破坏性越强，纸张老化速度加速。研究表明，在38℃-98℃范围内，每升高15℃，纸张老化速度平均增加到原来的4.8倍，相当于每升高10℃，老化速度就增加1.8倍。

（2）低温的危害

外界温度低于结冰温度时，纸张中含有的游离水会结冰导致氢键结合力减弱，纸张内部结构遭到破坏，强度下降。

2.湿度的危害

手工纸内纤维交织均匀，但有一定的空隙，当外界相对湿度较大时，纸张吸水，就有可能发生有害化学反应。此外，纸张受潮后纸张四边吸潮较快而伸长，中间部位仍保持原来含水量而尺寸基本不变，会形成"波浪边"；当环境湿度降低时，纸张四边缩水较快而紧缩，中间部位尺寸基本不变，会形成"紧边"，纸张就会柔性下降，发硬发脆。因此，纸张过于潮湿或干燥都影响纸张的机械强度和耐久性。

3.光的危害

光具有一定的能量，能与物质材料之间发生能量传递，改变物质内部能级与能量，引起物质结构与性能的变化。光对纸张的破坏是十分显著而严重的，如亚麻纤维在阳光下照射100h强度就降低了一半。

4.霉菌的危害

霉菌是丝状真菌的总称，霉菌对纸张的危害主要有以下几个方面。

（1）降解纸张化学成分

霉菌新陈代谢中分泌的各种胞外酶能将纸张上含有的纤维素、半纤维素、木质素、骨胶、皮胶、蛋白质、淀粉浆糊等降解成小分子的、溶于水的、能被其细胞膜直接吸收的营养成分，纸张纤维结构遭到彻底破坏。

（2）增加纸张酸度

霉菌在代谢过程中产生多种的有机酸，如草酸乳酸、甲酸、乙酸、丁酸、柠檬酸和琥珀酸等。

酸作为催化剂可加速纸张的水解反应，导致纤维素和半纤维素聚合度下降，强度降低。

（3）污染纸张

霉菌的孢子一般带有较深的颜色，有些菌类还分泌各种色素，在纸张上面留下黄、绿、青、褐黑等色斑。色斑影响了文物的原貌，严重时遮盖字迹或图像。

5.害虫的危害

危害纸张的害虫种类繁多，导致纸张千疮百孔、污迹斑斑、缺边少角残缺不全等，如对纸张危害最为严重的害虫有书蠹、竹蠹、药材甲、书虱、毛衣鱼等。

6.有害气体的危害

有害气体主要来源于污染的空气，其中 SO_2、H_2S、NO_x、Cl_2 为酸性有害气体，O_3、NO_x、Cl_2 是氧化性有害气体，均为纸张化学反应的危害因素。

（三）书砖形成的机理

1.书砖的概念

纸质文物保存多年后，由于各种因素的影响，部分纸张发生黏连，严重的黏结成块，像砖头一样很难分离，称之为纸砖或书砖。

2.书砖形成的原因

第一，纸张是由植物纤维交织形成的片状物，其化学成分结构中含有许多-OH，能与水结合，纤维具有亲水性。此外纤维在交织过程中形成许多毛细孔，能吸附空气中的水分，纸张具有吸湿性，当空气湿度较大时，纸张含水量大，纤维润胀，重量增加，纸张发生层降而使纸层逐渐闭合。

第二，造纸过程中为改善纸张抗水性而施胶，古代纸张主要用羊桃藤等植物胶，在高温、高压、高湿条件下，容易发生纸张黏连。

第三，古代纸张上的书写材料是墨。墨迹中含有相当量的皮胶、骨胶，其作用使字迹干燥后结膜，但在热和湿共同作用下，胶能溶化而使纸张黏连。古代印刷油墨中，也含有胶性的黏结剂，在一定条件下，也能使纸张黏连。

第四，在长期无人翻动的书籍和档案上，积沉着大量黏土和灰尘。此外灰尘中浮有霉菌孢子、细菌和放线菌。有些微生物在代谢过程中，分泌黏液、蛋白质、果胶、果糖等，纸张潮湿时，也会发生黏连。

在书砖的众多成因中，黏接物起了重要的作用。如果这些纸质文物放在热湿环境中，长期无人借阅，纸纤维具有湿胀干缩现象，中间缝隙越来越小，书砖越结越紧。

第三节 博物馆纸质文物的保护与修复

一、我国传统的纸质文物保护

我国是一个历史悠久的文明古国，纸质文物十分丰富。先辈们为了使其世代长存，延绵千古，创造了许多保护纸质文物的有效方法，积累了相当丰富的经验，并形成了一定的体系。

（一）库房建筑

古代典籍收藏非常重视其建筑的选址、设计和建造，对于防热、防潮、防光、防霉、防火、防盗等，在构建时都采取了相应的措施。

1.著名的书库

著名的宁波藏书楼天一阁，距今已有 400 多年的历史，占地面积 8860m²，是一座一排六开间的两层砖木结构楼房，坐北朝南，有利于防止阳光直接射入库内；前后开窗，便于通风、降温、降湿、保持库内空气清洁；前有一水池，可备防火之用。

承德避暑山庄的文津阁，建于乾隆时期，屋顶为歇山式，中间有腰檐，二层檐罩，既防雨又防光，对室内温度有一定调节作用。文津阁从 9 月中旬至来年 5 月下旬，气温不超过 10℃，一年中长达 250 天左右处于低温线下，全年温差变化不明显，不易生长蠹虫。

古代藏书楼的防高温措施一般有四个层次：屋外的茂密树木荫翳为第一次降温；房屋屋顶复瓦，瓦下有木板，板上涂泥浆，为第二次降温；书柜为第三次降温；图书放在密闭的书盒内，是防御高温的第四次降温。

2.著名的档案库

周代的天府，西汉的石渠阁、兰台、天禄阁，唐代的甲库，宋代的龙图阁架阁库，以及明清的南京后湖黄册库和北京的皇史宬等，都是历代统治者为保存珍贵文献、典籍、档案而建造的馆库。

特别值得一提的是与北京故宫融为一体的皇史宬，它是一座独具特色的古代文献典籍收藏建筑。皇史宬建于公元 1534 年，是目前我国保存最完整、最古老的典藏库，其特色体现在：整个建筑为宫殿式砖石结构，不用木料，既可防火，又坚固耐久。起脊式屋顶排水顺畅，殿基较高，且内筑石台，有利于防水、防潮。黄琉璃瓦盖顶，对太阳辐射热反射系数大，吸收系数小，有利于屋顶的防热。墙体坚厚（最小厚度3.5m，最大厚度4.14m），有利于夏天隔热，冬季保温。窗户对开，有利于空气对流通风。皇史宬内的温度、湿度终年变化很小，完全是其独特构筑的结果。

皇史宬可谓是集我国古代典籍收藏建筑艺术和科学保护之大成。

（二）防蠹纸

纸张内含有C、H、O等有机物，是害虫和霉菌的营养物。当库房保管环境潮湿、温热时，就会生虫长霉。于是古人在长期的摸索中创造了防蠹纸，以防害虫对珍贵典籍的危害。

1.黄檗纸

黄檗又称黄柏，是一种芸香科落叶乔木，内皮呈黄色，味苦，气微香。经化学分析，黄檗皮中主要含小柏碱，还含有少量棕榈碱、黄柏酮、黄柏内酯等多种生物碱。这些生物碱具有较好的杀虫功能。所以将纸张用黄檗树皮浸泡出的溶液渍染，晾干后再用来书写，就可防止蠹虫的危害。敦煌石室的石经，很多都是采用黄纸书写的，至今纸质完好，无蛀痕。

2.雌黄纸

雌黄是一种含有砷的有毒物质，可毒杀害虫。将雄黄加水研磨，配入胶清融合染纸，阴干即可。此法为黄浆染纸法的一种补充。

3.椒纸

椒纸是宋代的一种印书纸。它是将胡椒、花椒或辣椒的浸渍汁液渗透入纸内而成的。花椒中含有柠檬烯、枯醇和香叶醇等挥发油，散发出辛辣气味，具有驱虫、杀虫作用。现存的南宋刻本《名公增修标注南史详节》一书即用椒纸所印，至今未见蠹虫危害。

4.万年红纸

万年红纸出现于明清时期，是用红丹（又称铅丹）为涂料涂刷在纸上而制成的一种防蠹纸。这种纸主要用作古籍的扉页或衬底，既可以防蛀，又有美化装饰古籍的作用。铅丹，即四氧化三铅，是一种鲜红色有毒的物质，化学性质稳定，不易挥发，所以能在几百年内都具有防蠹的效能。明代宋应星在《天工开物》中详述了铅丹的制作方法。

（三）香药避蠹

香药避蠹就是在书库、书橱或书页中放置某些含有挥发性成分的药材，让其挥发出来的气味在文物典籍周围保持一定的浓度，以使害虫不敢接近的一种防虫方法。所用的香药有芸香，麝香、檀香、艾叶、辣蓼、皂角以及烟叶等。

1.芸香避蠹

在香药中尤以芸香最常用。芸香能驱避害虫，是因为叶内含有菌茅碱、香叶醇等挥发性物质。古代使用芸香避蠹保护书籍文献始于西晋，盛于唐宋。北宋科学家沈括在《梦溪笔谈》中有关于芸香驱避的记载："古人藏书避蠹用芸香。"此法简单易行、安全有效，运用和流传也最久。由于常用芸香避蠹，故藏书的房屋有"芸阁""芸署"之称。宁波"天一阁"内的藏书，就是用芸香草来驱避害虫。

2.麝香避蠹

麝香的主要成分是麝香酮，具有杀菌防腐功能，可作香料和药用。北魏贾思勰《齐民要术》中就载有"厨中安麝香、木瓜，令蠹虫不生"。

（四）装帧保护

我国典籍装帧已有千余年历史。古籍经过装帧，不但美观，而且易于保护和收藏。

1.卷轴装的保护

卷轴装是纸本书和书画艺术品的最早形制，它继承了竹简和帛书的卷束形式，流行于东汉末年，隋唐时期更为盛行。卷轴装由卷、轴、缥和带四个部分组成。卷轴装内卷子的纸需要装潢，以免卷子因经常翻阅而破裂；染潢则可避蠹。轴不但便于舒展书卷，还可防潮避蠹。缥又称包头"护首"，它是在卷的最前端留有的一段空白，是粘裱的一段韧性较强的纸或丝织品，以保护内部卷子。

2.册页装的保护

把长幅卷子折叠成方形书本形式为册页装，便于阅读。印刷术出现后，册页装开始流行，装帧上先后出现旋风装、蝴蝶装、包背装、线装等形式，其中"护页""副页"及"封面"都起保护书页的作用。

3.护书用品

（1）帙

一部书往往由很多卷轴构成，为了防止互相混杂，用布、帛、细竹等软质材料将许多卷轴汇集、包裹成为一帙，以五卷或十卷包成一帙。

（2）函

古代用所谓玉函、石函等硬质材料盛装册页书籍，避免书籍的棱角损坏。

（3）匣

制作匣的材料要精选，防止木材中油性分泌物污染纸张，以楠木、樟木等木质材料为原料做成的匣盛装书籍，既可防虫，又可保持书页平整。一般木匣以多层材料复合为好，外层是樟木，中间为楠木，最里层为上等丝绸衬垫。此外，以硬纸为胎，外包以布做成的纸匣，也可保护图书免受污损。

（五）晾晒制度

明清时期皇家立有定期晾晒制度，并设有专职官员负责对文献典籍的晾晒。明代定在每年六月初六日，清代则为每年夏秋两季。私家藏书也有定期晾晒措施，一般每年在梅雨季节过后，将重要的书籍、字画拿出通风晾晒，以达到防潮、防霉和杀菌的效果。

二、我国传统纸质文物修裱技术

修裱技术是中华民族博大精深文化园地中的一朵艳丽奇葩，因纸张老化、纸质文物酥解破损需要修补而起源，距今有 1500 年以上历史。修裱技术的出现，对延长纸质文物的寿命，保护珍贵文化遗产起了重要的作用，是世界上公认的实用有效的传统纸张保护方法。

（一）修裱的概念

纸张在保存和利用过程中会发生强度下降、脆化或部分残缺等现象，修裱就是将破损的文物原纸与特选的修裱新纸进行黏合加固的过程，通过加固能增加纸张强度，恢复原貌和耐久性。

从某种意义上说，中国传统修裱技术并没有脱离造纸的基本方法，造纸过程中疏散的植物纤维靠胶粘和加压成为纸张薄页；修裱过程是先用较多的水分浸润文物原纸或修裱新纸，使其纤维疏胀松软，后用胶黏剂使两种纤维紧密黏合，加压排实，最后排除多余水分，恢复纸页的平整干燥。

（二）修裱技术的发展

修裱技术是魏晋南北朝时期在典籍保护技术上的一项重大突破，以后逐步发展成为裱褙和装饰书画、经卷图籍、档案等的一项独特的传统技艺，一直流传使用至今。

1.起源于魏晋南北朝

修裱技术历史悠久，早在南朝刘宋时，虞和就对书画修裱有过论述，对浆糊制作、防腐、用纸的选择，以及去污、修补、染潢都有见解。史书记载，梁朝收集王羲之墨迹，用色纸写成，质地很差且有破损，修裱人员对准字迹进行长裱，再裁剪整齐，进行修裱，既补接了残字，又不失体势，而且墨迹更重，证明修裱技术已有相当经验。

2.成熟于隋唐

唐代宫廷专有修裱工匠五人，装潢一人。唐人张彦远所著《历代名画记》中记载了自古至晚唐的鉴赏收藏印记及装裱情况，文中总结了前人装裱的经验，也进一步叙述了个人对装裱的主张。这是一份研究装裱沿革的珍贵资料，也是一本操作性很强的教科书。

其中有些经验如："凡煮糊必去筋""装裱秋为上时，春为中时，夏为下时，暑湿之时不可用""勿以熟纸，背必皱起"等名言仍为现代装裱师所学用。

3.鼎盛于宋

宋代朝廷设有专门的职官主管修裱之事，从流传下来的宋代宣和装等一些装裱成品中可看出当时的修裱技术已达到相当高的水平。从"清明上河图"中可见，装裱作坊已出现在民间。宋代米芾所著的《画史》《书史》都有装裱经验之谈。

4.发展于明清

明代周嘉胄《装潢志》总结了当时的修裱技术，如："古迹重裱，如病延医""补缀须得书画本身纸绢质料一同者，色不相当尚可染配，绢之粗细，纸之厚薄，稍不相侔，视即两异；故虽有补天之神，必先炼五色之石，绢须丝缕相对，纸必补处莫分"，足见当时修裱技术之精湛。

北京故宫博物院珍藏的西晋文学家陆机的《平复帖》，距今已有1700多年，几经修裱，常裱常新，至今保存完好。

（三）胶黏剂的选择

1.胶黏剂的概念

凡能将两个物体的表面紧密相连，并能满足一定物理和化学要求的物质，称为胶黏剂。

胶黏剂必须满足以下条件：（1）不论何种状态，在涂布时应是液态（液流性）；（2）对被黏物表面应能充分湿润（浸润性）；（3）必须能从液态向固态转变（固化）的过程中形成坚韧的胶膜（胶黏性或膜性）；固化后有一定的强度，可以传递应力，抵抗破坏，胶膜有一定的机械强度；（4）必须能经受一定的时间考验。

2.胶黏剂作用机理

液态胶黏剂涂布在纸张或丝织物表面后，慢慢扩散并浸润到纤维内，当胶黏剂分子与纤维素分子接近到一定距离时，在分子间范德华力和氢键力的作用下互相吸引而产生黏附力；胶黏剂在固化过程中，慢慢形成的薄膜具有胀紧力，使新材料与原纸黏合为一。

3.修裱胶黏剂理化性质

修裱胶黏剂的理化性质直接影响着修裱的质量，因此对修裱使用的胶黏剂有如下要求：（1）黏性适中，修裱后的纸张要柔软；（2）化学性质稳定；（3）pH 中性或微碱性；（4）不易生虫、长霉；（5）无色透明或白色；（6）具有可逆性。

能达到以上要求的最佳胶黏剂是淀粉浆糊，因为纸张是以β-葡萄糖脱水聚合形成的多糖类高分子化合物，淀粉是以 c-葡萄糖脱水聚合形成的多糖类高分子化合物，两者分子式相同，最容易形成氢键结合力。古人虽然对以上的现代胶黏理论并不理解，但从一开始就将淀粉浆糊作为黏合加固纸质文物所用，确实具有相当高的科学性。

（四）修裱技术

1.揭黏

纸质文物在保存过程中，由于种种原因，部分纸张发生黏连，严重的结成砖块，难以逐页分离，影响利用。其原因极其复杂，是纸张、环境、生物、人为等因素综合作用的结果。

揭黏技术有干揭、湿揭（水冲法、水泡法、蒸汽渗透法）、酶解法（淀粉酶、蛋白质酶）、综合法等几种方法。一般对难揭的纸砖可几种方法并用。

无论采用上述哪种揭黏方法，当纸张处于潮湿状态时，都不能马上揭。纸张中含有较多水分，纤维之间距离大，纤维间的氢键力和各种结合力都下降，使纸张强度降低，容易揭烂。此外，揭开后，由于污垢尘土很多，在修裱前需进行清洗。待通风干燥使纸张有一定强度后，再进行纸片拼接。揭开后，应及时进行修补和托裱，以免丢失只字片语。

2.修补

修补就是选用与文物原纸的纤维方向、厚薄、颜色、质地基本一致的纸张，对有孔洞、残缺或折叠磨损的部位进行修复。

第一，补缺。对残缺或虫孔的部位进行修补，补纸直径比孔洞大 2-3mm。

第二，溜口。在磨损折叠处补上一条补纸，溜口的补纸宽度一般为 1cm 左右。

第三，加边。在纸张四周加上补纸，有挖镶、拼条镶、接后背等。

3.托裱

托裱就是特选整页的新纸（托纸）和胶黏剂，对破损的纸质原件进行黏合加固的过程，以提高纸张的机械强度。托裱有湿托、干托两种。

（1）湿托

湿托就是把浆糊刷在原件上，然后再上托纸，适用于字迹遇水不扩散的原件。

（2）干托

干托就是把浆糊刷在托纸上，再与破损的原件进行黏合，特别适用于字迹遇水扩散和破损严重的原件。

我国古代书画作品是纸质文物的重要组成部分，多为历代皇帝、大臣、名人的手迹，如：故宫博物院和第一历史档案馆馆藏的明清两代御制诗文及画稿，中国第二历史档案馆珍藏的孙中山、于右任等名人书画手迹，大多为卷轴状。其载体材料多为宣纸和丝绢，由于质地纤薄、性质柔软不坚挺，且着墨或着色后，褶皱不平，不利于保管和展示，因此需先裱后装。部分时间久远而破损的书画文物也需要揭旧重裱。

对这些文物除托画芯外，还要经过配镶料、覆背、砑光、装轴、系丝带等工序，使书画艺术突出色彩美、结构美、艺术美的整体效应。

三、纸质文物的现代保护技术

（一）温度、湿度控制

在纸质文物的保护工作中，控制调节库房的温度、湿度是最关键、最根本、最有效的措施。温度和湿度是直接作用于纸质文物的两个最普遍的因素，而且是互相关联的两个因素。

实验证明，温度和湿度对纸张耐久性的综合作用大于单因子独立作用之和，表现为协同效应。

在温度 15℃、相对湿度 10%的保管条件下比在 25℃、50%条件下，纸张保存寿命增加 20 倍左右。

纸质文物的库房温度、湿度要求：冬天室内保持在 12℃-18℃，夏天不超过 25℃；相对湿度保持在 50%-65%。24 小时内温度的变化不应超过 2℃-5℃，湿度变化不应超过 3%-5%。

1.防热

（1）外围结构防热

室外的热源通过辐射热、对流热、导热传入库内，最好的隔热措施是利用导热系数小、热阻大的建筑材料。此外，还可利用加大墙体厚度、注意门窗密闭、使用遮阳板等防热措施。

（2）空调系统降温

空调系统是文物库房取得符合保护要求的气候条件的理想设备，降温效果良好。

2.防潮

（1）外围结构防潮

库内潮湿的因素主要包括地下水通过地面和墙体向内蒸发、雨水通过外围结构向内渗透、潮湿空气通过门窗缝隙浸入库内等。最好的防潮措施是在外围结构层中使用结构紧密、能隔断水分渗透的防水材料。此外，还要注意库房建筑的自身排水和防潮效果。

（2）去湿机除湿

库房内使用去湿机，可将空气中的水蒸气降温、结露、析出液态水。冷冻去湿机一般具有不、需要冷却水源，使用方便、性能稳定可靠、能连续运行等优点。

（二）杀虫

1.高温、低温杀虫法

环境温度因子对纸质文物库房滋生的害虫的新陈代谢活动影响很大，温度既可以加速或减缓害虫新陈代谢的速度，也可以使害虫代谢完全停止而死亡。

（1）高温法

40℃-45℃为昆虫生长的亚致死高温区，又称热休克区。昆虫生活在这一温度区域内，持续数天，就会因代谢失调而死亡。

（2）低温法

-10℃-8℃为昆虫生长的亚致死低温区，又称冷昏迷区。昆虫生活在这一温度区域内，持续数天，就会使代谢速度变慢，生理功能失调，体液冰冻和结晶，原生质遭到机械损伤而死亡。

2.γ射线辐照杀虫

γ射线是一种波长极短、能量较高的电磁波，对生命细胞的穿透力较强，对各种昆虫（微生物）均有杀伤作用。

3.气调杀虫

空气是昆虫重要的生态因子，缺少氧气，昆虫便不能正常生长、发育、繁殖。在密闭的条件下，将空气中各种气体的正常比例加以调整，减少 O_2，充入 N_2 或 CO_2 气体，使昆虫的正常活动受到抑制，窒息而死。

4.化学熏蒸杀虫

熏蒸就是在密闭条件下，使用化学熏蒸剂以毒气分子的状态穿透到生物体内，使其中毒而死。目前常用的熏蒸剂为磷化铝片剂，释放出来的 pH 气体主要作用于昆虫的神经系统，使昆虫死亡，对成虫和幼虫均能达到100%的杀虫效果。

四、纸质文物的现代修复技术

除了传统的修裱技术以外，纸质文物还可采用一系列的现代物理化学技术，进行修复处理。

（一）去污

纸质文物在保存和利用过程中由于环境及人为因素的影响，很容易沾上各种污斑，如泥斑、蜡斑、油斑、墨迹斑、霉斑等，不仅影响字迹的清晰度，还影响纸张和字迹的耐久性，对此可用物理和化学的方法加以清除。

1.机械去污

对于纸张强度好且污斑较厚易除的纸质文物，可用手术刀、毛刷等工具依靠机械力量去除污斑。

2.溶剂去污

溶剂去污就是利用溶剂与污斑之间的作用力大于污斑内分子之间的作用力及污斑与纸张纤维之间的作用力，使污斑溶解于溶剂的去污方法。其原理为相似相溶原理，即当溶剂与污斑分子的极性相似时，污斑容易被溶解。极性污斑分子容易溶于极性溶剂中，非极性污斑分子容易溶于非极性溶剂中。

3.氧化去污

氧化去污就是利用氧化剂使污斑中的色素成分氧化，分子结构遭破坏，变成无色物质，以达到去污效果。使用氧化去污法需考虑纸质纤维素及字迹色素的耐久性，避免去污同时降低了纸张机械强度和导致字迹褪色。

（二）加固

对破损的纸质文物，现代的加固技术有丝网加固法、派拉纶真空涂膜法等。

1.丝网加固

丝网加固就是用蚕丝织成网膜，并喷上聚乙烯醇丁醛胶黏剂，在一定的温度和压力下使丝网与纸张黏结在一起的加固方法。

蚕茧经抽丝、纺织织成一定规格的单丝丝网，按照丝网—纸张—丝网的顺序排列，用热压熨烫的方法将丝网与纸张黏合在一起。丝网加固的优点是透明度好、重量轻、手感好、耐老化。特别适用于两面有文字的脆弱纸张的保护加固，不影响文字的识读、拍照，需要时又可用溶剂将丝网，从纸张上剥离下来。

2.派拉纶真空涂膜法

利用对二甲基苯的二聚体加热气化、裂解，转变为对二甲基苯自由基单体，在真空室温条件下，该自由基单体能自发地聚合成派拉纶膜。采用真空涂膜技术可以在纸张表面涂上 0.25-20μm 任意厚度的派拉纶膜，使纸张的强度大大增加，并提高了纸张耐酸、耐碱、耐水能力。用派拉纶涂膜保护纸张，文字不受任何影响，手感略有变化。该法优点是保护效果好，可以对整本书加固而无须折页。但此法技术工艺复杂，材料成本较高，大规模推广受制于经济条件。

第四章　其他类型的文物保护

　　文物是人类历史发展过程中遗留下来的，具有历史、艺术科学价值的遗物、遗迹，是人类文明进步的载体。它凝固了人类祖先的智慧和创造力，文物的不可再生性要求我们要做好文物保护工作，对文物资源进行合理利用，发挥文物在爱国主义和革命传统教育方面的功能，使其在培养新人，丰富人们的精神文化生活，提高公民道德及文化素质，构建和谐社会中发挥积极作用。本章针对纺织品文物、石质文物、文物石拱桥、露天碑刻类文物的保护方法进行研究，借此作为参考。

第一节　博物馆纺织品文物预防性保护措施分析

一、纺织品文物本体材料特性

（一）植物纤维

　　实验检验发现，纺织品文物本体植物纤维的化学成分主要是纤维素，是由许多葡萄糖基通过氧桥连接组成的，其中主要含有两种物质，分别为葡萄糖和脱水聚合，其本身的化学成分相对稳定，与水和一般的有机溶剂不相溶。由植物纤维构成的纺织品与空气接触，其中的氧原子会吸引氢原子，使得氧原子在氧桥中的连接作用被削弱，进而导致纤维素变成短链易碎的水解纤维素，经过完全水解后会转换为葡萄糖。这种物质与氧气、臭氧等接触时十分容易发生氧化还原反应，进而导致纺织品泛黄及老化。

（二）动物纤维

　　博物馆中贮藏的纺织品文物具有悠久的历史，我国古代纺织品制作原料中的动物纤维主要分为羊毛纤维和蚕丝纤维。羊毛纤维在高倍显微镜下呈现出细长的圆柱体形状，主要由表面的鳞片层、组成羊毛实体主要部分的皮质层以及毛干中心的髓质层三部分组成；从化学成分的角度分析，其中胶原蛋白约占 97%，无机物约占 1%~3%。

　　蚕丝纤维在高倍显微镜下呈现出平滑透明的状态，宽度并不固定，截面为不规则的三角形。

根据实验验证，蚕丝纤维主要由丝素和丝胶组成，丝素约占 72%~81%，为纤维状蛋白质，难溶于水，丝胶所占的比例较小，约为 19%~28%，其为球状蛋白质，水溶性较好。其中，丝素是蚕丝纤维结构的主体，由丝胶包裹，受外部环境因素的影响较大。其本身性质不够稳定，且结构相对松散，因此非常容易被外界的细菌、霉菌污染，同时还会出现害虫蛀蚀等现象，进而导致纺织品出现霉烂和虫洞，如果没有及时地对纺织品进行保护，最终会导致其被损毁。

二、现代科技手段在博物馆纺织品文物保护中的运用

（一）分析检测

在纺织品文物分析检测的过程中，主要使用光学显微镜与扫描电镜对其进行观察和鉴别。对纺织品文物进行分析检测发现，在纺织品文物保护过程中需要考虑的因素有本体纤维组织、染料、颜料、埋藏开采过程中的污染以及出土年代等。近几年，国家对文物保护和开发领域的重视程度不断提高。

在文物本体纤维组织成分的分析中，常用的手段有红外光谱以及氨基酸序列分析。根据分析检测的结果能够确定纺织品文物的损坏和老化程度，便于对其进行有针对性的管理和修复。

在染料分析检测的过程中，常用手段为光谱法和色谱法两种。光谱法有多个种类，在文物检测过程中可以分别使用，也可以结合使用。色谱法中最常用的是 HPLC，其具有很强的高分离效能，在染料分析检测中具有很高的灵敏性。

（二）清洁技术

当前阶段，运用于纺织品文物清洁保护中的现代科技可以划分为物理方法和化学方法两种。其中，物理方法相对来说比较常见，应用范围较广，主要是运用特定的除尘工具对附着在纺织品表面的污染物进行清除。这种方法操作起来非常简单，能够有效清除覆盖在纺织品文物表面的尘垢。物理清洁技术主要包括湿布轻压法、擦洗法，除此之外，还包括相对高端的真空吸尘法以及超声波法。

使用化学手段对纺织品文物进行清洁主要是合理地运用化学试剂去除纺织品文物表面附着的各种污垢以及嵌入纤维和织物内部的污染物。具体清洁过程中主要采用湿洗法和干洗法两种方法，还应综合考虑纺织品的构成成分等因素。湿洗法是用水直接清洗沾染的污染性物质，如果污染物

黏结得比较严重，可适量加入清洁剂。干洗法主要是使用有机溶剂对纺织品进行清洁，通常用于强度大且保存价值不高的文物。与湿洗法相比，这种方法并不常用。

（三）保存技术

纺织品文物保护是一门综合性学科，与其他多个门类的学科均有一定联系。纺织品文物在保存过程中既会受到外部环境如氧气、光照、温度、湿度等因素的影响，又会受到文物本身构成成分以及保存方法等因素的影响。现代科技在纺织品文物保存中的应用体现在以下几个方面：首先是除氧工作，在文物所处环境中注入惰性气体，以控制其吸氧量；其次是做好光源管控，结合不同文物的纤维组成，合理地调控光照强度与时间；最后是温度和湿度调节方面，可以加强博物馆内的基础设施建设，通过安装恒温恒湿的空调系统，为文物保存提供良好的室内环境。

三、预防性保护措施的可行性及其在博物馆纺织品文物保护中的运用

（一）微观环境调控措施

1.光照

光照对纺织品文物的影响非常大，强烈的光照直射会直接损坏被照射的纺织品文物。由于现存的大部分纺织品文物具有不透光性，光照对其的影响基本停留在其表面。

对光照的调控需要从两个角度进行分析，一是自然光，二是人工光，要针对不同的光源特征制定有针对性的保护措施。在博物馆当前的微观环境调控管理中，为满足游客需求，展览期间所提供的光照较为充足，其余时间则全面降低光照强度。这样不仅能够有效节约能源，还能够保护好纺织品文物。

光照会损坏纺织品文物是因为光的热效应及光化学反应。波长较长的、能量较小的红外光波对纺织品文物的损坏主要是由于光的热效应，在强光照射下，文物表面会持续升温，进而产生一系列的化学反应。而波长较短的紫外光波能量非常强，对纺织品文物的破坏性也最大。受到强光照射，文物中的分子结构会累积大量能量，导致分子键断裂，使得纺织品的强度急速下降，出现变脆等现象，如果不及时加以干预，严重的情况下会导致纺织品变为粉絮。因此，应尽可能地滤

除紫外光波辐射。

2.温度

温度对纺织品文物的影响也不容忽视。当所有物体处在同一热平衡的条件下，所有热力学系统都会发生共同的反应。这就意味着当文物所处环境的温度发生变化时，文物在一定程度上会发生热量交换，等到文物与其所在环境的温度趋于平衡时，才能达到热力均衡的状态。温度的高低反映了物体内部运动强度的大小，物体内部的分子无规则地剧烈运动，其运动强度越大，表现出的温度就越高。

从温度的角度分析，博物馆纺织品文物遭到破坏的过程中伴随着复杂的化学反应。在同一环境条件下，室内温度每升高10℃，反应速率会增加1-3倍。温度上升得越迅速，产生的腐蚀效应就越强烈。与此同时，当温度上升到一定高度时，用动物纤维制造的纺织品中的油脂和水分会蒸发，蛋白质会变硬，进而导致纺织品变脆、开裂。在温度过低的情况下，动物纤维中的脂肪和蛋白质会发生固化反应，纺织品也会失去韧性。对此，博物馆应结合当地气候特征及时对馆内温度做好调整，室内均温在16℃~25℃为最佳，温度的上下浮动最好控制在10℃以内。

3.相对湿度

相对湿度指的是一定量空气中的含水量与同温度下饱和含水量的比值。由动植物纤维构成的纺织品文物对相对湿度的变化十分敏感，具体表现为：当环境湿度升高时，纤维因吸水性较好会发生膨胀或水解反应：当环境湿度持续降低时，纤维中的水分会蒸发，直至与所处环境的相对湿度达到一致，纤维发生收缩，进而导致纺织品出现干裂；同时因水分蒸发，纤维中的微量物质会流失，导致纺织品变脆、变色。

不同材料制造的纺织品的吸水能力具有较大差异。常见的纺织品原料为棉、麻、毛、丝，吸水性较好的为毛纤维，吸水率为40%左右：丝纤维次之，大约可达30%。对比几种不同的原料发现，即使是同种纤维，在直径方向和纤维长度方向上的膨胀收缩程度也大为不同。为避免文物因相对湿度影响而遭到破坏，在微观环境调整过程中，博物馆要考虑到纺织品文物本身的脆弱性，在管控保护的过程中，应对纺织品本体的含水量进行测量，进而结合博物馆所在区域的气候条件做好室内湿度控制，使室内环境湿度保持在50%~60%的范围内，波动幅度控制在10%以内。

（二）宏观管理措施

1.创新保护理念，多方协调配合

据不完全统计，我国现有博物馆4826座，文物总体占比非常大，预防性保护措施的完善对于文物保护工作而言十分重要。在制定纺织品文物预防性保护措施的过程中，应站在历史的角度看待问题，并坚持与新时代的发展理念相结合，创新保护理念，提升文物保护水平。文物从考古现场转移至博物馆期间历经多个环节，在保存和保护的过程中，需要多方协调配合，当地的环境部门、建筑部门以及文博管理专业学者需要针对文物的构成成分，为其制定最优的保护方案。

2.完善法律法规，提升保护水平

近年来，我国政府相继发布了许多关于加强文物保护工作的指导意见，强调地方政府在文物保护中的主导作用，要求切实做到在保护中开发，在开发中保护。在法律法规不断完善的背景下，博物馆纺织品文物的保护与开发利用工作应当始终遵循国家相关规定，做好相关政策的承接与落实，进而不断提升文物保护水平。

首先，需要把加强顶层设计与坚持问计于民统一起来，着力解决文物安全责任的落实问题。要结合文物性质，完善保护机制，积极借鉴不同区域的文物保护方针政策，因地制宜制定预防性保护措施。同时要提升全社会的文物保护意识，对相关保护条例积极进行传播，保障全体公民的知情权、参与权、监督权，引导广大群众共同关注文物保护问题。

其次，需要以文物保护责任落地为主要抓手，推进文物保护工作开展。根据国家发布的各项文物保护条例，制定符合当地实情的文物保护专项制度，其中需要体现出鲜明的区域性特征，以实现保护分级，更有针对性地保护文物。地方政府需要加强监督与管理，按照法律法规行使政府职权，同时社会公众也应规范自身行为。

3.拓宽融资渠道，寻求资金保障

在博物馆纺织品文物保护过程中，对预防性保护措施的探索要建立在强有力的资金支持的基础上。近年来，虽然国家加大了财政资金的扶持力度，但是面对体量较大的纺织品文物，资金保障依旧不够充足。且从当前国内博物馆文物保护的整体情况来看，大部分文博机构主要依靠财政拨款支持，因此整体管控效果较差。文博部门要积极拓宽融资渠道，通过着手组建历史资源保护利用筹资机构，广泛吸收民间资本。在市场主导资源的大环境下，要想实现历史资源的再开发利用，必须要有强有力的资金保障。

为提高文物保护水平，文博部门的财务管理要公开透明，明确不同款项的流动方向，进而提高资金的利用率。

4.推动资源整合，完善配套设施

推动资源整合，完善配套设施，能够有效促进历史文化与新时代市场要素深度融合。在博物馆纺织品文物保护与管理的过程中，要推动政策和资源的有效衔接，通过统一规划历史文物的总体保护方案，使文物在新时代架起交流的桥梁。同时，还要注重博物馆周边的建设，以实现资源的充分利用，进一步促进当地文化产业和旅游业发展。

在完善配套设施方面，不能盲目地引入配套设施，应借鉴国内外文物保护的优秀与先进经验，并结合博物馆的实际情况，构建全面的管理方案。从文物保护区的规范化、生态化和艺术化入手，保证展览布局的科学合理性，最大限度地避免管理失职等问题。除此之外，在硬件设计与功能安排上也要综合考量，以提高博物馆的便利性，满足游客的需求。

5.坚持以人为本，培养专业人才

在博物馆纺织品文物预防性保护措施制定的过程中，要坚持以人为本的理念，做好宣传教育工作，充分考虑不同年龄段、不同职业的社会群体的需求，进而在游客观展期间为其提供有针对性的服务。在纺织品历史文物展出期间，要注重突出其历史感、文化内涵与现场感，加强博物馆的吸引力和感染力。需要注意的是，在文物保护管理的过程中，可以充分利用现代科技手段，降低保护管理成本。在文博专业人才培养方面，需要紧紧围绕培养什么人、怎样培养人两个方面，通过制定完善的晋升制度，完善薪酬机制与激励机制，吸引更多的人才投身于历史文物保护中。

6.深挖历史内涵，提升保护意识

在博物馆纺织品文物预防性保护措施制定的过程中，应深挖文物的历史内涵，人们只有真正地意识到文物的重要价值，才能有效提升保护意识。文博工作者应坚持以系统性的思维开展文物保护工作，在文物保护管理的过程中不断整合资源，使游客更好地了解相关历史内容。为更好地对文物进行管理，文博工作者可以与高校教师进行沟通交流，弥补博物馆现存史料的不足。

目前，业内的保护意识已经形成，为做好文物保护工作，政府应完善相关法律法规，多方机构应协调配合，文博部门也要应不断完善文物保护机制，寻求多方资金支持，有效推动资源整合，进而提高文物整体保护水平。

第二节 文物保护意识背景下新石器时代石质文物保护与修复方法研究

石质文物见证着人类进化发展，是人类社会文明的象征，侧面描绘了人类社会文明的发展历史。因此，在文物保护意识背景下，探究新石器时代石质文物的保护与修复，对社会文明发展有着重要意义。

一、加强文物保护意识与石质文物保护的关系思考

（一）加强文物保护意识概述

文物是人类在各个时代下的思想结晶，对历史的研究具有重要的实用价值，有利于弘扬中华民族优秀文化和民族精神，增强民族自信心。在历史的长河中，文物是我国悠久历史文化见证的主要载体，中华民族优秀的民族精神在此得到了详细体现。加强文物保护意识，能更好保护文物。

一方面，加强文物保护意识有利于推动科学技术的研究，促进社会经济发展。首先，文物是中华民族各个时代的卓越成就，是现代科技发展的理论依据。

社会的科学文化发展创新离不开历史文化的加持，文物是第一手的文献资料，大多数古代科技和文化成果仍在被利用、参考和传承。加强文物保护意识，能更好保护文物，为现代科技发展提供理论依据。其次，文物也是丰富的旅游资源。加强文物保护意识，能更好保护文物，合理利用文物，可为当地旅游业提供宝贵的发展资源，有利于推动当地文化产业和旅游产业的发展，促进当地经济产值的上升。

另一方面，加强文物保护意识有利于满足人民群众的文化需求，拓宽我国文化的交流渠道。首先，文物中体现了中华民族的精神风采和民族创造力。加强文物保护意识，能更好保护文物，发挥文物的育人作用，助力广大群众了解、传承中国传统文化，在丰富精神文化的同时提升美学的鉴赏能力。其次，我国文物具有浓郁的地域特色，蕴含着丰富的历史知识，在与他国开展文化交流时，文物能将抽象的文字理念转变为具象的画面表达。加强文物保护意识，能更好保护文物，在我国与世界文化交流中起着传递纽带的作用，拓宽了我国文化传播渠道。

（二）加强文物保护意识与石质文物保护的关系

石质文物是指在人类历史发展过程中，保存下来的具有历史价值、艺术价值、研究价值，以石材为原材料加工出来的艺术品。主要包括新石器时代的石制用具、石刻文字、石质艺术品三大类，以及摩崖题刻、不可移动石窟等。通过分析已出土或现有保存的石质文物，按照组成的材质可以分为大理石、花岗石、白玉石等；按照形成机理又可分成沉积岩、火成岩等。从文化发展的角度来看，石质文物彰显着新石器时代的历史文明，文物保护意识与石质文物保护具有协同互助的理论关系。一方面，文物保护意识的加强能够使石质文物保护更具个人意识。石质文物是全世

界的文化财富，属于不可再生的特殊财富，社会公民都有责任和义务保护石质文物，如文物捐赠、博物馆志愿者的公开招募、文物修护技术人员技能的提升等行为，都彰显着石质文物保护在个人意识层面上的体现。因此，石质文物的保护更具个人意识。另一方面，随着文物保护意识的加强，石质文物保护也更具社会精神。现阶段，石质文物保护的相关条例已经纳入国家文物局的法律法规中。并且，在学校教育中，保护文物的意识也逐渐渗透在历史课堂和文学课堂上，增强了社会公众的保护意识，对石质文物的保护有着重要意义。从以上可以看出，文物保护意识背景下，石质文物保护具有个人意识和社会意识，对社会经济和社会文化的发展有着积极意义。

二、新石器时代石质文物保护与修复方法探究

新石器时代是考古学中人类在石器时代生活的最后一个阶段。进入新石器时代的标志是人们会使用和磨制石器。随着早期古人的迁徙规律，新石器时代的遗址分布大致可以分为四个区域：华南地区、长江流域、黄河流域、北方沙漠草原地区。石质文物由于存在时间较远，受到环境因素（如雨水侵蚀、太阳暴晒等）和人为因素（如人为污染、战争损害等）的影响，在石器的表面和内部都会产生不同程度的损伤，或在其表面形成新的物质。以下从石质文物的清洗、石质文物的防护、石质文物的加固三方面出发，探讨在文物保护意识背景下，新石器时代石质文物的保护与修复方法。

（一）石质文物的清洗

1.石质文物的表面清洗

石质文物表面的清理不同于清洗现代装饰石材，应遵循"尊重历史、保持原状、洗旧如旧"的清洗原则。在清洗石质文物表面时，尽量选用物理方法进行操作，避免化学试剂与石质表面发生化学反应，改变石质文物的元素构成，避免对石质文物造成二次损坏。针对石质文物病变特点，如风化、盐结晶等，应选择不同的清洗方法。现阶段，常见的石质文物表面清洗方法有吸附脱盐清洗、蒸汽喷射清洗等。吸附脱盐清洗技术主要清除石质文物表面稀释出来的盐结晶。盐结晶是危害石质文物表面岩石结构的最大破坏因素之一，在处理盐结晶时一般采用物理方法。如选用干净洁白的吸水性纸张、棉花、纱布等，吸附石质文物表面的盐性物质。或在石质文物的表面均匀喷洒清水，利用水作为溶剂，溶解石材表面的可溶性盐类，随着水分的喷洒，石材表面的盐溶液也不断蒸发，最终达到清除盐结晶的根本目的。在此方法中，由于盐结晶的含量过多，吸附脱盐

清洗技术的操作往往需要进行十次以上，所以要选择优良的吸附性材料，提高此技术的工作效率。蒸汽喷射清洗技术经常使用在大型的石质文物表面清洗中，是最环保的清洗方法之一。蒸汽喷射清洗属于湿法清洗，对常见的灰尘污垢、生物污染等都有明显效果。并且此清洗技术冲击力较低，不会对石质文物表面造成二次破坏，遵循了保持原状的清洗原则。

2.石质文物的岩体内部清洗

石质文物由于受到环境因素和人为因素影响，在岩体内部经常会产生细纹裂缝。而污染物会随着岩体缝隙进入到石质文物内部，影响石质文物的保存寿命。现阶段，针对石质文物岩体内部的清洗方法主要有化学清洗技术、激光清洗技术等。化学清洗技术一般不大量使用，石质文物内部裂缝较多时均选用此方法。化学清洗剂能够渗透到石质文物内部的岩石缝隙中，通过溶剂含量的配比，清除特定的灰尘污垢和污染物。化学清洗技术具有针对性使用特点。现阶段化学清洗的用药量和含水量都较小，对石质文物表面的破坏性也较低。根据石质文物内部污染物性质不同，可采用不同的化学试剂。如何采用氢氧化物为化学试剂清除可溶性的氢氧化钡及氧化钙，化学反应激光清洗技术是近几年科技发展的最新产物。利用激光清洗石质文物岩体内部的污染物，能够改善化学试剂对环境造成的污染，并且具有省力、节水、适用范围广等优点。激光清洗技术利用自身的光脉冲震动，利用高频率的脉冲激光作用岩体缝隙中的污垢，使其与污垢产生共振反应，最终达到清除污垢的目的。并且在激光清洗的过程中，污垢接收到激光传递的能量，吸收能量产生热膨胀，克服岩体缝隙对其的附着力量，从而产生脱落现象。

（二）石质文物的防护

在石质文物的保护中，经常使用草酸、草酸铵等草酸衍生品处理石质文物表面。其中草酸及草酸铵在石质文物防护中的应用原理为试剂与石质文物表面产生相应的化学反应，从而得到具有防护性质的草酸钙保护膜。

草酸铵在石质文物防护中的应用原理与草酸相同，一般广泛用于石质壁画表面的防护处理。石质壁画中石灰与空气接触产生炭化反应，石灰通常以碳酸钙的形式存在。经 3%~6%的草酸铵溶液处理后，石质壁画中的石灰表面硬度增加，孔隙减小，起到了明显的防护效果。通过探究影响草酸铵防护作用的因素，发现可溶盐氯化钠的存在不会对草酸铵的保护膜形成效果造成影响。石质文物表面形成草酸钙保护膜后，能够抵御 15%的醋酸和 3%的盐酸腐蚀，而壁画的颜色和质地均不发生改变，表现了草酸钙保护膜良好的使用性质。

（三）石质文物的加固

1.无机材料在石质文物加固中的应用

无机材料是传统的石质文物加固材料之一。常见的无机材料包括石灰水、氢氧化钡、硅酸盐等。石灰水与氢氧化钡的加固原理基本相似，都是与空气中的二氧化碳产生反应，生成碳酸钙或碳酸钡而填充无机材料缝隙，达到加固的效果。其中氢氧化钡在石质文物加固中的使用饱受争议。部分学者认为，利用氢氧化钡加固石质文物，当氢氧化钡与空气中的二氧化碳产生反应时，所沉淀的碳酸钡只会流于石质文物的表面，无法达到填充石质文物缝隙的目的。而经过时间的发展和不断的实验论证，部分学者发现氢氧化钡之所以能达到加固石质文物的目的，是因为碳酸钡晶体与石质文物中的碳酸钙晶体形成了分子相连，搭建了矿物质的连接桥梁。而氢氧化钡能够起作用的必要条件是需给氢氧化钡在石质文物中充分的反应时间。

因此，在技术过程中要采取适当的措施，如通过降低实验温度，阻止溶液过快干燥，延长氢氧化钡在石质文物中的反应时间，或加强空气中二氧化碳的浓度，提高氢氧化钡的反应速率。在氢氧化钡的反应过程中，碳酸钙颗粒表面的钙离子与钡离子发生了置换作用，由此改变了石质文物缝隙表面的颗粒构成情况，随后通过碳酸钡晶体的沉淀，达到填充缝隙、加固石质文物的最终目的。

2.有机材料在石质文物加固中的应用

现阶段，环氧树脂是最常见的加固石质文物的有机材料之一。

定性，能够从根本上阻止水和盐类对石质文物造成的破坏。并且，当其与固化剂混合时，在低温常压的情况下会发生固化现象，固化的收缩率也相对较低，能够有效填充石质文物的内部缝隙。

云冈石窟在受到当地恶劣的环境影响后，岩体出现了不同长度大小的裂缝损害，修复人员利用环氧树脂材料，在其中加入缓释剂，提高环氧树脂材料的强度，并避免了将环氧树脂灌入岩体中出现"爆聚"现象的可能。通过环氧树脂材料修复岩体裂缝，延长了云冈石窟的文物寿命，进一步推进了石质文化的发展。

3.新型材料在石质文物加固中的应用

近几年，伴随着材料产业的飞速发展，纳米材料等新型材料的出现拓宽了石质文物的加固渠道。纳米材料具有超强的黏结性、抗紫外线性、抗老化性和抗腐蚀性的特点，为石质文物的加固工作注入了新的活力。在石质文物的加固材料中添加纳米粒子，如纳米 TiO_2、纳米 SiO_2 等，可提高加固材料的抗老化性，并且在加固过程中，经过纳米材料的改良，复合型加固材料的使用性能较传统加固材料有了明显的提高。目前，纳米技术在石质文物的加固中还处于研究基础阶段，许多关键性的技术有待技术人员的进一步探索。但不可否认的是，新型材料的出现拓宽了石质文物的加固方式，为延长石质文物的文化寿命贡献了积极力量，有助于社会文化和社会经济的高效发展。

做好石质文物保护工作，是为国家文化发展奠定坚实的基础，对社会经济的发展有着重要意义。在石质文物的保护与修复中，工作人员应积极学习创新思想，引进先进技术，激发石质文物的艺术价值和育人精神。作为艺术品来说，石质文物具有浓厚的历史氛围，是古代社会的结晶，做好石质文物的保护与修复工作，就是让这些历史的见证者继续发挥自身价值。

第三节 文物石拱桥的保护加固技术研究

石拱桥是我国桥梁传统桥型之一，距今已有近两千年的历史，它外形轻盈俊秀、结构坚固耐用、建造取材方便。石拱桥在使用过程中，部分桥梁出现了不同程度的病害。针对解决病害，国内不少科研单位和学者开展了石拱桥的加固技术研究工作，取得了不错的成果，但从文物保护的角度进行石拱桥加固技术研究，相关内容不多。

一、国内石拱桥加固技术分析

1.重视石拱桥的检测评价工作

国内石拱桥加固技术普遍较为重视石拱桥的检测评价工作。只有通过检测手段，充分掌握了桥梁的病害形式、病害分布、材料强度、结构刚度和变形等基础资料后，才能为桥梁的病害原因分析、桥梁的工作性能评价、加固的可行性分析、加固方案论证分析等后续工作提供基础支撑。

2.加固流程及关键工作分析

目前大多数石拱桥加固一般采用桥梁检测、病害成因分析、加固方法论证分析、加固有限元模拟计算、加固后评估等工作流程，针对不同桥梁，加固侧重点和工作流程有所不同。一是对于年代较为久远的石拱桥，可能建造时各材料之间本身强度差异就很大，加之风化等自然作用，使得材料强度无法准确掌握，因此建模计算的结果应该审慎评估后使用；二是病害作用下，桥梁的传力路径可能发生一定变化，难以做到合理可行的病害状态下的结构模拟，因此加固结构模拟计算应重视结构传力路径和力学模型的简化。

3.石拱桥加固方法分析

国内石拱桥加固技术，概括起来有置换加固法、减载加固法、增大截面加固法、粘贴钢板（碳纤维）加固法、灌浆加固法、改变结构体系加固法等，其它加固方法的实质都是这些方法的转化和组合。对于石拱桥中采用的改变结构体系的加固方法，应清楚认识两点，一是主拱圈是全结构最主要的受力构件，承受轴向压力作用，不宜对此结构进行结构体系改变；二是石拱桥各构件只能承受压力，不能承受拉力作用问。

二、基于文物保护的石拱桥加固方法分析评价

为得出基于文物保护的石拱桥加固方法，以下从加固原理、加固方法优缺点、对文物石拱桥加固的适用性等进行分析评价。

1.置换加固法

置换加固法就是针对产生病害的构件，采用同等或高一等级强度的相同或近似材料进行替换的加固方法。该方法不影响结构外观，适用于文物石拱桥的加固改造；但该方法是一种局部加固方法，其加固的范围需结合石拱桥的病害状况而确定，如对作为整体承载作用的主拱圈就不一定适用。

2.减载加固法

减载加固法就是对拱上建筑、拱顶填料等次要受力或不受力构件，采取卸除减载或替换为轻质材料减载的加固方法。该方法不影响结构外观，改造思路简单明了；但该方法应认真分析研究减载的可能性和实操性，不能因减载而诱发其它病害。对于文物石拱桥而言，由于建造时缺乏有效的力学分析方法，可能部分构件会出现累赘或臃肿等现象，加之当时缺乏轻质材料，使得减载加固法成为可能。

3.增大截面加固法

增大截面加固法就是在构件表面新增混凝土层，增大截面面积，并根据需要配置钢筋，从而提高构件承载力和刚度，限制裂缝开展。该方法可根据受力需要增配钢筋；但该方法会改变结构或构件外观，增加结构自重。

石拱桥的打孔植筋、新混凝土与原石拱桥结合面的共同受力是该方法需要重点解决的难题。在文物石拱桥的加固使用中，可在减少外观影响的前提下，对主拱圈采用增大截面的方法进行加固。

4.粘贴钢板（碳纤维）加固法

粘贴钢板（碳纤维）加固法就是用胶结材料将钢板（碳纤维）粘贴于被加固构件，使之与被加固截面共同工作，提高构件承载力，限制裂缝开展。该方法基本不增加自重，外观影响小；但粘贴面处理、新增钢板（碳纤维）与原结构协同受力是该方法需要重点解决的难题。对文物石拱桥的加固，不建议采用粘贴钢板（碳纤维）加固法。

5.灌浆加固法

灌浆加固法就是在对结构或构件的裂缝或空洞进行压力灌浆封闭使结构或构件恢复承载能力的加固方法。该方法工艺成熟，施工简单，不影响结构外观；但该方法作用效果有限。在对文物石拱桥的加固使用中，建议将该方法与其它加固方法配合使用。

6.改变结构体系加固法

改变结构体系加固法就是通过增设或减少构件，改变结构的传力路径和结构体系的加固方法。该方法加固思路清晰，但影响结构外观，且对于传力路径明确的石拱桥而言，可改变的地方较少。对于文物石拱桥的加固，不建议使用该方法吧。

第四节 露天碑刻类文物保护和展示方法探究

我国石质文物的留存量巨大，种类繁多，碑刻类文物指表面平整刻有文字或者图案的石碑。碑刻类文物一般都处于室外，因为年代久远，再加上自然及人为因素的影响，其会受到不同程度的损坏，引发难以估量的损失。因此，相关部门需要对露天碑刻类文物的保存情况进行调查，做好文物保护及展示方法的研究，提升露天碑刻类文物保护的效果，确保其能够将自身的文化传承功能充分发挥出来。

一、露天碑刻类文物保护的重要性

文物保护指针对一些具有历史意义和文化价值的历史遗留物品进行保护，避免其受到损害或者避免损害扩大的措施。从确保文物保护工作顺利实施的角度，我国政府部门从制度和法律层面，为文物保护工作提供了完善的保障措施，构建起了相应的文物保护体系。借助相应的分类标准，可以实现对文物的分级分类，对文物的数量和信息进行统计，从而运用有效的文物保护法则，可以对文物保护工作实施的具体内容作出明确规定。做好文物保护工作有着十分积极的意义，我国有着五千年灿烂的历史文化，在文化传承过程中文物是非常重要的载体，露天碑刻类文物本身的内容丰富，可以是文字，也可以是图画，在见证社会和时代变迁的同时，也有着十分丰富的文化价值、历史价值、艺术价值及科学价值。对露天碑刻类文物进行保护，可以将其所具备的文化承载功能充分发挥出来，也能够为现代社会的精神文明建设提供助力，提高文化自信心以及民族凝聚力。

露天碑刻类文物保护工作的顺利实施，有利于弘扬中华优秀传统文化，在维系国家团结统一方面也同样发挥着不容忽视的作用。碑刻文化可以体现出不同时期的技术成就，是研究工作得以实施的重要依据，有着巨大的艺术、文化和科学价值，在新的发展环境下，想要推动科学文化的创新发展，需要合理地利用文化遗产，即便是古代的科学技术成果，在当下依然有着创新利用的价值，能够为现代科技的发展提供参考和借鉴。

对碑刻文化进行保护和研究，可以了解古代技艺的原理，从中获取相应的启示。从经济发展的角度分析，文物是非常重要的旅游资源，对其进行管理和合理的利用，可以很好地带动地方经济的健康发展，做好露天碑刻类文物保护工作，能够很好地满足群众精神文化的需求，有助于全民科学文化素养的提高，也可以为爱国教育、文化自信教育等提供可靠支撑。

二、露天碑刻类文物保存现状

碑刻类文物本身的体量巨大，移动难度大，很多都是露天放置，受自然因素的侵蚀，表面的字画已经变得十分模糊，加上不少游客在游览时喜欢用手触摸碑刻，也会造成一定的损坏。针对这样的问题，文物保护单位在对露天碑刻类文物进行保护时，尝试了一系列的方法，如安装防护栏、设置玻璃隔罩等，但是实际效果并不十分理想，防护栏仅仅能够减少游客对于石碑的直接接触，无法防范环境因素的侵蚀，玻璃防护罩的安装会影响游客的观感。

以下以苏州文庙四大平定碑为例，对其保存现状进行分析。

苏州文庙戟门外的广场上，竖立着 4 块近 6 米（包括碑座、碑额）的清代御碑，被称为四大御制平定碑，皆采用满汉对照的方式，记录了当朝皇帝平定边疆的功绩。4 块巍峨的御碑自在苏州文庙竖立之日开始算起，已历经几百年的岁月沧桑，期间被扑倒、移动，遭到人为破坏，虽然残破，依旧显得端庄肃穆。

苏州文庙公园修建时，苏州市政府拨款 20 余万元，将四大平定碑移至戟门外，为碑做了碑座，并用青砖在碑后砌了护墙，使文庙公园、四大平定碑、文庙戟门有机地融为一体。由于当时条件的限制，未将碑刻还原到最初的碑亭放置状态。如今又是十八个春秋过去了，四大平定碑经过阳光暴晒和风吹雨淋，碑面风化十分严重，凭肉眼已完全看不清碑面的字迹。与前文所附的碑刻旧拓相比，字口漫漶程度令人触目惊心。

这4块御碑的存在对认识我国历史的演变，甚至对于我们今天正在热烈讨论的清代民族边疆区域经营理念，以及对今天的边疆建设，仍然具有十分重要的现实意义。因此，我们急切呼吁加大对四大平定碑的关注和保护。

三、露天碑刻类文物保护和展示方法分析

1.做好数据收集

就目前而言，在针对露天碑刻类文物进行保护、修复和展示的过程中，需要做好相应的数据收集工作，明确现有保护及展示方法的优势和缺陷，采取有效的应对措施。石质文物保护可以采用在文物表面涂刷保护层的方式来隔绝有害物质，延缓损伤，当前有记录的研究包括了有机硅涂料保护、无机材料保护、纳米仿生材料保护等。在对四大平定碑进行保护时，可以采用上述方法，也可以参照国外的一些方法，如覆膜保护等。

2.优选覆膜材料

对于露天碑刻类文物进行保护时，存在两个方面的要求：一是必须延缓各种病害的发生；二是必须确保游客能够清晰地看到碑刻的内容。可以参考照片装裱技术，将冷裱膜设置在石碑上，用于碑刻文物的保护和展示。冷裱膜是一种在引发剂作用下，由氯乙烯聚合得到的热塑性树脂，有着良好的通透性，可以有效抵抗硬物划伤，可以灵活裁剪，操作简单，对比可以发挥类似工作的玻璃护罩，冷裱膜装裱技术的优势十分明显。

首先，冷裱膜技术易操作，以四大平定碑的规格尺寸为例，只需要2个人，花费四五个小时的时间，就能够完成相应的工作，玻璃护罩则需要进行打孔、支架制作、玻璃安装等，人力和时间成本的消耗巨大；其次是易清理，覆膜紧贴在石碑上，在清理时只需要对表面的灰尘进行擦拭即可，玻璃护罩内部的灰尘清理难度很大；最后是安全性，覆膜保护不会产生相应的安全问题，玻璃护罩保护可能会出现护罩碎裂、碰撞等安全问题。结合四大平定碑的具体情况，为了避免游客在观看过程中出现反光和眩光问题，应选择具备较低折光率的压光冷裱膜覆膜材料，将碑刻内容清晰地呈现出来。

3.实施保护修复

（1）做好表面清理

露天碑刻类文物暴露在露天环境下，表面很容易出现污垢和沉积物，在进行保护修复前，需要对表面进行清理，可以使用竹签进行手工清理，配合棕毛刷进行刷洗。一些清理难度较大的顽固性污垢，可以利用纸浆配合 EDTA 溶液进行包裹，等到污垢软化后，再对其进行清理。清理完成后，使用去离子水对石碑进行整体冲洗，以确保所有的字迹清晰可见，使表面没有任何杂质，然后自然干燥即可。

（2）破损部位修复

如果石碑表面存在破损情况，如崩塌、起层、脱落等，需要先对其进行修复。修复工作需要在表面清理完成后进行，可以使用一些常见的石质文物黏结剂，如环氧树脂加固化剂，使用石粉、石膏作为填充料，以颜料进行调色。补色应该较石碑原本的颜色稍浅，等到干燥后进行打磨。需要注意不管是修复还是打磨环节，都应该对石碑上的文字和图案进行保护，避免出现人为损伤。

（3）石碑拓片制作

在制作石碑拓片时，需要经过几个核心步骤：一是白及水制备，将白及切片之后，放入容器中，加入开水（500 毫升左右）浸泡 20~30 分钟，放凉后装入到喷壶中；二是依照石碑的实际尺寸，将宣纸裁剪好，叠成 20 厘米左右的方块，取一盆倒入适量开水，使叠好的宣纸立起，四边浸水到中间后，取出包好，将多余水分挤出，这样处理后的宣纸有着更强的延展性，可以为后续操作提供便利；三是贴纸，使用喷壶将白及水依照自上而下的顺序均匀喷洒在石碑表面，然后将经过处理的宣纸粘贴在石刻一面，使用棕刷将宣纸刷平整，确保不存在气泡和折痕，然后再次排刷，以确保宣纸能够牢固粘贴在石刻上，使用打刷，将宣纸打入到石刻表面的字体的凹陷位置，然后将打刷过程中掉落下的纸屑和纤维清除；四是拓片拓制，等到宣纸风干后，可以对拓片进行制作，要求工作人员能够严格依照标准化的流程进行操作，做好精细化处理，切忌急于求成，尤其拓包不能过于潮湿，否则会导致字迹模糊，在拓印完一遍后，需要等待墨汁干透，再进行第二遍、第三遍拓印，一般需要拓印四五遍；五是等拓片干后，需要将四周边缘向内折 1 厘米，将其切除，做好修边处理，确保不存在毛边的情况，为后续操作提供便利。

（4）冷裱膜贴覆

结合四大平定碑的保护现状以及苏州地区的气候条件，选择的冷裱膜材料为 PVC 树脂亚光膜，其他需要用到的材料有裁纸刀、玻璃胶（透明、中性）及注射器等。在实际操作中，一是应该依照拓片的尺寸对冷裱膜进行裁剪，每边留出 1 厘米的空域，背部朝内卷起，留出 30~40 厘米的长度，将覆膜与背纸揭开。背纸下折后，将冷裱膜带有胶的一面朝向拓片，两名工作人员配合将冷裱膜与拓片的边缘对齐，卷起部分放下保持自然下垂状态，然后查看冷裱膜与拓片的对齐情况，确认无误后，使用毛巾从上部中间位置朝两侧均匀抹平并压实，直至最底边。粘贴完成后，需要检查是否存在有未压实的区域或者气泡，未压实区域继续压实，气泡可以使用注射器吸出。在压实过程中，从避免损伤冷裱膜的角度，不能使用刮板等硬物进行压实，四周可以进行反复抹压，最大限度地保障边缘与碑刻粘贴的牢固性。从操作人员的角度，需要明确，如果发现膜上出现了折痕，不能揭开重新粘贴，因为冷裱膜自带的背胶粘接力很强，容易将拓片粘起，导致其与石刻脱离。正确的处理方法是在冷裱膜表面垫上几层宣纸，使用木槌对折痕位置进行反复敲打，直至其减轻乃至消除。二是封边，可以在玻璃胶枪的枪嘴上切出小卸口，按照从上到下的顺序于四周进行打胶，使用工具或者手指将玻璃胶均匀涂抹在冷裱膜和碑刻连接位置，形成 1~2 毫米厚的封护层。

在碑刻底部可以使用预先准备好的压条进行压实，将其压在已经涂抹均匀的玻璃胶上，压条的尺寸为 5 厘米×1 厘米（宽×厚），可以使用木条或者塑料条，需要提前涂刷成和碑刻相近的颜色，压条四周同样需要涂刷玻璃胶。设置压条的主要作用是避免底部积水以及潮气侵入的问题，在所有工作完成后，需要对边角料进行清理，保持环境卫生。

4.应用效果

冷裱膜技术能够实现对露天碑刻类文物表面的有效保护，防范自然因素侵蚀的同时，也可以减少人为涂抹和刻画。对比玻璃防护罩防护技术，其优势体现在很多方面：一是不会产生眩光问题，哑光材质能避免反射眩光的产生，不会影响游客的参观体验；二是避免了玻璃碎裂可能带来的安全问题；三是成本相对较低，以该项目中使用的哑光冷裱膜为例，其造价在 15 元每米，单一石碑的材料成本仅为 45 元左右，加上人工费用也不过百元，玻璃防护罩需要用到支架、钢化玻璃以及安装费用，在同等尺寸下，成本约为 1000 元；三是清理简单，只需要使用湿布擦拭表面灰尘即可，相比较而言，玻璃防护罩不可能完全密封，而且还容易进入灰尘，灰尘吸附在玻璃罩内壁上，会影响展示效果，清理难度也相对较大。

5.展示方法

在经过上述处理后，露天碑刻可以直接展示，冷裱膜的存在使碑刻对自然因素的抵抗能力得到了显著提升，在加强管理的情况下，可以最大限度地减少游客对于碑刻的触碰，而且轻微的触碰并不会导致冷裱膜的损坏。另外，在信息时代，露天碑刻类文物的展示也可以引入相应的信息化技术：一是可以通过图片展示的方式，从不同角度对碑刻进行拍照，整理后放在相应的网络平台或者旅游 App 上，使更多的人能够通过网络"看"到碑刻，更好地了解碑刻传递的文化，对其受众群体的范围进行拓展；二是可以进行三维建模，构建起露天碑刻类文物的三维模型可以采用基于图形的建模技术，完成建模工作后，可以以碑刻所处的环境为蓝本，构建虚拟场景，考虑到建筑模型的复杂性，技术人员可以先将其分成若干独立的模块，使用 3D MAX 等软件进行建模和贴图，然后导入到 VRMLPad 中进行编辑，就能够得到相应的建筑三维模型。

场景模型的构建需要依照相应的数据库组织原则，将所有的模型集成到一个场景中，形成完整的虚拟场景，划分好地面、建筑、道路以及辅助设施等，使游客能够借助相应的 VR 设备，访问虚拟场景，欣赏碑刻文物。总而言之，碑刻文物的展示方法可以根据实际情况选择，通过线上虚拟展示和线下真实展示相互结合的方式，能够进一步提升展示的效果，使更多的人能够了解碑刻文化。

第五节 当前文物保护的问题及对策

一、相关概念的界定

1.出土文物

指在历史长河中遗留下来的富有史学、文艺、科学艺术价值的遗物和古迹。是史学研究的直接体现，也是珍贵的精神宝藏。它是国家历史活的生命实体，对传承优秀传统文化具有重要意义。

2.价值标准

价值标准即人们评价事物的客观准则，而器物承载的历史人文信息和这些信息受众多寡，决定着器物价值。

3.器物的损坏

由于时过境迁，环境条件不断改变。纺织品和用纸的腐蚀、染尘、虫螨和霉变，建筑群木结构的腐蚀，石类器物的风化，彩色瓷器、壁画等的变色脱落，金类器物的有害腐蚀、金银器的变身；许多古文化遗存、革命文物保护旧址、古墓遗存、不能移动文物保护、可移动文物保护、新出土的珍贵文物，都遭遇污染和损毁。

4.文物保护

文物保护是对有重要史料价值、文化价值、科学研究价值的历史遗留物，进行的各种避免其遭受破坏的保护措施。

二、文物保护的价值和意义

（一）历史价值

文物的历史价值是指文物承载的历史信息的总称。器物仅从其史料价值上来说，便是一种历史信息的载体，因为随着时间累积并将已逝去时间变成了历史记录，信息量的历史积累也就越来越大。而我们探究器物价值，其实正是为了将器物中携带的历史信息发掘出来，将之记载、研究并公之于众，从而流芳百世。

文物也是当时中国社会文明的重要组成部分，反映了当时的社会经济、文化、政治、生活、战争等一系列情况，是对古代社会一角的生动反映。想知道远古社会的格局，我们会费尽心思找齐散佚的龟甲兽骨，一个字一个字地破译，这是甲骨文的保护和破译在背后做支撑；当我们想了解西周的史实，自然会到西周青铜器的铭文上探究一二，这是青铜器的修复和除锈提供的研究可能；当我们想了解古代的工艺，文物告诉我们那个时代的人们已经掌握了焚失法，对手工艺品的保护让我们得以知晓。我们看到文物古籍上的文字，我们会知道整个民族的历史走向，怎样走出丛林，组成社会，从"公天下"到"家天下"，开始一系列的朝代变迁，开始制造陶器，开始铸造铁器，开始贸易。古代的人们俱往矣，无法亲口走到我们身边诉说他们时代的人们怎样吃、怎样穿、他们时代的山海变迁、时代风云。人类记录的仪式感与习惯让他们把历史的答案无声地留在文物上，后世者不会被道听途说蒙蔽，掩埋在历史长河一角的真相也不会被历史烽烟的长久吹拂而变了颜色。

倘若文物保护工作做得不够，古籍散佚化为尘土，青铜器锈蚀无法辨认，纸张染尘，竹简虫蛀，瓷器破碎，雕像风化，彩绘剥落。我们的历史从何而来？我们的过去究竟是什么样的模样？过去的世界的人们是怎样的生活？这些一切都更加可能成为永远无法解答的谜题，人类文明也就只能"走一路、丢一路"了。这是文物的历史价值，也是文物保护工作的历史价值。保护历史、呈现历史、传承历史。文物保护工作使悬而未决的历史问题得以解决，使曲解历史的企图得以粉碎，使这个时代更加和谐。

（二）艺术价值

由于艺术的多重性，在风格流派、风尚潮流、文化冲击等流变过程中，它不仅仅是包含着艺术制作初期人类的审美乐趣，还涉及了现代性对艺术本质的分析、探究与理解。而对美学认知的评判除了艺术流派的变化，更多的是对画家美学素质的表现。

所以，根据中国历史局限性，近代人往往会不自觉地用现代的审美看待器物从而形成新时期的审美艺术性，以及与现代艺术门类的相关性，其中也有同历史价值一样的有限因素。这是文物的艺术价值，甚至可以说是思想价值，从文物可以看出不同时代的审美风格和走向。无论建筑艺术还是壁画、彩塑等，都表现了人们在各个时期对真善美的讴歌，以及对假丑恶的鞭笞。比较多的文化古迹景点是寺院道观，以及很多有佛教含义的文明遗存，包括皇室的天坛、地坛，以及民俗的土地庙、城隍庙等。

所有的这些遗存，加上形形色色的祈福呈祥的器具，折射出的是人类的信仰情感与精神寄托。对文物的保护和修复有利于恢复文物的原貌。当文物本来的样子呈现在研究者面前，此时文物的相貌也就更接近文物产生年代的真实审美、主流审美。历经朝代变迁，人类留存下来的文物都是精品，它的精美程度，在当时的年代也就更容易成为艺术品。

以上是文物保护和修复对文物艺术价值的挖掘和发扬。

（三）科学价值

文物的科学研究价值，主要包含了知识、科学、技术等内容。历史古迹和遗物或者不能移动器物或者可以移动器物，从不同的视角和侧面表现了在那个时期社会的科技水平和生产关系，也反映了那个时期的社会政治、经济、文化等情况。根据唯物史观看，所有劳动者提供的东西，都受当时社会生产力水平的制约，超出当时社会科学技术水准的商品都是制造不出的[1]。

例如，世界各地人工炼铁的时间不一致，早晚差距较大。中国已发掘早期的铁器是西周晚期，在中国河南省三门峡市上村岭的西周晚期虢国君主虢季墓中，出现了一个玉柄铁剑和一个铜内铁援戈。玉柄铁剑"剑身是用块炼渗碳钢制造而成的"，铜内铁援戈的"铁质试样经检测为人工块铸铁成品"。"这是目前所知，并经过现代科学技术检验确认的中国人冶铁的第一个例子。"春秋时代的铁器，大多出现在今天湖南长沙地带。战国中期以后，发掘早期的铁器已遍布当时秦、齐、楚、燕、韩、赵、魏7国地方，在当时各个方面均有铁器的使用，在当时农耕和手工业生产中早期铁器的使用就已占有重要地位，燕楚双方的武器基本上以铁制兵器为主。

中国古代的科技，很大一部分体现在文物制作工艺上，这个时代没有这个技术，是做不出来这个东西的。从上述的例子来看，铁制文物的保留，反映了炼铁技术的发展。这背后就归功于文物保护工作对文物的最大程度呵护。这样的工作对于过往科学发展史的研究有重大意义。

三、当前文物保护存在的问题

（一）态度意识问题

出土文物保护工作的社会气氛并不浓厚，群众普遍对出土文物保护工作的理解有一定偏离，觉得出土文物保护工作是主管部门的事情，与己无关。文物保护的意识淡漠，积极能动性较差，所以在农田水利基本建设等过程中出现部分古迹、坟墓没有保存的迹象，而且发现出土文物隐匿不报的迹象。

（二）自然或人为破坏问题

植被差，水土流失严重等对文物产生一定的损害。离村落或县城较近的遗迹和墓地，在人类生产生活中多被蚕食，部分遗迹和墓地附近还建筑了房屋和畜圈，严重损害了周围环境，造成遗迹和墓穴的地表标志全部消失，甚至损毁了文物本身。盗掘等违法活动导致了古遗迹、基地葬损毁问题：虽然由于市场经济的发达，人们对文物保护的价值有了全新的理解，但还是有一些不法分子为了牟取暴利，大量盗掘古遗迹、墓地葬，并非法购买大量出土文物。在人烟稀疏的地方古遗迹，墓地葬，很多有盗坑，以及盗坑的遗迹。

（三）文物保护经费投入不足问题

近年来，尽管各级财政部门每年都依法支出了必要的文物保护修复专项经费，但由于第三次全省文物普查，不能移动文物总量急剧上升，使得各级财政投入的文物保护经费远远不能满足需求。

（四）文保专门人才相对缺乏问题

在当前的文物保护工作过程中，仍然面临着相对缺少专业人才的问题，在选择文物人员的过程中，未积极选择高素质的专业人才。这也使得许多不具有文物素养的人才，通过采取不合理的方式和手段流人，无法适应当前文物管理工作。

（五）文物保护措施不完善问题

由于国民经济高速发展，社会生活不断进步，文物保护管理办法不断创新。但当前文物管理措施中仍然存在一些漏洞，如保存环境不合格，通风防潮等管理技术上出现了一些问题，对藏品的陈列收藏范围未能准确实施分类，防火技术手段并不先进等，对文物管理工作带来威胁。

四、加强文物保护的措施建议

1.增强文物保护意识

解决了当前在文物保护工作中出现的问题，也需要增强地方政府部门以及工作人员对文物保护的意识。首先，政府要加强对文物保护工作的宣传，进一步增强地方政府部门和基层民众对文物保护工作的关注。人民政府要做好对文物工作规划，确定好目标和方向，改变以往重视文物经济价值的观点和思维，要认识到文物保护工作的重要。其次，要加大对田野文物的重点保护，主要原因是田野文物很易遭受自然灾害，以碑刻遗址为例，这些文物很易遭到不法分子的偷盗和损毁。

2.协同多方力量

政府必须促进社会各界的主动配合，提高认识水平，对文物保护工作能积极协调，从而避免人们仅仅为了谋求经济利益而忽视了文物保护。

3.完善规章制度

有效处理文物保护工作中出现的问题，需要政府部门不断完善有关文物保护的规定，逐步形成健全的保护管理制度，管理者依照制度工作。根据管理制度，对文物保护实行分门别类、建档和入库管理，同时，要有专门工作人员加以监管，从而促使文物保护工作得以规范有序。另外，还要针对文物保护建立管理制度。

4.拓宽资金筹措渠道

首先，当地人民政府必须在国民经济和社会发展总体规划中列入出土文物保护事业支出，保证支出与国民经济发展的速度保持一致，并由各地年初的财政预算并入。然后，引导民众捐款捐物。当前，地方各级人民政府尽管每年都会在文物保护工作中投入大量的资金，但仍然无法使地方出土文物保存，不少已被严重损毁的地方文物保护单位和文物点，由于缺少资金投入没有修复。有些当地民众经常会积极请愿修缮这些文物保护单位，能够把他们积极性充分调动，并进行引导，从而扩大集资途径，按照国家有关规定对古迹建筑加以维护。再次，政府建立文物保护基金，引导群众进行捐赠。最后，政府专款专用，保证一切费用可以充分利用，"保存为先，救助首位"。

5.提高文物保护工作人员素质

文物管理与保护任务终究还是由员工承担，所以，对员工入职条件的规定，必须以文物情况和新：技术为依据，以使他们通过不断学习，紧随时代发展，增强社会服务意识。在现代科技高速发展的大背景下，文物管理与保护工作必须注重对科学技术的运用，要及时形成专门的团队对人员加以培训。由于文物管理工作动态变化，所以必须定时对员工进行专业技能训练，进行业绩考评，考核通过的员工方可投身文物事业。采用这个方法能够全面提高员工的工作积极性，在文物保护氛围中不断学习、不断提高，进而为弘扬中华民族精神做出贡献。

文物的保护与修复工作，对于历史、美学、自然科学等领域的认识与研究都有重大社会价值。对于历史，文物保护技术有利于反映当时的经济、文化、政治战争等一系列情况，价值在于保护历史、呈现历史、传承历史。利用宣传，转变人们对文物的态度，让人们能够触摸文物中蕴含的信息，将文物蕴含的背景文化意义展示出来，引领更多的社会力量参与文物修复与保护工作。

第五章 文物保护修复实践研究

保护文化遗产便是在维护中华民族得以生存发展的内在根基，针对传承与发扬优秀传统文化、提高民族自豪感与团结力方面有着重要而长远的作用。物质文化遗产中蕴含着中华民族的价值理念与审美观念，是民族深远历史的体现，是文化延续与继承的基础与载体。其中，文物是物质文化遗产的关键部分之一，对其进行全面的保护与修复是十分有必要的，而保护与修复最关键的方式是人为干预途径。那么，本章就结合理论与实践对文物保护修复展开研究。

第一节 汉阙画像艺术及保护研究

汉阙是地表上我们已知还能看见的汉代建筑遗存。根据以往资料和近年的考古发掘，目前，在全国范围内只有山东、河南，四川、重庆、北京和甘肃 6 省市发现有少量的汉阙实物，共计 37 处。在这 37 处汉阙中，有 19 处还保存在原址上，其余或未出土发掘，或因种种原因不在原址，已迁移新的地方。这些汉阙是我们了解汉代社会、文化、建筑、艺术，民俗等的一扇窗口，有着极高的历史价值、艺术价值和文化价值，具有不可替代性。

据文献记载，阙最早建于春秋时期，《古今注·都邑》注曰：阙，观也。古每门竖两观于其前，所以标表宫门也。其上可居，登之则可远观，故谓之观。人臣将朝至此则思其所网多少，故谓之阙。这段话说明阙当时主要置于宫殿、寺庙、城门前，它既是宫殿的象征，又是公布政令和依托远眺，以利防御的地方。

阙，一般以石、砖、土、木建造，到了汉代有较大的发展。从众多汉画像石、画像砖中可以看到，其形式既有单阙，又有双阙；既有双重檐的，也有三重檐的。当时不仅宫殿、寺庙、城门前有阙，贵族官僚的府宅前也都有阙。阙的层数越多、越高，就表明主人的身份或地位越高，比主人地位低者来到阙前，须下车、下马以示敬意。

除自身的建筑构造形式美之外，依附在汉阙上的画像雕刻艺术，是其重要的历史文化与艺术信息载体，也是我们研究汉阙的重点之一。现存的汉阙中，土阙、木阙因风化原因，除极个别土阙以外，较为完整的工阙、木阙已基本无存，难窥当初其上是否绘有画像。只有石材垒筑的汉阙，因材质坚硬，还保有部分画像。

汉阙画像内容丰富，题材广泛，形式多样，是继汉画像砖、画像石棺之后的第三大汉画像。

一、汉阙的建筑形式及雕刻技法

汉阙的建筑结构，一般由阙基、阙身、阙楼和阙顶4个部分组成。南方的阙与北方的阙在建筑形式上有所区别。南方因多雨潮湿，树木茂密，其阙体现了木结构的建筑风格，特别是阙的楼部表现得尤为突出，梁、枋、椽、斗栱、瓦垄等木结构上能见到的中国传统木建筑构件大多都能在其中找到，而且阙顶的造型也呈坡面屋脊状，出檐较大，盖住阙身，以利多雨地区的雨水冲刷。其绝大部分画像纹饰雕刻在楼部上。而以山东、河南为代表的北方汉阙，以砖石墙体垒筑形式为主，以仿土木结构或仿砖木结构为建筑特色，装饰较为朴实，结构也较为简洁。其画像纹饰主要雕刻在阙身部位，楼部及阙顶只是简单地装饰一下，略显呆板，没有以四川，重庆为代表的南方汉阙的楼部内容丰富，表现多样、活泼。

阙的雕刻技法主要包括浅浮雕、高浮雕、圆雕、阴线刻、阳线刻等，几乎涵盖了石材雕刻上的所有技法。四川、河南、北京、重庆等地的汉阙多采用浅浮雕、深浮雕和圆雕。山东的汉阙采用阴线刻、阳面雕刻技法的较多。在画面处理上，汉阙画像善于利用阙顶、阙盖、介石、阙身、阙座等部位分层、分格构图，把天上人间、神灵异兽、民俗民风等包罗万象的众多事物，有条不紊地展现出来，构图具有复杂、层次分明、饱满均衡、细致绵密的特点。

装饰纹样有绳纹、菱形纹、波浪纹、圆圈纹等几何纹和植物花卉纹。

汉阙上的铭文多为阴刻，偶尔有采用阳刻的。铭文多刻在阙身正面，也有刻在阙身侧面的，还有刻在枋上的。其书体以隶书为主。隶书到了东汉逐渐成熟并定型化，但汉阙上的书体或隶，或篆，或楷隶，或草隶，或兼而有之，其书法艺术或雄浑古朴，或柔美纤劲，实为汉代书法艺术之缩影。汉阙的画像内容汉阙画像内容反映的历史文化内涵异常丰富，这些画像艺术按照表现的内容主要分为：神话传说、神灵异兽、历史故事、社会生活及装饰纹样五大类。

（一）神话传说

这类题材在汉阙画像里占有重要地位，内容异常丰富，选用的题材在汉画像石、画像砖上都能找到，像西王母、日月神、仙鹿、龙、虎、朱雀、九尾狐、三足乌等各种仙人、神怪，以及奇禽异兽、天人感应等祥瑞均有。如四川芦山樊敏阙、绵阳杨氏阙等所刻的神山，应是西王母的居所。《山海经·大荒西经》中云："西海之南，流沙之滨，赤水之后，黑水之前，有大山，名曰昆仑之丘。有神……名曰西王母"。汉阙上所刻西王母皆坐在龙虎座上。雅安高颐阙和渠县诸阙还雕有西王母身边的九尾狐、三足鸟。《山海经·大荒东经》云：青丘之国，有狐、九尾。

河南启母阙刻有一龙躯神人和日轮的画面，应是"日御羲和"的故事。古代太阳的别名甚多。徐坚《初学记》引《广雅》云："日名耀灵，一名朱明，一名东君，一名大明，亦名阳鸟，日御曰羲和。"羲和即太阳的母亲，《山海经·大荒南经》曰："东南海之外，甘水之间，有羲和之国。有女子名曰羲和，方浴日于甘渊。羲和者，帝俊之妻，生十日。"郭璞注曰："羲和能生日也，故日为羲和之子，尧因是主牺和宫，以主四时。"由此看来，羲和不仅是太阳的母亲，而且在尧的时候还曾是管天象历数的官。帝俊为古代中国东方殷民族所奉祭，即卜辞中常见的高祖夒。

月宫中的玉兔捣药也是神话传说之一，《初学记》卷一引《灵宪》云："月者，阴精而成兽，象兔蛤焉。"汉乐府诗中也有"采取神药山之端，白兔捣成虾蟆丸"的句子。

汉阙上刻画有白兔捣药的图像证明，至迟东汉时的人们已经有此看法。古籍中蟾蜍出现较早，玉兔出现较晚。据闻一多先生在《天问释天》一文中说："考月中阴影，古者传说不一。《天问》而外先秦之说足征焉。其在两汉，则言蟾蜍者莫早于《淮南》，两言蟾蜍与兔者莫早于刘向，单言兔者莫早于诸纬书。"四川渠县蒲家湾阙、赵家村阙、德阳司马孟台阙等刻画有蟾蜍、玉兔等形象，河南的启母阙和少室阙上的月宫画像，也雕有蟾蜍和玉兔捣药的画像。汉代人认为月中的蟾蜍就是姮娥的化身，《淮南子·览冥训》云："羿请不死之药于西王母，恒娥窃以奔月，怅然有丧，无以续之。"姮（恒）娥是中国古代东夷民族传说中以善射闻名的羿的妻子，羿曾上射十日、下杀猰貐，为民除害。

因汉文帝名恒，为避其讳改姮（恒）为嫦，故姮（恒）娥即嫦娥。河南少室阙刻有二鸟并立，各有一翼的画像，这可能是传说中的比翼鸟。《史记·封禅书》："东海致比目之鱼，西海致比翼之鸟。"《集解》韦昭曰："各有一翼，不比不飞，其名曰鹣鹣。"司马贞《史记索隐》案："《山海经》云：崇吾之山有鸟，状如凫，一翼一目，相得乃飞，名曰蛮。"此外，河南泰室阙在显著的位置刻有一巨鳖，阙上还有两幅画像刻的是一似人似鳖的动物，这可能就是夏禹的父亲鲧的神像，也即夏民族的图腾之一。鲧是虞时的治水官，属于整图腾的氏族的一位酋长。阙上刻鲧的神像，应是远古图腾信仰习俗的反映。启母阙还雕刻有一似人似熊、体态肥胖的灵兽的画像，其周身用弧形线条表现，旁边两人注目观看，显示出惊诧的表情，这应是对夏禹化熊的神话传说的呈现。

（二）神灵异兽

　　常见的神灵异兽有青龙、白虎、朱雀、玄武等四灵。四灵的形象在汉画像中出现的频率比较高，汉画像砖、画像石出现得也比较多。四灵的形象大多雕刻在汉阙的阙身上，如四川渠县赵家村东无铭阙阙身正面刻一朱雀。朱雀为祥瑞之鸟，又称神鸟。《梦溪笔谈》卷七："四方取象，苍龙、白虎、朱雀、龟蛇。唯朱雀莫知何物，但谓鸟而朱者，羽族赤而翔上，集必附木，此火之象也。或谓之长离……或云，鸟即凤也。"《楚辞·惜誓》："飞朱鸟使先驱兮。"王逸注："朱雀神鸟，为我先导。"在重庆三峡博物馆大厅内存放的乌杨阙左阙阙身右侧雕青龙，右阙阙身左侧雕一白虎，雄健有力。青龙是代表东方的灵兽，而白虎为代表西方的灵兽，朱雀代表南方，玄武代表北方，其共同组成代表四方的四灵。此外，渠县蒲家湾阙、沈府君阙、盘溪无铭阙等均雕刻有四灵的形象。

　　除四灵之外，其他神灵异兽也是汉阙多有表现的内容，如四川渠县蒲家湾阙、沈府君阙，雅安高颐阙等，在汉阙的楼部介石上，用平面线刻或浅浮雕的技法，以连环画式的长卷叙述表现形式，雕刻有西王母、各类人物形象、珍禽异兽等图案。这些图案由于漫漶不清或难以释读，统称为"神灵异兽"。

　　另外，汉阙上表现祥瑞的动物也比较多，如四川芦山樊敏阙，河南启母阙、少室阙等雕有大象的形象，四川夹江杨公阙、绵阳杨氏阙，以及河南的启母阙、少室阙等，雕有龙虎腾挪、奔跑的画面，而仙鹿、翼马、兔子、吉羊等也是被刻画的对象。

（三）历史传说

　　这类题材主要表现古代帝王、圣贤、忠臣、孝子等内容，如"荆轲刺秦""高祖斩蛇""董永侍父""郭巨埋儿""季扎挂剑""师旷鼓琴""周公辅成王""椎秦博浪沙"等历史故事。

　　山东嘉祥武氏祠阙和四川渠县王家坪无铭阙背面第一层上雕有"荆轲刺秦"的画像：荆轲的匕首掷中宫柱，秦王割袖惊慌而逃，怒发直竖的荆轲被武士拦腰抱住，旁边的秦舞阳被吓得五体伏地，与临危不惧的荆轲形成鲜明的对照。

　　《史记·高祖本纪》载："高祖以亭长为县送徒骊山，徒多道亡。自度比至皆亡之，至丰西泽中，止饮，夜乃解纵所送徒。曰：'公等皆去，吾亦从此逝矣！'徒中壮士愿从者十余人。高祖被酒，夜径泽中，令一人行前。行前者还报曰：'前有大蛇当径，愿还。'高祖醉，曰：'壮士行，何畏！'

乃前，拔剑击斩蛇。蛇遂分为两，径开。行数里，醉，因卧。"描述这一故事的画像就雕刻在雅安高颐右阙的主阙南面横额下：一戴帻披甲、留有八字胡须者，右手枕头，左手握剑，侧卧于地作酣睡状，右肘前有一断蛇盘旋，脚前弃一耳杯。这就是"高祖斩蛇"的历史故事。

雅安高颐阙还雕有"师旷鼓琴"的画像。师旷，晋平公乐师。《淮南子·览冥训》："昔者师旷奏《白雪》之音，而神物为之下降，风雨暴至，平公癃病，晋园赤地。"明董斯张《广博物志》卷三四引《瑞应阁》云："师旷鼓琴，通于神明，玉羊白鹊，翱翔坠投。"这就是所谓的"神物下降"。画像雕刻的是二人戴冠相对坐于榻上，一人双手置于竖琴之上作弹奏状，一人左手抚于右膝，右手举袖挥泪。二人中间放置一豆形器，内盛一勺。天上有两只展翅向下飞翔的鸟，鼓琴者南边有一对并排站立的类似猿猴的兽，北面斗棋下有两头羊面向南站立于一旁。

汉阙上所刻的历史故事，亦属彰德的范畴，其目的是"成人伦、助教化"。四川渠县蒲家湾无铭阙上的"董永侍父"、河南登封启母阙上的"郭巨埋儿"、雅安高颐阙上的"椎秦博浪沙"等，都在传播中国传统文化中的忠孝观和儒家思想。

（四）社会生活

这一部分内容在汉阙画像里表现得比较丰富，其内容既有仕宦、贵族生活日常的"车马出行""车骑出行"，也有献礼、献俘、乐舞百戏、杂技等。其目的在于炫耀墓主人生前的权势威仪、社会地位和描绘他享乐的幸福生活。

雅安高颐阙"车从"画像中，后面为一乘二马车，前面有八人；河南登封泰室阙的"车骑出行"画像中，前面刻一匹马拉着辂车，华盖下主人穿着斜襟长衣，拱手而坐；驭手坐于车前拉着缰绳，后面一人骑马跟随，应是主人的侍从。四川绵阳杨氏阙"骑从"画像所画为两骑前行，后有驺卒两行八人，手执斧钺作疾走状。上述这些场面充分反映了汉代贵族驾车游玩的悠闲生活，也显示了封建贵族的权势和威仪。画像中的"骑从""车从"的人数，符合《后汉书·舆服志》记载的"璩驾车前伍伯、公八人，中二千石，二千石、六百石皆四人，自四百石以下至二百石皆二人"的制度，反映出其主人的身份。

马戏是汉代杂技的一个突出内容，如《盐铁论》说："马戏斗虎。"《三国志·甄皇后传》注："年八岁，外有立骑马戏者，家人诸姊皆上阁观之，后独不行。"河南登封少室阙上刻有一幅马戏画像，雕两匹四蹄腾空奔驰的骏马，前一匹马鞍上有一挽双丫髻的少女，穿紧身衣裤，作反弓倒立状。后面一匹马上有一女好，长袖舒展，随风向后飘扬。长袖的飘动和人体的自然后倾，刻画出马跑得飞快的样子，同时也使我们感到汉代马戏的惊险和艺者技艺的高超。登封启母阙上有一幅幻术画像，刻一人袒胸，双手抱一长颈瓶，仰面向上喷火，这可能是由西域传入中原的口中喷火术。山东莒南孙氏阙第三栏内，左侧两人前后盘坐，前下方有一琴，在前者似作鼓琴状，在后者似在打击乐器，右侧跪一人扬袖而舞；第四栏内，右两男，左两女，各跪立对揖。

　　中国是足球的故乡。踢足球，古代叫"蹴鞠"或"蹋鞠"，蹴就是踢，鞠就是球。刘向《别录》："蹴鞠者，传言黄帝所作，或曰起战国时。"《汉书·枚乘传》："蹴鞠刻镂。"颜师古注："蹴，足蹴之业；鞠，以韦为之，中实以物；蹴鞠为戏乐也。"《战国策·齐策》中说："临淄甚富而实，其民无不吹竽鼓……蹹（踢）鞠者。"可见战国时期"蹴鞠"这种运动已经在齐国流行了。到了汉代蹴鞠运动更加普遍，汉高祖刘邦的父亲就很爱蹴鞠。《西京杂记》载："成帝好蹴鞠，群臣以蹴鞠为劳体。"汉武帝以及卫青、霍去病还把蹴鞠作为军事体育运动的一个项目。古代的鞠是用熟皮子作壳，里面填塞羊毛，所以，有把它叫"毛丸"的。至于球里用胆充气的方法，则在唐代才开始出现这种球，被叫作"气球"。河南登封少室阙和启母阙都有蹴鞠的画像。如登封少室阙的蹴鞠画像中，刻一个头挽高髻的女子，细腰，穿长袖舞衣，舞袖轻盈地向后飘扬，双足跳起，正在踢球。其两边各刻一人，一人穿长衫坐在凳上手拿鼓桴击鼓，一人跪坐着伴奏。

（五）装饰纹样

　　作为汉阙画像的有益补充，汉阙中装饰性的图案主要有菱形纹、圆圈纹、方框纹、十字纹等几何纹，以及绳纹、水波纹、圆点纹及植物花卉纹等。这类纹饰在汉阙上一般不以主图的形式出现，而是对主图进行烘托，或对上下图案进行连接、转换、分隔等，主要起承上启下、装饰过渡的作用。

　　重庆的乌杨阙在楼部的介石，上用菱形、八边形、方格等几何图案进行装饰。四川渠县冯焕阙也雕刻有菱形纹饰。河南少室阙、泰室阙、正阳阙等用圆圈纹进行装饰，这些圆圈纹都上下对称并整齐排列。

　　四川渠县蒲家湾无铭阙上雕有花草状的"嘉禾"图，在斗棋下的狭小空间里，它起到了点缀的作用。

二、汉阙的画像艺术

　　汉阙是一种集建筑艺术、雕刻艺术，书法艺术等为一体的建筑，是汉阙研究的主要内容和重点之一。

从建筑的角度来看，汉阙是我们现今除了汉代长城遗址还能见到的汉代地面建筑物实体，其从一个侧面反映了汉代的建筑风格和建筑思想。除甘肃瓜州的土坯阙因由泥草所建，未见铭文雕刻（或书写的铭文已剥落无考）及纹饰雕刻以外，其他的石阙都有纹饰雕刻或铭文雕刻。

如前所述，汉阙一般由阙基、阙身、阙楼和阙顶4部分组成。南方阙多表现出木结构的建筑风格，梁、枋、椽、斗棋、瓦垅等木结构大多都能在阙的楼部找到。而北方汉阙多以墙体垒筑形式为主，其纹饰主要雕刻在阙身部位，楼部及阙顶只是简单地装饰一下。

说到中国建筑的传统形式，必说斗棋，其是中国传统建筑特有的建筑构件。斗棋是在方形坐斗上用若干方形小斗与若干弓形的棋层叠装配而成的，具有结构性和装饰性的双重作用。汉阙中斗棋的基本形制为一斗两升，即棋上有两个散斗，如四川雅安高颐阙，绵阳杨氏阙，重庆忠县丁房阙、干井沟阙等；也有一斗三升的，如山东平邑的功曹阙和皇圣卿阙。斗下是否置皿板，各地并不一致，目前只发现四川雅安高颐右阙有皿板。棋端的卷杀也不止一种，四川汉阙中有用复杂曲线构成"一形"和"P形"的，最为特殊。由于中国封建社会实行等级制度，只有宫殿、寺庙及其高级建筑才被允许在柱上和内外格的枋上安装斗棋。从这个意义上说，这些保存下来的有"斗棋"的汉阙，至少也属于"高级"建筑。

枋和椽也是大多数汉阙上不可缺少的物件。枋一般呈纵、横叠压排列，以方形为主，也有长方形的，主要见于楼层或平座，散斗上也施枋，上承椽。枋头一般为素面，不作雕饰，但四川雅安高颐右阙枋头上雕刻有铭文。汉阙中的椽基本为圆形，椽头断面无装饰。椽的出檐部分有时会被砍削，有的椽肚会被砍削成前细后粗、椽头上翘状，呈飞椽式样。

汉阙画像在构图方面，充分运用了对立统一的艺术法则，在有限的空间中雕刻出了多样的画像。

这些画像。既变化多样，又有机统一，张弛有度，绝无呆板乏味之感。同时画像构图还十分注意疏密有序的艺术规律。由于南北差异，画像在构图的表现方式上：也有所不同。四川、重庆为代表的南方汉阙画像，在构图方面主要以疏为特征，而以山东、河南为代表的北方汉阙画像，在构图上以密为主要特征。而在人物、动物等的造型方面，无论是浮雕还是线描刻画，皆不拘泥于形似的雕饰，注重于神韵的传达，达到了"以形写神，形神兼备"的艺术境地。

留存于世的汉阙虽然寥寥可数，但其上的画像所反映的内容包罗万象，所运用的艺术表现手法极其丰富，是集建筑、雕刻、绘画、书法等为一体的综合性艺术，是对艺术的直观反映，对我们研究汉代的社会，历史、文化、艺术、民俗、民风等，有着不可替代的作用。由于汉阙分布较散，大多数汉阙的保存地交通不便，且其风化程度不断加剧，因而很多汉阙画像难得一见，实物资料弥足珍贵。因此，汉阙画像艺术还有待进一步的深入研究。

三、汉阙的分类及建筑材料

按照汉阙的使用功能划分，汉阙大致可以划分为城阙、宫阙、宅第阙、祠庙阙和墓阙5大类。

从现存汉阙所用的建造材料来看，建造汉阙的材料可分为石材和人工夯筑土坯两大类。用石材建造的阙，我们称之为石阙，而用人工夯筑土坯建造的阙，我们称之为土坯阙或土阙。目前发现的保存相对完整的石阙有36处。至于土阙，目前除甘肃还有部分土阙保存相对完整以外，其他地方的土阙，如陕西等地的土阙，由于历经两千年的风雨冲刷，风化非常严重，已经漫漶不清，成为土堆，一般人难以区分辨认。

通过上表可以看出，现存的汉阙绝大部分为石阙。因地域关系，各地石阙所选的石料有所不同。以山东、河南为代表的北方地区，其建造汉阙的石材，主要为当地出产的一种质地较为细腻坚硬的青石类石材。而以四川、重庆为代表的南方地区，以当地出产的一种砂岩石材雕刻汉阙。甘肃、陕西等西北地区的汉阙，选用的是一种当地普遍使用的建筑材料—人工夯筑土或土坯砖。这些用不同材质建造的汉阙，反映了先祖们在建筑用料上不拘一格、就地取材的思想。

青石是一种很好的雕刻及建筑用材，质地较为细密、坚硬，吸水率不高，不易风化，也是比较难雕刻的材料。而四川、重庆地区出产的砂岩，是一种沉积岩，其中粒度为0.0625~2mm的砂占全部碎屑颗粒的50%以上。砂岩由碎屑和填隙物两部分构成。碎屑除石英、长石外还有白云母、重矿物、岩屑等。填隙物包括胶结物和碎屑杂基两种组分。常见的胶结物有硅质和碳酸盐质胶结；杂基成分主要指与碎屑同时沉积的更细的黏土或粉砂质物。填隙物的成分和结构反映了砂岩形成的地质构造环境和物理化学条件。砂岩按其沉积环境可划分为石英砂岩、长石砂岩和岩屑砂岩三大类。

四川砂岩颗粒细腻，质地较软，非常适合用作建筑装饰用材，特别是用作雕刻用石。它同时具有吸水性强、易风化的缺点，保存难度较大。

土坯砖是一种用泥与谷草、芦苇等混合后夯实而成且没有经过烧制的黏土砖。这种砖遇水极易坍塌，但其材料相对好开采也易建造，因此比较适合在西北这种少雨干旱的环境中使用。为避免雨水冲刷，在土阙的建筑构造上，阙顶采用了斜面坡的构造形式，坡面铺设芦苇便于雨水流淌。在阙身的每层土坯砖之间，芦苇等草料有规律地横竖铺设其中，外墙还涂有腻子。这些手段既起到加固构造、美化造型的作用，也起到对少量飘洒到阙身上的雨水尽快分流的作用。

四、汉阙的保存现状

汉阙是不可移动的文物，现存37处汉阙中，有一部分在发掘出土后被搬运回库房保存或展厅展出，如重庆万州武陵阙、忠县乌杨阙，四川成都汉阙刻石、西昌无铭阙、芦山无铭阙、昭觉阙残石、北京秦君阙，山东莒南孙氏阙、泰安师旷墓阙等。还有部分汉阙因特定历史背景而采取了异地挪动保护，如山东平邑功曹阙、皇圣卿阙，四川梓潼杨公阙、贾氏阙等。其余的基本上都在原址保存。

从保存的实际情况来看，首先，在展厅、库房里保存的汉阙，由于保管的条件较好，日常维护也跟得，上，所以风化侵蚀程度明显减弱，基本不见人为破坏。如上述重庆万州武陵阙和忠县乌杨阙、四川芦山无铭阙、北京秦君阙、山东莒南孙氏阙等，存放在博物馆室内展厅展出，展出前又经过保护处理，表面已看不见泥土、灰尘，风化侵蚀基本停止，保持了搬运进来时的基本模样。

对部分未在展厅展出的汉阙，为了更好地加以保护，人们修建了专门的房屋、亭榭来保存，如山东嘉祥县的武氏祠双阙、功曹阙和皇圣卿阙，河南中岳三阙、启母阙，四川德阳司马孟台阙和梓潼的李业阙、无铭阙，重庆盘溪无铭阙等。由于有建筑物遮挡了部分风雨和阳光，这类汉阙虽不如展厅里的汉阙被维护得那样好，但保存情况相对来说还是比较好的。

保存状况堪忧的主要是裸露在室外，甚至处于荒郊野外的这一部分汉阙。这些阙常年经受着风吹、日晒、雨淋，风化程度非常严重。特别是土阙，除甘肃瓜州踏实阙保存得较为完整外，陕西地区的土阙，如汉景帝阳陵南门阙基本已风化坍塌成了土堆。而四川、重庆地区的汉阙，由于是用砂岩建造，且大多都裸露在室外，加之这一地区雨水偏多，有的表面灰尘弥漫、蛛网密布，有的长满青苔杂草。还有部分汉阙，因四川地区潮湿多雨，常年被浸泡在水里，周围杂草丛生，石材表面破落，且有加重之势。

五、汉阙的主要病害特征

文物是有生命的，其从"诞生"之日起，就开始走向衰亡，石材文物也不例外。石材因其质地坚硬、物理性质稳定，具有不怕火、不怕水（相比其他材料而言）、储量丰富、易开采等特点，很适合作为建筑用材和雕刻用料。但任何材料的形状都不是绝对一成不变的，它们都会因外界的各种变化而改变。虽然不同质地的石材的风化程度、快慢不一样，但它们终究也会被外界各种自然因素所侵蚀，只不过经历的时间长短不同而已。

在建筑石材家族里，花岗岩应是质地最为坚硬，最难开采和雕刻的石材，其硬度一般在4~7，最高能达到7。青石（大理石）比花岗岩的硬度要小，其硬度一般在3~5，最高也能到达5。砂岩不论是在质地细密度，还是在硬度方面都要弱于，上述两种石材，其硬度在2左右。

由于石材是一种会呼吸的多孔材料，因此它很容易吸收水分及溶解在水中的污染物。若吸收了过多的水分及污染物，石材不可避免地会产生各种病变，如崩裂、风化、脱落、浮起、吐黄、水斑、锈斑、白华、雾面等。

通过对37处汉阙保存现状进行统计、调查，可以发现现存的汉阙主要存在以下几种类型的病害。

（一）表面风化、酥粉

这类病害在现存的汉阙上基本都有表现，在南方的汉阙上比较突出，如四川夹江的杨公阙、甘肃的瓜州阙等，阙身风蚀现象非常明显，加之其他病害的共同作用，风化、酥粉严重。此外，保存环境周期性的温湿度变化，融冻作用及水盐活动等因素，还会导致石质汉阙文物表面的酥粉和表层片状剥落。

（二）裂隙、空鼓

裂隙是石质汉阙在病害较为严重时期所呈现的病象，其实质就是石质汉阙内部各种病害、侵蚀的集中爆发。裂隙对砂岩汉阙的破坏是显而易见的，一般都会与风化、酥粉、泛盐等共生，对汉阙上的纹饰、铭文等造成毁灭性的破坏。裂隙有浅表性裂隙、机械性裂隙和原生性构造裂隙。浅表性裂隙也称风化裂隙，是自然风化、溶蚀现象所导致的沿石材内部纹理发展，呈里小外大的V字形裂纹。

机械性裂隙，也称应力裂隙，是外力扰动、地基沉降、受力不均等原因引起的裂纹，这种裂隙大多会深入到石材的内部，严重时会导致石材开裂。而原生性构造裂隙，是石材本身所带有的构造性的裂隙，产生这种裂隙的石材的表面很平整，没有缝隙。空鼓是石材表层分离鼓起而形成的空腔，其对汉阙的影响较大，特别是对有纹饰的地方，其会造成毁灭性的破坏。

（三）生物侵害

在潮湿地区，这类现象比较突出。如四川渠县、重庆忠县以及四川绵阳、芦山等地的汉阙，基本上都处于室外，由于环境湿度较大，有的汉阙长满了苔藓，部分阙顶还长了杂草树木。这些杂草树木，在生长过程中根系会牢牢吸附在岩石的表面，并顺着裂纹侵入发展。由于根系的存在，雨水及杂物会大量淤积在根部，随着植物的生长，根部不断扩张，逐渐将石材的缝隙涨开扩大，形成岩体破裂。而微生物及低等植物（苔藓、藻类、地衣等）在其生命过程中，会产生各种有机酸，对岩体形成溶解作用，加重对这些汉阙的破坏。

（四）表面泛盐（白华、雾面）

受保存环境的影响，盐以各种形式存在于汉阙的表面。没有经过脱盐处理的汉阙，一般都会有溶盐存在，当时间和条件积累到一定程度时，石材的表面就会出现"白华"现象。我们俗称的"白华"或"雾面"现象，其实就是岩体泛盐现象。该现象主要是这些岩石中盐的结晶与潮解反复运动所造成的，对石质汉阙的破坏很大。当岩体内的水分蒸发时，岩体内的盐分浓度就增大、增多，形成结晶盐，结晶盐对周围的岩体产生压力，形成裂隙；当盐结晶潮解变成盐溶液时，又渗入岩体内部，将渗入沿途的盐分溶解，产生新的裂隙，这一过程日复一日反复进行，使石质文物的裂隙不断扩大，强度不断降低。多余的盐分会富集在石材的表面，形成雾面。这类病害多出现在石质较为疏松的砂岩质汉阙上，这是由于砂岩的内部空隙较大，利于毛细水和可溶盐活动。如重庆盘溪阙、丁房阙等阙上，能看见比较明显的表面泛盐现象。

（五）断裂残缺

这类病害也称为机械性损伤，是指汉阙在漫长的岁月里，在沧桑岁月的磨砺下，因种种原因，包括人为有意无意的破坏，以及外力作用（如撞击、地震、地基下沉、受力不均）等因素的影响，而发生的石质文物断裂、残损现象。基本上所有现存的汉阙都有不同程度的残缺或缺损。

（六）表面污染与变色

在大气环境的影响下，尤其是对裸露在外的汉阙而言，大气中的粉尘，污染物和风化物的常年沉积，会导致其表面的污染和变色。雨水的常年冲刷形成的水锈结壳，人为的烟熏，涂鸦、刻画，金属物加固引起的变色，不当涂刷等，也是造成汉阙损坏的因素。

（七）不当修补

有些汉阙，在以往修复时，受技术等方面的因素制约，有的是人为添加了一些原本没有的部件，有的是只采用简单易得的材料做了黏接加固处理，如采用水泥修补黏接、石灰勾缝涂抹等。有的汉阙用高分子材料进行了修补，但修补的痕迹非常明显，没有进行必要的做旧处理，美观度不佳。

以上只列举了现存汉阙的一些主要病害实例，其病害机理，还需根据每个汉阙的具体情况进行分析、研究。

六、汉阙的保护研究

汉阙具有稀有性和珍贵性，其历史、文化、艺术价值非常高，不可替代。但受各种因素的制约，其保护的难度较大，鉴于部分汉阙的病害程度有加重之势，为了更好地保存汉阙，延长其使用寿命，应该本着对后人负责的态度，加强保护意识。

汉阙的保护主要分为本体的保护和保存环境的改造。

（一）汉阙本体的保护

由于汉阙主要是用石材垒砌雕刻而成的，因此，目前汉阙的保护主要是按照石质文物的保护技术进行处理。

针对已经出现各种病害的汉阙，应尽快对其本体进行保护处理，以阻止或延缓其进一步的风化、劣变。

首先应对汉阙其进行全面的病害检测、分析，根据检测结果，有针对性地制订最佳的保护修复方案。

石质文物本体的保护，主要有 3 个方面。第一是清洗。附着在石质文物上的灰尘、污垢、溶盐、苔藓、杂草，甚至以往的不当修复等，都对文物有不同程度的危害，都应当加以清洗和剔除，不但要清除附着在石质文物表面上的有害物，而且要进行脱盐处理。第二是加固。对出现裂隙、断裂、崩塌、酥粉、剥落等情况的石质文物，应采取成熟的石质文物加固技术进行处理，避免病害进一步发展。加固材料的选取，应有助于石质文物风化表层的疏松颗粒黏合成一个整体，以保持石质文物的原貌，不降低其价值。材料的强度及渗透性要好，在透水性、透气性、抗水性、抗老化性能等方面，也要达到要求。第三，做好封护。这是使石质文物能在保护处理后的较长时间里抵御外来侵蚀的有效措施。

以往对石材的防水、防污染处理，主要是在岩石表面打一层蜡。但蜡是一种不透气的密封剂，打完蜡后，虽然外界的水和湿气不能进入石材内部，但是石材内部及表层下面的湿气也不能散发出来，其积存在石材内部，会导致石材病变。如果多打几次蜡，石材颜色会加深，并且蜡易被污染，形成蜡垢，给以后的清洗带来麻烦，只有除掉旧蜡才能解决。现在，我们基本上已不采用打蜡的方式来封护石质文物，一般可以选用渗透性防护剂来加固文物和对其进行封护处理。

渗透性防护剂可分为溶剂性和水性两种，其防护原理是有效物质随溶剂深入石材内部，待溶剂自然挥发后，有效物质留在石材内部及表层，形成一道防护屏障，阻止外来的污染物渗入，防止石质文物内部及底层的污染物渗出，从而达到保持石质文物原有面貌、延长石质文物寿命的目的。溶剂性防护剂的溶剂有很强的挥发性，易燃，气味刺鼻，并带有一定毒性，因此施工时要保持通风良好；而水性防护剂是一种环保型防护剂，无色、无毒、无味，不可燃，对环境没有危害。

任何一种渗透性防护剂都不能在石质文物的表面形成防护层，因此，对较软的石质文物表面，可采用一种不含蜡质的表面性保护剂进行处理。这是一种可"呼吸"的保护剂，能使石质文物得到有效保护。

修复是汉阙文物保护的最后手段，也是对汉阙文物保护的有益补充，它不但能起到加固、支撑汉阙的作用，而且能较完整地恢复以及更好地向世人展示汉阙原有的风貌。但修复技术、修复材料以及施工人员的选择都要慎重，应以最少干预、修旧如旧、安全可靠为原则，避免对汉阙造成新的损伤或埋下新的隐患。

所有的化学药剂都有其局限性，这一局限性会随着时间的推移显现出来，虽然两害相较取其轻，但在实际采用时要慎之又慎，要尽可能把伤害降到最低，并为今后科技发展后的再处理留有余地。

（二）汉阙保存环境的改造

汉阙主要是用石材建造的，石材本身具有毛细孔及吸水性，易使空气中的灰尘及工业废气中的污染物附着于其表面，日积月累，会对石材造成较大的伤害。特别是砂岩，尤其怕酸碱、日晒雨淋。

因此，汉阙首先应避免日晒雨淋、地下水的侵蚀和暴露在被污染的大气环境里。

酸会分解青石中所含的碳酸钙，造成其表面受侵蚀的状况：碱也会侵蚀石材里石英、长石等结晶，造成晶粒剥离的现象。环境湿度太大时，产生的水气会对石材形成水化、水解及酸蚀作用，产生水斑，造成白化、风化、剥蚀、锈黄等各种病变，摧残石材。自然界中的水含有盐分，这些盐分随着水渗透到岩石里而，日积月累，使石材的表面出现空鼓等现象。因此，石阙要避免日晒雨淋，保持环境的通风和干燥。

造成汉阙风化的保存环境因素主要有以下几方面。

1.光照与水

水是造成汉阙风化的根本原因，没有水，其他有害物质对汉阙石材的侵蚀难以进行，因此水是这些有害物质破坏汉阙的媒介。而日光能加这些物质破坏的速度。物体的热胀冷缩程度，会随着温度的高低而变化，昼夜温差及因汉阙各部颜色深浅不一造成的吸热不均，均会造成石材不均匀地膨胀，日久天长，反复作用，从而对汉阙造成破坏。

2.大气污染

现代工业的迅猛发展，产生了大量的工业"三废"排放，在推动人口增长，生活品质提高的同时，也产生大量的生活垃圾，这就导致大量有害气体排入大气中，造成严重的环境污染。如汽车尾气，飞机、轮船等石化物，煤炭，化工的燃烧，将空气中有益的氧转变为有严重危害的氧化物，如碳的氧化物、氮氧化物、硫氧化物等，这些氧化物遇到空气中的水蒸气后，会形成无机酸，这就是我们常说的"空中死神"—酸雨，而酸雨对裸露在外的石质汉阙会造成严重的腐蚀性破坏，使这些汉阙表面严重风化、酥粉开裂、剥落。

3.地下水侵蚀

地下水中一般除含有可溶盐外，同样受工业废水的影响。这些盐存留在石质文物的空隙里，因环境温湿度的变化和地下水位高低的变化，在石材空隙里不断进行结晶、溶解、渗透、再结晶、再溶解等的反复作用，石质文物中的裂隙不断扩大，增多，强度不断下降，最终导致石质文物表面空鼓、酥粉、脱落、开裂等。

4.生物侵害

生物侵害包括植物和微生物的侵害。杂草、灌木的根系生长在石质文物的裂缝里，其在生长过程中，会把石质文物的裂缝逐渐胀开，造成严重的机械性破坏。而在汉阙附近生长的植物，其根部不但使文物的基础受到威胁，而且使地面的水或地下水顺着根部慢慢渗入，带着可溶性盐慢慢向石质文物表面迁移。随着蒸发作用，溶盐在石质文物表面或裂隙中析出，加速溶盐引起石质文物的化学风化及物理风化。一些低等植物如苔藓，在南方潮湿温暖环境的地方会迅速生长，伴随着微生物的作用，分解出草酸、柠檬酸等各种有机酸，形成微生物酸解，像苔藓、藻类、地衣共生复合体的生命运动过程中，藻类进行光合作用，制造有机物：真菌吸收水分和矿物质为藻类的光合作用提供原料，并使藻类细胞保持湿润，再与空气中的其他物质参与作用，形成溶蚀现象，使石质文物遭到通过对汉阙风化主要原因的分析，结合 37 处汉阙实际保存环境现状，我们可以得出这样一个基本结论：有建筑物保护的汉阙，比没有建筑物保护的汉阙风化程度要低得多；相对封闭的建筑物保护，又比四面透风的建筑物的保护作用大。

由此，在汉阙保存环境及汉阙的保护方面，建议目前至少应做到以下 3 点：

第一，给裸露的汉阙一个"家"，使其能遮风挡雨，这是保护汉阙的最简便易行，也最有效的方法。

第二，在南方多雨或地下水位较高的地区，最好在汉阙周围一定距离外，挖一条排水沟，降低地下水位，避免雨水或地下水对其的渗透、浸泡。

这是很多古建筑在防潮、防水方面行之有效的方法，虽然不能完全杜绝雨水、地下水的渗透，但有了这条排水沟，地下水位会降低，汉阙的基础不会常年浸泡在水里，风险程度会大大降低。

第三，给汉阙表面简单地"洗个澡"。所谓"洗澡"，其实就是根据汉阙上可见的病害，对表面部分的各种有害物，如苔藓、灰尘、油腻、污垢等进行必要的清除，并加固保护，避免坍塌和新的有害物侵蚀。

上述 3 点只是最简单、最廉价且可以马上实施的暂时性措施。较为稳妥和彻底的方法，应是按照国家相关法规、标准、规范，根据每个汉阙的保存现状、病害机理进行详细的检测、分析，制订切实可行的保护技术路线，编制翔实的保护方案，并予以实施，只有这样，这些汉阙的"生命"才会继续延续，保护才会真正的有效。

中国汉阙，是我国建筑史上一颗璀璨的明珠，是我国独有的文化符号，也是不可再生的文化遗产存世稀少，而其承载的历史文化信息巨大，价值难以估量，不可替代。

这些汉阙还在继续承受着不同程度的病害侵蚀，特别是砂岩材质的汉阙，有的已经风化得非常严重，坍塌随时有可能发生，如再不加以保护，汉阙就有消亡的危险。

汉阙的保护，是一个系统的工程，还有漫长的路要走，需要各方面的共同努力，只有各级管理部门真正重视起来、行动起来，中国大地上仅存的汉阙才会得以保存，才会焕发出新的生机。

第二节 宋辽金器的修复与初步研究

金银器具有实用性和特有的审美情趣，以独特的艺术魅力及珍贵的经济价值，受到世人的喜爱和广泛关注。

二十世纪七十年代，在四川崇庆县（今崇州市）元通镇，一居民在自家院内挖沼气池时挖出一个坛罐，坛内藏有金冠等饰品。经清理，其中有一大一小两个金冠，胖大的金冠扁瘪断裂，由叶圈相连，瘦长的金冠断裂为4片。这两个大小略有区别的金冠，应是由两两对称的舌刀形四叶金片，以金丝连接而成的，叶面錾缠枝花和人物纹饰，采用了钣金、镂空、捶揲、錾刻、剪贴等工艺技法，手法高超，制作工艺精湛，纹饰细腻，生动，立体感很强，且形制优美，艺术价值较高。另有金簪等附饰。这批金器总重528g，出土时经检测，金的纯度在90%以上，时代暂定为明代。

一、金器的修复

多年来，工作人员对元通镇出土的这批金器保持了出土时的状况，没有对其进行修复，也未对这些金器进行辨识定名，更别说向世人展示了。

四川博物院由于没有修复金器方面的专家，更没有修复金器的经验，因此特委托故宫博物院对其进行修复。经故宫博物院科技部有关专家初步鉴定，这批金器应是由2件金冠和10件配饰组成，这纠正了以往藏品档案中1件金冠与14件配饰的数量记载。

在修复这批金器文物之前，故宫博物院修复人员专门制定了修复方案，他们本着遵循保护为主，修旧如旧，最少干预、不改变原状，全面保存和延续其真实历史信息与价值的原则，对这些金器现状进行了仔细的观察和研究，通过现状评估、病害分析等，发现金器均有不同程度的不规则变形，金冠、金步摇有多处破损孔洞，且金冠叶片边缘残破、有缺，镂花金管有断裂等，

由于这批精美金器是文化、历史的珍贵载体，对其进行保护修复刻不容缓。为此，按照文物修复和保护的基本原则及要求，本次修复采取传统工艺和现代科技手段相结合的修复方法。

首先，要做好修复前的资料收集、影像记录，对金相重新进行测试；对折处、变形处进行物理分析，研究如何整形；探究对断裂部位如何焊接、随色等问题，以便在实际工作中探寻解决问题的最好的方法。

其次，在具体的修复操作中，要按照清洗、整形、对接、清地、做旧、封护等步骤进行。

1.清洗

首先用超声波清洗机及蒸馏水对文物进行清洗，再用棉球蘸上按照一定比例稀释的酒精，小心擦拭器物表面的附着物和锈蚀处。个别器物上附着物较多的，可用木签试着轻轻剔除。

2.整形

对变形器物采用物理机械的方法整形，采用镊子、木槌或橡胶锤等工具，通过垫衬软木或橡胶类材料，找准角度缓加压，使变形部位腾起，逐步渐进施力整形，然后用墩錾轻轻敲打使表面平整，避免伤及纹饰，力求达到预期的效果。

3.对接

由于两件金冠两两对称的舌刀形四叶金片都是由金丝相连固定的，且其中一个金丝缺失很多，所以在对金叶进行整形之后，必须用金丝将其连接牢固。对部分断裂、破损的地方，采用捶揲等原有工艺进行拼合；而断裂处，因金片较薄，且纹饰繁缛，为避免在焊接中伤到周围的纹饰，不宜以金焊接；缺失的部位，也因相同的原因，除采用物理方式整形、还原外，原则上不再补配。

4.清地、做旧

清地是指对补配、焊接处的毛口进行打磨，清平地子，使其达到光滑整洁的效果。然后，用喷笔加高聚酯漆调和颜色喷涂做旧，或用虫胶漆调和矿物质颜色做旧，以达到器物在观感上的整体统一和完美。此次在实际修复金器时，为避免造成新的损伤，未进行焊接，所以也就没有采用清地。做旧处理。

二、对金冠及配饰的初步研究

查阅国内出土金冠的相关资料，还没有发现与元通镇出土金冠有相同或类似造型的物品。该金冠的馆藏档案记录也非常简单，只罗列了几项：藏品号、时代、名称、来源。特别是年代是谁鉴定的？为什么要这样鉴定？依据是什么？都没有说明。名称也只有"金冠"，其他都笼统地称为配件等。翻阅馆藏文物总账，上面同样也没有记载。查阅文献，如此重要的出土文物在新编的《四川文物志》和《崇州县志》里也没有记载。出土的伴随物（或为陶罐）既没有保留下来。也没有文字、图片对其进行记载说明。对其身世，现在我们只能凭金冠及其配饰等实物去推断，从金冠的造型、纹饰上来分析，从配饰中的簪花、臂钏等制作工艺去推论。

（一）金冠及配饰的性质

早在修复的过程中，故宫博物院的修复专家，就多次邀请了故宫博物院的其他相关部门专家，以会诊的形式对这批金器进行了初步考证。专家们认为，在故宫的藏品里还未见过相同类型或形制的物品，在明代金器等藏品中，也未发现有类似的物件，到底其属于什么时代，如何穿戴，专家一时也不敢妄下结论，只建议结合当时的出土情况、本地区出土器物的时代风格、有无相同或类似的纹饰；和当地的风土习俗加以考证。

1.金冠

两个金冠一高一矮，高者瘦，矮者胖，以大量人物、凤、鹊、鹦鹉、花卉等作为装饰纹样。根据冠上的主要纹饰内容与特点，将这两个金冠分别命名为人物金冠和花鸟金冠。

人物金冠由两大两小四片金叶围成，呈菱形、纹饰分上、中、下三层，两弦纹和一联珠纹作为"画框"将图案包围并将其有机分割。两片大金叶的上层饰两团凤，周围穿插折枝花；中层为主纹饰，分3行，每行内有一人，中间行里为一云鬓高髻、圆脸，双手举过头顶成环状、宽袍长袖、单腿独立于花上、一腿上提成舞蹈状的舞女，左右两边各饰一乐伎，共四人，分别演奏笛、击板、箜篌、琵琶，其均站立于花上，下层以联珠纹组成一圈卷云纹。

两小叶金片，上层两行，每行内饰一朵折枝花，中层三行，中间行内饰一高冠振翅的鹦鹉立于花枝上，两旁为三朵花组成的缠枝花，下层一圈也为联珠卷云纹。两簪孔分别位于两小叶片中层中间行下方位置，圆形孔径为3mm左右，由此推论原簪子长度应是在10cm以上。

花鸟金冠也是由两大两小的共四片金叶组成的菱形金冠。纹饰也分上中下三层，两小叶片纹饰相同，上层分为两个单元，每个单元里饰一朵折枝花，中层均为三行排列，中间行内饰两朵缠枝花，左右两行各饰一鹦鹉立于花枝上回首互望，底层为一圈焦叶纹；两大叶片纹饰相同，上层分大小一高一低两个单元，小的单元饰折枝花一朵，大的单元里饰一凤鸟回首站立，凤尾高跷，周围以折枝花点缀，中层以三行排列，饰两鹦鹉展翅立于花枝上互望，一鹊鸟回首展翅向着两鹦鹉的方向。下层纹饰与两小叶片的纹饰相同，并自然连接。簪孔为一孔径很小的小圆孔，位于金冠正面棱角下方，直通后方同一棱角位。至于与金冠配套的发管的材质形制，因窖藏中没有发现发簪实物，只能从管孔大小形状来推论，原簪子可能是一细长圆形的发管，其长度应不小于12cm。两金冠的底边均以金片上卷一圈的方式收边，将四片金叶镶嵌于内。

2.扁形金管

扁形金管为头饰上用品，长23.4cm，头尖尾宽，呈扁平楔形状，金管上有两朵云纹，云纹之上饰菱格形纹，菱纹紧连焦叶纹，焦叶纹上饰有三朵重叠的缠枝菊花纹，以珍珠纹（也称鱼子纹）为地。

3.金步摇

金步摇为相同纹饰的 3 件物品，镂空錾刻，饰两鸾鸟呈团形追逐状，周围饰菊花，呈扇形展开，以镂空蔓枝相连，每簪首以金丝连接下缀 7 片金叶（其中一个有缺损），金叶上有均匀的錾孔，插在头上，走动时摇摆不止，妩媚动人，是为"金步摇"。唐代诗人白居易在《长恨歌》中有"云鬓花颜金步摇"的诗句。《后汉书·舆服志》记载："步摇以黄金为山题，贯白珠为桂枝相缪，一爵九华。"《释名·释首饰》载："步摇，上有垂珠，步则动摇也。"

4.金臂钏

金臂钏为一对，形制相同，均为无纹素面。臂钏又称缠臂金或跳脱，大致分为两种，镂刻有花纹的称为"花钏"，没有花纹的称为"素钏"。其以金银条锤扁，盘绕成螺旋圈状，固数不等，大部分是三圈或是五圈，也有十二三圈的，以多者为贵，非显贵不能拥有。此臂钏为"素钏"，多达十七圈。在初唐画家阎立本的《步辇图》和唐代周昉的《簪花仕女图》里，均能清晰地看到手戴臂钏的仕女形象，图画里的仕女所戴的臂钏普遍在十圈以上，几乎人人手臂上都有，可见臂钏在唐代已非常流行。

苏东坡在《寒具》里有"夜来春睡浓于酒，压褊佳人缠臂金"的描述，"缠臂金"指的就是臂钏。臂钏的历史很长，各个时期的臂钏的式样也有所变化，早期的臂钏多出现于北方地区，国内各地出土有不同时代的臂钏，如常熟福山出土的宋代十圈素钏、江苏苏州吴门桥出土的元代臂钏等。臂钏与镯的区别，主要体现在佩戴的方式上，戴在手臂上的称为臂钏，而戴在手腕上的称为镯，早期的臂钏均戴在手腕的上方，即小臂和大臂上；到了后期，臂钏下移，其功用与镯子就没有多大的区别了，现在还能在部分少数民族居民中看见戴臂钏的妇女。

5.金镯

金镯由一对素面弦纹金镯和一对缠枝菊花纹金镯组成。素面弦纹金镯向外一面中间有三道弦纹，而缠枝菊花纹金镯的纹饰，向外的一面以中间一凹线为界，两旁錾刻精美对称的缠枝菊花，两头錾刻鱼形纹，以鱼子纹为地。

这批金器，从器物的形制、錾刻的工艺看，纹饰富贵华丽，工艺精湛，应是"官作"，非王公贵族不能拥有。其流落四川，是时人避乱于蜀地携带而来，还是分封蜀地的贵族所拥有？其藏于地下，是出于某种突然变故的匆忙之举，还是祖上之物不敢示人而掩埋又因时间过长而遗忘……这些疑问还有待进一步的考证。

（二）金冠及配饰的时代问题

在以往对藏品的记载中，这批金器被定为明代文物。但这一代存在诸多疑点：出土时因这些文物是窖藏，现场没有其他的伴随文物佐证；原始记录不完整，断代依据是什么亦未知。此次修复后，针对该金冠的性质、纹饰及时代等问题，四川博物院邀请了故宫博物院专门研究服饰的专家进行辨识鉴定。专家们认为，在故宫收藏的明代发饰中还没有发现类似的物件，应将该金冠与当地出土的相似物件和国内相似的物件对比研究。

从该金冠的出土情况及其纹饰风格看，金冠及其配饰应是一套物品，上面所錾刻或镂雕的主体纹饰主要为缠枝花鸟纹，风格写实，装饰手法对称，整齐而又显活泼；制作的工艺、纹饰、錾刻技法和内容均是一致的，应出自同一个工匠之手或同一个作坊。金冠的造型及其上的纹饰、花鸟、人物造型，与明代的发冠造型、纹饰风格明显不同，而与内蒙古科尔沁辽代墓葬出土的一些金器上面的纹饰风格，如鸾鸟造型与金冠造型风格比较接近。金冠、花面金镯和扁楔形簪普遍以珍珠纹为地纹装饰，甚至有的地方还以联珠纹作为线条；"珍珠纹"也称"鱼子纹"，为唐代典型装饰纹样，这种纹饰是用錾刻和模冲技法制成。现藏于四川广汉市文物管理所的唐代十二生肖金膀圈，以及四川绵竹市文物保护管理所藏的唐代缠枝花金发饰（实为金镯），其纹饰与金丝扣做工等与金管、金镯上的纹饰做工极为相似；而相同的纹饰，如鸾鸟、鹦鹉、缠枝花卉等在丹徒丁卯桥唐代窖藏及西安何家村唐代窖藏中也能找到。

金器上的主要纹饰以缠枝花、凤鸟、鹦鹉、乐伎人物等为主，人物造型饱满，丰脸宽袍，神态自然安详，鹦鹉高冠尖嘴，出双入对，且錾刻细腻；缠枝花线条流畅，花朵肥硕，鱼子纹满地铺设，排列整齐，整体纹饰雅致高贵。在西安何家村唐代窖藏及江苏丹徒丁卯桥唐代窖藏出土器物上也发现了类似的纹饰。金冠制作精美华丽，金片打制轻薄，显示出高超的捶揲、錾刻工艺，全套器形庄重大气，特别是扁平楔形金簪，长达 23.4cm，与四川博物院收藏的众多明代出土金管相比，不论是大小、长度还是式样，均未发现类似的物件。如四川博物院收藏的明代金管，呈细长圆形或菱形，长度一般不超过 10cm。再如明定陵出土的金冠发簪，簪头装饰华丽，并镶嵌有珠宝。而与省内出土的其他金器比较，其纹饰风格、制作工艺也接近广汉雒城镇树林路基建工地出土的金膀圈。

唐代金器的冶炼技术高度发达，反映在金器的成色上便是金器的纯度普遍很高，一般都在 90% 以上，这也是唐代金器的一个特点。该金冠在早期检测中，测得含金量在 90% 以上，个别达 95%。

到了宋代，花鸟纹饰十分盛行，纹饰雕琢精巧细密，花卉多为折枝花，脉络清晰，特别是宋朝初期，唐代的很多工艺技法得到了继承和沿袭；再者，多达十七圈的两个"素钏"，在唐、宋时期已普遍盛行，明以后的"素钏"不再流行，很少有这么多的圈层。臂钏一般比较适合体态比较丰满的女人佩戴，因为其他人的手臂要么没有脂肪，要么脂肪分布不均，箍紧了影响血液循环，箍松了臂钏就会掉下来，而丰满女人的手臂的脂肪层厚且均匀，富有弹性，可将臂钏紧紧箍上，突出自己健美、丰韵的曲线，而我们都知道唐代是以胖为美的朝代，宋代继承了唐代遗风，虽然没有完全像唐代那样以胖为美，但其风韵犹存。

因此，从该金冠及其配饰的器形大小、分量、纹饰风格、使用功能以及制作工艺等方面来看，兼顾四川很少出土唐代物品，该金冠及配饰的时代应定在唐代晚期至宋辽时期，最晚不超过宋。

（三）金冠及配饰的佩戴

在古代，平时人们梳理头发时，男人一般在脑后用簪子穿插打结，或罩上发套、布巾、帽子等物品装饰。女人的发式变化较大，女人一般根据年龄、身份的不同，以及地域、民族的差别，编织出各种造型的发式，插戴各种发簪、头花。此金冠为两个，除主饰外，配饰也较多，凸显主人显赫的身份、地位，应是男女主人在重要场合时才佩戴的，人物金冠为男主人佩戴，女主人应佩戴花鸟金冠。金冠的佩戴应是位于头顶，主要起固定发式和装饰之用，扁平楔形簪应与金冠配套使用；配件中的三个"金步摇"发簪，起附属的装饰作用，可能穿插在冠两旁稍靠前的位置；顾名思义，金镯与臂钏就是戴在手腕和手臂上的了。

当然，以上这些只是按照物品的功能进行的大致揣测，至于这些物品真正的佩戴方式、位置、使用方法、前后的排列组合等，还有待进一步的研究考证。

第三节 宋代金菊花碗修复及铭文初探

四川博物院藏有一件金菊花碗，该碗直径有 7.2 cm，高 5cm，重约 108g，为 1963 年成都市博物馆移交，移交时保持出土时的扁瘪模样，时代定为宋代。一直以来，该金碗保持了出土时的状况，没有经过修复，更别说向世人展示。

其具体修复是委托故宫博物院完成的，由该院科技部金石科的王有亮研究员负责实施，王有亮老师是国家级非物质文化遗产传承人，也是崇州窖藏金器的修复者。

本着保护为主，修旧如旧，最少干预，不改变原状，全面保存和延续其真实历史信息与价值的原则，故宫博物院特拟定了保护修复方案，并对金碗的现状进行了仔细的研究和观察，包括现状评估、病害分析等，根据检测分析结果，故宫博物院认为该金碗的扁瘪状态主要是受压变形所致。

经过系统地整形保护修复，该金碗基本恢复了原来的面貌，其精湛的制作工艺、高贵典雅的艺术效果被完美地展现了出来，达到了预期的效果，可以满足陈列展出的需要。

修复后的金碗为24瓣仰面菊花形碗，碗心錾刻成菊花的花蕊，整个碗的造型似一朵盛开的菊花，极其精致典雅。

菊花这类花卉造型的碗，是宋代金银器中的典型器物之一，各地多有出土发现，如四川彭州、四川德阳、重庆涂山及邵武故城等地。由于此碗来源清楚，且四川博物院和省内的彭州市博物馆藏有相似出土物件，其造型纹饰体现了典型的宋代器物的特征，因此，其为宋代之物是准确的，应该没有异议。

金碗碗壁由24个朵花瓣合围组成，下接喇叭形圈足，足部也呈24瓣菊花状，碗底錾刻成纵横凹线分割的凸点状花蕊，花蕊四周饰24个小花瓣，形似一朵盛开的菊花，质地为金，故定名为金菊花碗。

此次修复，在碗的圈足外侧，新发现有纵向錾刻的铭文"秦郡"二字，因碗扁瘪此铭文以前藏在圈足内没有被发现，这次修复后显露出来，为我们揭开该金碗的来历提供了一丝线索。

宋代社会崇尚奢侈之风。根据记载，多有家境贫寒没吃没穿的宋人，出门时头上还要戴着金钗，手上套着银镯，用的餐具也要求精美，常用的金银器上还多錾刻铭文，以示富有。这些铭文内容多种多样，有錾刻物件拥有者的名款，或制造商号、制造地域名的，也有刻工匠名，或所在地名，以及年号、金银成色、重量、器物名称、记事等的。这些铭文大多錾刻在器物的底部、圈足等部位，也有刻在口沿等部位的。

此金菊花碗上的"秦郡"二字，其含义有两种解读。一是地名。金碗拥有者所在的地名或金碗制作地。秦代征服六国后，废除分封制，在全国推行郡县制；《汉书·地理志》在各郡国下注称"秦置""秦郡"或"故秦某郡"，说明"秦郡"是一个地域范围；但该金碗不论是从纹饰造型，还是从制作工艺来看，当然都不可能出自秦代。而宋时实行的是府县制，因而，"秦郡"最有可能来源于古地名，或制作地的名称。如，其是否指的是江苏的六合县（今六合区）北？因为南朝宋在此地置"秦郡"，这也是一个地域上的划分，且六合县紧邻南京，现为南京的一个区；那时的南京，经济发达，文化繁荣，如此精美的菊花金碗若由该地区制造，也就没有什么可奇怪的了。

二是人名或作坊名。这也有两种可能，一个是金碗的主人，把自己的名字或雅号錾刻在自己的物品上，此风古来有之，宋人更盛。能使用或收藏金碗的人，非富即贵，应不是一般的人家，其家境应比较富裕，而此种造型的碗，多为炫耀显摆而造，没有实际的使用功能。然"秦郡"二字怎么看也不像是一个人的人名。另一个可能是金碗的制作者，即工匠的名字或商号名；古时工匠有把自己的名字或商号名鏨刻在自己制作的物品上的习惯，但同样的原因，以人名标注在碗底的可能性不大。

综上所述，金碗上鏨刻的"秦郡"二字是古地名或地域名的可能性最大。当然，如能结合当初出土时的其他物品进行相互佐证则可信度更高，遗憾的是该金碗移交时没有留下任何文字信息。

第四节　张大千临摹敦煌壁画修复及其艺术

"五百年来第一人"，这是已故书画大师徐悲鸿先生对张大千先生的评价。张大千先生是近代蜚声海内外的著名绘画艺术大师，20世纪40年代他远赴敦煌莫高窟临摹壁画，历时两年七个月，临摹敦煌莫高窟壁画共276幅，这段艺术经历、实践对其以后的绘画艺术产生了深远的影响。这批画作由于保存时间较长，受保存环境等诸多因素的影响，已出现纸张老化、破损、虫蛀等病害，还有部分以往从未托裱过。为了防止病害的进一步发展，便于今后的保存、研究，同时满足今后展陈的需要，以下拣选了几幅作品进行了重新揭裱或托裱。

一、临摹壁画的修复

此次托裱或揭裱的7幅书画，其中2幅为绢本，5幅为纸本，采用中国传统书画装裱技法进行修复装裱。

首先，对需要装裱的书画，在修复前进行了图像采集、文字记录描述等信息数据采集录入，特别对有破损、孔洞、虫蛀、污迹、折皱及纸张老化程度等细节进行了详细的检测、分析。按照修旧如旧、最少干预、可控的原则，先对原20世纪50年代托裱的"晚唐普贤骑马图""晚唐普贤骑象图""五代地藏菩萨"和"隋唐释迦说法"4幅书画进行了揭裱，再对"唐释迦说法图""唐药师佛图"和"唐白描大士图"进行了托裱。

其次，按照前期病害调查的结果，根据每幅书画的具体情况，依照下列步骤个案处理。

支解画心：将原来的残破旧裱更换为新的装潢，并力求其与修复前的原形制的统一。原有的装裱为20世纪50年代时的装潢，由于受那个时代的技术及材料水平所限，加之保管不善，如今已经破败脱落，并有沉积大量的灰尘、虫蛀和水渍痕迹等，因而必须对这些裱件进行分解，以保护画心，避免其受到进一步的损害。

清理画心：检查画面的情况，测试画意是否牢固，同时，将画心平铺在裱案上，用竹签或马蹄刀把画面上肉眼直观可见的脏东西，如尘点、虫粪、黑点、霉迹、水痕等污垢轻轻剔除。

清洗画面：平铺在裱画案上的书画，使画面朝上，用温水淋透浸泡一会儿，用排笔轻轻擀压画面，去除表面覆盖的沉积物。用温水的目的，主要是使原托裱的后背托纸与画心之间的黏接浆受到泡涨后黏性减弱容易分离，为揭去原托纸做准备。还有一个原因是书画经温水淋过后，画心易流出黄水，俗称"酱油汤"，这是多年的尘埃及其他污垢所致，用干净的白毛巾将画面上的水分逐渐吸干，反复多次，直到出水干净为止，这时，画面清新了许多，基本恢复到了本色。

揭画心：指去掉画心后面的旧背纸和托心纸。其中以托心纸对书画的影响最大，是修复工作的关键一环，因其直接关系书画命运，故又称"命纸"。明代周嘉胄著《装潢志》里曾对此有精辟概括，如"书画性命，全在于揭""纸有易揭者，有纸质薄糊厚难揭者。糊有白芨者尤难。须仗良工苦心，施迎刃之能，逐渐耐烦，致力于毫芒微渺间，有临渊履冰之危。一旦奏功，便胜沘水之捷"。如果方法使用不当，稍有疏忽，就会使画面厚薄不均，受到损伤。

补画心：揭去托纸后展露出破洞的轮廓。染配比画心浅一至二色、纤维粗细相似的补绢，潮过浆水敷在破洞上方，衬绢按平，补绢扩出破洞约0.1cm，多余的部分用刀刮去，再次按实，不会再出现折印，从而修补好残破处。纸本书画则采用"隐补法"，即染配比画心略浅的托纸，托好托纸后，在背面进行补缀。

托画心：染好相近的托纸，用水润湿以减缓纸的张力，使其伸缩均匀，在画心上浆时要注意浆水不能过多，以防水分从背面渗到前面，造成画上的颜色粘在案台上。上托纸时动作要快，用力要轻，排刷时要衬垫塑料膜（或高丽纸）。

接笔全色：接笔全色前需要在画心打上胶矾水。胶矾的比例要根据画心的质地、薄厚来确定。在画心背面或局部润刷淡胶矾水晾干后，施墨着色补全缺失的画意，做到旧色旧气，使整幅画卷气韵统一。此次因时间关系，且为避免过多的人工干预，没有进行全色处理。

装裱：上墙绷平、覆褙砑装。为方便展出以及保存，此次没有装裱成轴，只托成画片，展出时以装框方式陈列展示。对原来没有托裱过的另外3幅书画，为了便于陈列展出和今后的研究，采用了拼接托裱的办法，使原皱巴巴，几大块组成的纸张，经托裱后形成完整平顺的画片，满足了装框展出的需要。

二、张大千临摹敦煌壁画的艺术手法

大千先生临摹壁画的程序如下：

首先，用铅笔临摹勾勒出雏形，谋篇布局后，再用墨色按其意填画勾勒成线描图，在线与线之间及其他部位做上需要填绘的颜色记号。其次，按照每个部位标注的颜色记号一层一层地晕染，直到颜色与原作品相同或满意为止，而所有人物的眼睛都留到最后来完成。由于种种原因，现在留下来的这批临摹的敦煌壁画，在四川省博物院收藏的大千先生临摹的敦煌壁画中，也有很多画作中的人物眼睛都没有"开眼"，这不知是大千先生有意给后人留下的悬念，还是确实因时间等原因，他顾不过来，没有画上，总之，我们现在能看见的很多先生的临摹画作确实没有"开眼"，缺乏点睛之笔，也许，这本身不失为一种残缺的美。

大千先生用笔方面行云流水，其画稿线条自然流畅，墨色均匀，设色大胆，但又不失雅致，没有丝毫的矫揉造作，显示了驾驭笔墨的高超技艺及深厚的绘画功底。敦煌之行，不论是在色彩还是气韵上，都对大千先生设色浓艳浑厚，构图恢宏大气，用笔飘逸洒脱的画风影响深远。先生晚年自创的泼墨画，仍折射出敦煌的影子，这不能不说是敦煌的艺术对先生的感染和影响之大之深的体现。

第五节　一件四神青铜镜的修复与辨识

青铜镜以其独特的艺术魅力，吸引着藏家的目光。有一位藏家所藏的一件汉代四神青铜镜，因保管不善，被摔成大小不等的 5 块，需要进行修复。在修复前，我们对其进行了查看和了解。

该镜为圆形，直径 16.3cm，边厚 0.4cm，圆钮，重圈纹钮座，钮座外为回凹方形纹，回凹四方形纹内四角各铸一篆体阳文，分别为"富、贵、大、乐"。镜内区四乳丁之间以浅浮雕的手法，雕饰朱雀、白虎、玄武、青龙的四神主纹饰。"四神"也称"四灵""四象"，为中国古代传说中的瑞兽，同时也代表"北、东、南西"四个方位。在白虎的尾上方，玄武的头下方，青龙的尾下方，各雕有一个或奔跑或跪拜的仙人模样纹饰，应是羽人。羽人为古代神话传说中身上长有翅膀的仙人。青龙背部上方还有"辟邪"二字。其外区为一周栉齿纹，镜边缘一周饰锯齿纹和蔓草纹。整面铜镜覆盖一层墨绿色包浆，俗称"黑漆古"。

一、铜镜的修复

该铜镜已被摔成 5 块，从断面上看，锈蚀较为严重，镜壁较薄，靠近镜缘部位的断面的铜绿非常明显，可见一铁锈色的胎心，未见有铜胎。好在藏家心细，将断裂部位掉落的锈渣也收捡起来，这为我们下一步采用仪器检测分析提供了样品。

铜镜的修复主要经过如下步骤：

首先，将断裂部分清洗干净，并进行比对拼接。这是修复的第一步，也是关键的一步，不能有丝毫的错位，否则，将会为下一步的修复留下隐患。由于该铜镜已没有铜胎，且本体又较薄，如采用焊接方式，没有着力点，难以吃上力，因此，本次修复采用黏接的技术手段，用配比好的黏接剂进行黏接，待黏接剂固化以后，即进入下一阶段的工作。

其次，对接缝进行处理。由于第一阶段拼接到位，铜镜有纹饰的一面已基本上看不出明显的接缝，只有掉渣的部位和镜面能看见缝隙。因此，采用与镜面近似的色料，在其中掺和黏接剂，进行调制，用调制好的黏接剂进行勾缝、填补、找平。

最后，待其固化以后，进行修补、打磨、做旧、封护处理，使铜镜基本恢复原来的模样，以满足鉴赏、收藏的需要。

二、辨识后的思索

实事求是地讲，从这面铜镜本身来看，它的作假水平确实不错，其纹饰风格与汉镜很相似，且用树脂混合金属碎渣等物制作，做工和做旧的水平都达到了相当高的程度，完全可以以假乱真，假如它没有摔坏，或一开始鉴定者心里不是揣着"假货"的心态去挑毛病，抑或者不是在好奇心的驱使下对其掉下的铜锈渣的化学元素配比进行查看，那么，这面铜镜可能还将继续以假乱真。这不禁引出了一个问题：文物的真假到底应该如何鉴定？日前，文物市场的鉴定怎么越来越变味走样了，大多数藏家的目光及媒体的聚焦点往往都在藏品的价格上。文物市场里各种"大师""专家"多如牛毛，他们真实的鉴定水平到底几何？看了几本书就自封大师的大有人在，甚至部分博物馆出身的人员，以博物馆工作人员的名义在外招摇撞骗，这些人的真实水平到底如何，怎么界定？文物市场的乱象与这些人有多少关系？

以前有这样一个故事，有户人家一直给小孩买矿泉水喝，小孩读书后，每天依然如此。有一天早上，矿泉水喝完了，家长忘记及时补充，小孩急着要上学，无奈之下，家长用凉白开水充当矿泉水灌进空瓶里顶替。谁知，小孩放学回家后，就说今天这个水太难喝了，说家长买到假货了。其实，小孩不但说出了真实的情况，也道出了文物鉴定的真谛：熟能生巧。由于长期喝矿泉水，小孩能分辨出什么是矿泉水，什么是白开水。

这个故事告诉我们，文物鉴定没有那么神秘，熟悉是最重要的，只有长期接触真东西，上手真东西，才会有一双慧眼。很难想象，从没有接触过的东西，怎么会认识，整天在假货堆里看，在文物图录画册里翻，最终的结果只能是看花眼。在博物馆里待过的人都知道，博物馆里，也不是人人都可以随便接触到文物，上手文物就更不现实了，只有少数人员才有机会真正直接接触到馆藏文物，这些人员主要集中在文物保管和文物保护修复岗位上。因而，那些连真东西都没有上手的人，或没有摸过几件真东西的人，或隔着玻璃窗鉴赏的人，是无法给别人搞鉴定的。他的鉴定依据到底是什么？难道这些人天生就有"感觉"？文物的鉴定说到底，其实就是比较学，就是鉴定人员不断地把自己以往见过的各种真东西，与手,上的东西反复比较。俗话说："不怕不识货，就怕货比货。"对于文物辨识者来说，没有看过真的，如何能识出假货？从这个角度说，钱是买不来慧眼的，但提高文物鉴赏水平倒是可以让人慧眼如炬，所以，鉴定与鉴赏还不是一回事。

慧眼的练就不是一朝一夕之功，而运用科学技术检测手段的鉴定，是建立在数据的基础之上的，是文物鉴定的有益补充，而多方位、多手段相互印证出来的结果，才是科学而严谨的。

第六章　文物保管

文物是一个国家重要的历史文化遗产,是过去时期的社会发展和经济文化的最好体现,有着极为重要的历史意义和社会意义。需加大对文物的重视程度和保护管理力度来提升文物保护水平,使其更好的发挥其应有的社会效益。当下,我国的文物保护管理工作一般是由当地的文物管理部门来完成,有着一定的积极作用。但在部分地区,由于受到经济发展等因素的制约,在文物保管工作中还存在着一系列问题,制约了文物工作的正常开展,不利于文物保管工作的顺利进行。基于此,本章如何做好文物保管工作展开研究。

第一节　文物保管工作重要性的探讨

一、文物保管工作的重要性分析

我国历史悠久,五千年的文明传承、积淀了深厚的文化底蕴。文物是文化最直接的体现,文化事业的研究与发展离不开文物的支持与支撑。文物在一定程度上来讲是文化的物质基础。近年来,随着文化事业的发展,我国对于文物保护与管理的重视程度与日俱增,文化创意产业方兴未艾,相关部门对于文物的关注力度日益提升。如今,文物保护与管理不仅得到了充分的重视,相关法律政策也不断完善。

我国是一个古老的国度,在漫长的发展历程中为世人留下了丰富的遗产,在人类发展历程上留下了浓墨重彩的一笔。在这些宝贵的遗产当中有着诸多具有历史价值、文化价值、研究价值的文物。采取行之有效的措施对其进行保护,不仅可以支持相关领域的科学研究,同时为当今社会经济的重要组成部分—文创产业的发展提供支持。例如,诸多文物上的纹样可以成为文创产品设计实践中参考的依据,文物中所包含的文化元素可以为相关企业文化建设提供依据等。基于此,我们说加大文物保护与管理力度也是推动相关产业发展的需要。

总而言之,文物在社会文化发展、经济发展、传统文化传承等方面都发挥着关键性作用,这就要求相关部门应该重视文物保护与管理。

二、进一步提高文物保管水平的对策

1.树立严谨的工作态度

文物是社会发展历程中留下的重要文化遗产。历史是不可倒流的，文物也是不可以再生的。若想让这一资源千秋万代地传承下去，就必须要进一步提高文物保护与管理的力度，各部门的相关工作人员一定要认真肩负起保护文物的使命与责任。在实践工作中，相关工作人员一定要树立严谨的工作态度。现阶段，国家关于文物保护与管理的政策与法规、行动与指南、工作方法与标准已经非常完善，这对相关人员来说是指导，也是要求。各机构的保管人员要深刻认识到文物保管工作的历史价值以及现实意义，严格执行与落实相关法律法规，以热爱历史、传承文化的理念兢兢业业、恪尽职守，安全妥善地完成文物保护与管理工作。

文物保护与管理不仅是相关工作人员的责任与义务，也是每一位中国公民、每一位生长在华夏大地上的中华儿女不可推卸的使命。基于此，在未来的工作中一定要充分调动最广大人民群众的积极性，使其参与到文物保护与管理实践当中。如文物管理机构可以定期向广大人民群众开展专题讲座，为民众普及相关知识，使人民群众认识到保护文物的重要意义，提高和微发群众保护文物的热情。与此同时，应该从学生时代就要灌输文物保护的相关知识，如可以要求学校定期组织学生到博物馆等地参观学习，使学生从小就认识到文物与文化之间的密切联系，进而循序渐进地养成自觉爱护文物、保护文物的意识。

2.精准化的分类保管

我国是世界文明古国，在五千年的历史长河中各种文化百花齐放。我国又是一个多民族国家，广袤的中华大地上生活着 56 个民族，56 个民族在各自的发展历程中留下了形态各异、各具特色的文物。我国更是一个幅员辽阔的国家，世世代代的中华儿女在 960 万平方千米的土地上繁衍生息，各地区的气候条件不同，经济文化条件也不同，从而使不同区域的文物保管工作也有所差异。基于此，在开展文物保护与管理工作的过程中，一定要结合区域的实际情况构建相应的管理机制，实施因地制宜的管理方法。

在文物保护与管理实践中，管理制度完善与否、管理方式科学与否、管理方法得当与否，都会对最终的工作效果产生影响。文物在传承与保护的过程中，会出现流动的可能，这就需要相关部门一定要做好相关记录，通过电子档案的形式准确、及时地记录文物的实际情况。同时，还应该对文物进行精准的分类，这样才能使所采取的保护与管理措施具有针对性与时效性，最终确保文物的安全。但是，受到多方面因素的影响与制约，文物分类工作是非常复杂的。尽管现阶段科学技术迅猛发展，网络与信息技术得到了快速普及，但是在具体的分类工作中相关工作人员依旧面临巨大的挑战。就目前发展实际情况来看，各地博物馆、纪念馆等文物保管机构对文物的分类通常是按照年代、质地、区域进行划分。但是随着文化事业的发展，文物的数量、种类会逐渐增多，而此种分类方法也就暴露出了一定的弊端。上述标准对文物进行分类保管容易使文物信息不够完整，检索过程中出现一定困难。这不仅浪费了大量的资源，同时也为具体的管理工作带来一定的麻烦。

基于此，为了进一步提高文物管理与保护工作的时效性，应该实现文物分类制度的创新。

国家文化部筹建了恭王府博物馆，自此恭王府从原来的旅游单位转变为博物馆。在博物馆成立初期，文物保管工作借鉴了辽宁省博物馆的工作经验，并结合自身的实际情况，在原有的文物保护管理制度上制定出了与恭王府博物馆实际情况相适应的全新管理制度，这为后续相关工作的开展奠定了坚实的基础，全面实现了恭王府博物馆文物的安全管理与妥善保管。为了解决文物保管实践中的诸多现实问题，文物保管部门对所有文物进行了编号，同时对每一件藏品进行了拍照登记，并建立了专门档案，极大程度地提高了文物保管工作的时效性。

3.强化文物鉴定工作

文物是我们窥探历史的重要物质基础，文物中所包含的信息是丰富的。在文物鉴定的过程中，应该由专家对文物进行鉴定，进而准确地衡量出文物所具有的价值。

在鉴定的过程中，相关专家应该结合不同时期文物的特征，深入挖掘文物所包含的信息，然后向相关管理部门出具内容翔实、分析准确的鉴定报告，为鉴定过程与结果提供充分的科学依据。而现阶段，由于鉴定的标准和方法不够统一，国家相关部门对于文物鉴定的管理力度不足，无法满足实际需求，这就为文物管理工作带来了一定的负面影响。因此，在未来的工作中，应该实现文物鉴定标准的统一，强化文物鉴定工作的管理，使文物鉴定工作真正做到有章可循、有据可依，从而全面提高文物鉴定工作的效率。

进一步加强文物保管工作是继续推动社会文化事业发展的需要，是有效传承与弘扬中华民族文化的需要，同时也是有效发展文创产业的需要。总而言之，文物保管工作对精神文明建设、物质文明建设都具有重要推动作用。

在未来的工作中应该进一步强化相关工作人员的使命感与责任感，使其以严谨的态度面对文物保管工作，同时也应该整合社会各界的力量，全面推进文物保管工作效率的提升。

第二节 考古单位馆藏文物保管工作中的困难和建议

考古单位馆藏文物呈现类型多元、数量巨大、体系完善、价值突出等特征，其文物保管工作有着严格的规范要求。目前我国许多考古单位的馆藏文物并未得到妥善性保管，至于具体的困难问题和处理方式，则会在后续延展。

一、现阶段我国考古单位馆藏文物保管中存在的困难问题

1.基础设施过于陈旧

纵观目前我国许多地区的考古单位，往往呈现出文物库房空间范围狭窄、内部设备陈旧落后等弊端。随着我国社会经济迅速发展，城镇各类基建项目全面更新落实，且文物考古中出土的文物数量也持续增加，各个考古单位既有的库房势必难以再迎合文物保管的全新需要，特别是库房的空间也显得愈来愈狭窄。

首先，考古单位中只有一些比较珍贵的文物会配备囊匣，至于其余文物始终随意地被堆放在文物展架上。更令人头疼的是，这些展架基本上都是 20 世纪六七十年代的木质、铁质结合的老器具，因常年经受虫蛀蚁蚀和自然腐朽老化，加上较高频率的搬迁，欠缺应有的稳固性，和最新的文物库房安全、消防管理等标准大相径庭。

其次，批量化的文物标本基本上都被无序地放置，当中还掺入一些遗址、遗迹各异的袋装文物标本，若进行太久的存放，便会令这些袋子糟朽，标签上的字迹也难以被清晰辨认。这样势必给后续整理和研究等工作带来不便，有关文物标本的科学价值就此大打折扣。

2.管理方式不够严谨

文物保管是一项严谨性要求较高的工作，若无视相关准则，将不利于更好保护、研究和应用各类文物。目前我国考古单位文物保管不规范的现象主要表现为以下几点。

第一，入库前的监管不当。较多考古单位出土的普通文物或标本，还有对应的资料信息等，通常会先交由考古发掘者保管，若引发任何问题，便难以交代清楚，这是目前考古单位日常管理中最大的缺陷。

第二，库房保管员的交接不规范。考古单位的库房保管员要监管的文物和标本数量巨大，在离职或是退休阶段，很难确保予以全面性地交接，特别是经过多次转手之后，难免会引发账物不符状况，到时也很难核查。

第三，文物监测体制有待完善。文物库房一般会配备 2~3 把锁，出入库期间，必须要有两人以上同时进出，这可以说是文物库房的必要规范标准。相比之下，有些考古单位的文物库房则只有一把锁，反映出他们对文物保管工作的不够上心。

第四，外借文物未得到动态化跟踪监管。随着博物馆事业高效率发展，考古单位的库藏文物

也开始一亮相，并且被广泛地借给各个博物馆组织展览活动。按照我国文物局规定，这些文物的借展期限不得超过三年，可现实中经常会发生借文物超出五年的现象，严重情况下还会出现漏办手续的状况。另外，许多库房保管员认定只要审批过关，文物就可以借出，之后和自己也没有什么关系，导致后续管理跟不上。

3.专业人才的数量有限

目前我国各个考古单位中都拥有名校的高材生，可对于馆藏文物保管工作来讲，始终存在人力资源不够充足和优秀的状况。

首先，整体入手数量较少。文物保管工作职员基本上只占据考古机构人员编制的一成，而除了其他科室借调、休假的，最终能用的人甚至远远没有达到一成。

其次，业务技术干部匮乏。纵观各个考古单位文物保管工作人员，当中拥有专业背景的技术干部十分欠缺，和其余业务科室相对比，数量实在是少得可怜。而他们要面对的往往是几十万件文物和标本，基本上只能够做到简易粗线条的库房管理，根本无法进行深入性的整理研究，至于科学性监测与针对性保护，则更加是无从谈起了。

4.许多重要的文物标本有待高科技保护

考古单位中的馆藏文物时刻呈现出类型丰富、数量庞大、年代久远等特征，和一些传世作品相对比，呈现出更差的品相，同时由于埋藏、出土、库房等保管环境变化幅度较大，对于文物本身会造成较大影响。所以说，在将文物入库和实施保护过程中，要融入更多高科技的措施，任务十分沉重，需要考古单位深思熟虑来应对。结合某文物研究所实况观察，包括铜器铁器、漆木器、纺织品、壁画等文物，通常都欠缺科学性地监测，经常会衍生出铜器类锈蚀深入、木雕印版虫蛀蚁蚀、丝织品类霉变严重、唐宋和北朝壁画剥落等现象。若不能及时进行合理性保管，势必威胁到文物本身的完整性和应用价值。

二、考古单位做好馆藏文物保管工作的妥善建议

考古单位需要及时以普查为契机，持续健全有关的法律体制，增加成本投入，完善业务，并配合更加有效的物流物联库房信息化管理技术，全方位地保护和监管各类文物标本。长此以往，有机改善馆藏文物的保管质量，推动我国文物考古事业的长效发展。

1.增加成本投入，完善基础设施

第一，扩充库房容量，即督促各省文物考古单位加大对文物整理基地的扩建力度，加入更多

先进的硬软件设施，借此有机强化对馆藏文物标本的保护、监管实效。

第二，适时地进行馆藏文物储藏柜架更新，针对一些珍贵的文物配备有更多技术含量的囊匣。

第三，开发更加专业化的文物库房。考古单位习惯于针对文物遗址和墓葬等予以分库储藏。步入新时代后，要尽快调整该类思想，开始凭借质地来分别开发迎合文物保护环境需要的专业化库房，令金属、漆木器、丝织品、陶瓷器、石器等各类文物分别得到严密性储藏，并配合高端电气化设备来赋予它们各自需要的温度、湿度、光照度、清洁度等环境条件。

2.完善管理体制，维持文物保管的科学规范性

考古单位的文物保管绝非单纯地进行收纳，而是有较强的系统性。出土的文物要经过登记、清理修复、科技保护、历史认证、入库储藏等诸多环节，涉及的人力资源众多，延续的时间较长，容易令文物出现大面积的形状、色泽、质量等变化。为了避免这类消极现象，需要针对有关工序流程进行严谨、专业化监管。具体就是预先制定富有前瞻性和周密性的规划，树立起严格的规范体制，确保文物保管中所有环节的科学规范性。

首先，田野考古期间文物保护的体制。一直以来考古单位凭借国家文物局颁布的工作规程来组织文物信息采集、登记、保护管理等事务，可最终实效却始终不够理想。基于此，则可以考虑引入数字化技术，树立起更加健全可靠的田野发掘数字信息集中性的备案体制，力求按期上交出土文物并完成入库。

其次，定期巡视监测和不定期专家评估体制。为及时了解文物保存情况，主张树立定期巡视监测和不定期专家评估等体制，确保针对各类质地和保存状况的文物，进行细致性鉴定。即细致化记录馆藏文物的一系列变化动态，定期予以分析，必要情况下邀请专业学者前来辅助评估，为日后提供更高科技的保护方案提供指导性依据。

3 革新理念，引入现代化的信息技术，提高文物管理水平

现阶段，我国较多考古单位的馆藏文物都停滞在低效率的卡片式管理阶段，而一些大规模的博物馆开始与时俱进，积极推广更高端实用的数字化信息技术来更加妥善地保管藏品。具体的成果表现为：文物信息收集得更加完善和精准、文物行踪与状态被了解得更加直观透彻、资料收集和编辑输出得更加便捷快速。事实证明，融合数字化技术来进行考古机构的馆藏文物保管的确有助于提升保管水平，为日后综合研究和广泛展示各类藏品提供更多便利。

4.开发平台，培养人才，促成考古单位的可持续发展

一直以来，我国大部分考古单位属于全额拨款的事业单位，编制有限，可文物保管任务量又十分沉重。因此，日后要积极地进行专业化文物科技保护平台创建，妥善分配和使用国家的科技

保护资金，大幅度提升文物藏品的科技保护质量。再就是聘请更加专业的人才，并定期开展内部职员培训工作，组建更加可靠的人力资源团队，为日后考古单位健康、稳定性发展奠定基础。

综上所述，当前我国考古单位文物藏品保管中尚存在较多难题，包括专业人才匮乏、管理体制存在漏洞、高科技保护措施欠缺等。希望日后能够尽快革新理念，引入更多科学专业的保护技术，创建完善可靠的人才培养平台，树立起严格的文物保管监控体制等。相信长期坚持下去，能够令各类文物藏品得到妥善性保管。

第三节 馆藏文物保管中的影响因素及预防性保护措施

文物是人类在历史发展过程中遗留下来的遗物、遗迹，具有一定的历史、文化、科学和艺术价值，从不同侧面反映了各个历史时期人类的社会活动，具有唯一性，不可再生。

我国素有保护古代遗物的悠久传统，正像商周时期青铜器上常见铭文"子子孙孙永保用"所表达的理念，人们在祈愿江山社稷世代相传的同时，对前朝的珍贵器物也有了妥善保存，永续利用的愿望。但是，根据熵增定律，物体总是有由有序状态向无序状态演变的趋势，并最终走向消亡，文物亦是如此，不利的自然和人为因素更会加剧这种趋势。由于每件文物都蕴含着独特的文化信息和历史信息，具有不可替代性，按原样仿制或修复过的文物，均无法复原文物本身的价值，所以在文物损毁前采取文物保护的预防性措施就显得尤为重要。

"预防性保护"的概念最早是在二十世纪三十年代意大利罗马召开的关于艺术品保护国际研讨会上首次提出，当时预防性保护的措施主要是对环境中温湿度的控制。

文物预防性保护的主要途径，就是通过监控和改善文物保存的环境，延缓文物老化的进程，以达到对文物进行长久保存的目的。在文物保存过程中，除自然因素外，生物因素也是导致文物损伤的原因之一。因此，对馆藏文物的预防性保护可从对自然因素的调控和生物因素的防范两方面着手。

一、针对自然环境的预防性保护措施

（一）针对一般性自然环境的预防性保护措施

1.温湿度对文物的影响及调控措施

温度与湿度是对文物保存产生影响的两个最基本环境因素，且二者对文物的影响往往相互关联、共同作用。温度越高，化学反应的速度越快，且大多化学反应需要以水作为反应的介质，所以南方夏季高温高湿的文物保存环境会加速文物材质与库房内有害物质的化学反应，也更利于细菌、霉菌的滋生以及文物害虫的繁殖，加速对文物的损害；而保存环境中相对湿度过低则会导致文物内部水分的丧失，降低文物材质的柔韧性，使文物表面变脆、开裂，降低文物强度；温湿度在短时间内的大幅度波动还会导致文物变形，材质变脆，所以文物保存过程中除了要根据文物材质类型给予文物最适宜的温湿度保存条件外，保持所处环境的温湿度维持稳定也尤为重要。一般博物馆内文物库房要求温度在 15~25 摄氏度，24 小时波动小于 2 摄氏度，相对湿度在 45%~65%，24 小时波动小 5%。

为满足不同材质的文物对保存环境的需求，博物馆在保管文物的过程中应尽量将对环境要求类似的文物集中于同一库房保管，提供相对应的保存条件，如馆内条件有限，建议优先在存放对环境敏感的有机质类文物保管库房安装恒温恒湿空调，空调 24 小时开机运行，以保证文物所处环境的温湿度稳定。文物展览期间，如展柜内密封性较好，在保障用电安全的前提下，可在展柜内部安装调湿机，用以调控展柜内环境；如展柜内无法实现调湿机的安装，且展柜内温湿度与库房内部温湿度差距较大，为防止文物由恒温恒湿库房移至展柜内所处环境的骤变，可先将文物放置于库房缓冲间进行缓冲 1~2 天，再移至展柜内，并在展柜内放置温湿度监测器，以便根据反馈的数据实施必要的调控措施。

2.光照对文物的影响及防控措施

光具有波动性和粒子性双重特性，蕴含能量。太阳辐射出的光按照波长由短到长分别为紫外线、可见光和红外线，由 $E=hc/\lambda$ 可知，波长越短，蕴含的能量即越大，照射到文物表面对文物的损害也越大。研究表明，红外线辐射到文物表面主要造成文物表面温度的升高，产生热效应，不足以造成文物材质的热老化反应，由光辐射引起的材质老化，主要是蕴含能量较大的紫外线的作用 4。紫外线会造成纸张类文物中纤维素的老化和裂解，导致文物发黄、变脆，以及彩绘类文物表面颜料的褪色、变色。因此，在对文物光污染的预防中，主要是要对可见光和紫外线进行防控。

对于密封性较好的文物库房及展厅，文物表面的光源主要来源于人工光源，在人工光源的选择上，应选用紫外线含量低、光照强度可调的 LED 冷光源作为照明光源。

在展览中，根据文物材质对光的敏感程度的不同分区域展示，给予不同的光照强度，如对光敏感度较高的纸质类、纺织品类文物，建议光照强度不高于 50 勒克斯，对光敏感度一般的竹雕、木雕、象牙类文物，建议光照强度不高于 150 勒克斯，对于光照强度不敏感的陶瓷器、石雕类文物，建议光照强度不高于 300 勒克斯。光照对文物的损坏是一个累积的过程，在不影响参观效果的前提下，为尽量减少文物的曝光强度和曝光时间，可定期轮换展品，并使用感应式照明光源，游客走近观看时亮灯，无人观看时熄灭。

同时展厅应加强管理，禁止使用闪光灯拍照。

3.空气污染物对文物的影响及防控措施

对文物保存产生影响的空气污染物包括大颗粒粉尘、二氧化硫、硫化氢、二氧化氮、一氧化碳、二氧化碳、臭氧、甲醛、苯等，这些污染物质主要来源于大气污染和不环保的文物保存、展示材料。大颗粒粉尘覆盖在文物表面，首先会造成表面污渍，影响文物外观，且粉尘具有粘附性，清理过程中稍不小心即会对文物产生损伤。粉尘表面还会携带微生物及其孢子，粉尘较轻，会随空气流动，会导致微生物污染范围的扩大，甚至污染整个库房。二氧化硫、硫化氢、二氧化氮、二氧化碳等酸性气体与空气中的水分形成电解质溶液，腐蚀金属类文物，也会与纸张、木材中的纤维素反应，对纤维素造成破坏，使纸张发黄变脆。

为防止空气污染物对文物的影响，首先应加强库房的密封性，减少库房内部空气与外部空气的交换，安装新风系统作为空气交换通道，并在通风口处放置吸附剂，滤除进入库房内部的空气中的污染物质。若库房未安装新风系统且部分文物的保存状态较差，急需采取保护措施，可以利用透明高阻薄膜将文物真空密封起来，并在内部放入除氧指示剂和调湿材料，隔绝外部空气对文物的影响。

文物囊匣应选用无酸的中性材料制作，文物保存柜架及文物展览中使用的展柜、积木材质均需达到环保标准，有机物释放总量需符合国家环境保护标准。

（二）针对突发性自然环境的预防性保护措施

博物馆可能遭遇的突发性自然灾害主要是地震、台风、洪水、雷击，为减少自然灾害对文物的损害，在建造文物库房时选址和施工要符合相关标准，并在房顶安装防雷设备，使文物库房具有一定的防雷、抗震性能。库房内文物尽量装入无酸囊匣保存，这样既可以隔绝外界空气对文物的干扰，维持文物所处环境的清洁、稳定，又可在发生震动时起到缓冲保护作用。文物储存柜架也应安装防倾倒装置，避免意外碰撞或地震时柜架倾倒，损伤文物。

二、针对生物因素的预防性保护措施

（一）动物及微生物因素对文物的影响及防治

生物对文物的破坏作用可分为物理性破坏和化学性破坏两种，物理性破坏指动物、昆虫等对文物的直接破坏，如老鼠啃咬书籍、木雕，昆虫啃蛀纺织品、纸质文物。微生物对文物的化学破坏是指在适宜的温湿度条件下，清洁度较差的有机质文物表面易滋生细菌、霉菌，细菌、霉菌以有机质文物材料为营养物质，分泌有机酸溶解文物，化作自身养分生长繁殖，使有机质类文物腐坏，并产生排泄物污染文物外观。

文物库房常见的害虫有档案窃蠹、药材甲、衣鱼、蟑、书虱、中华粉蠹、鳞毛粉蠹、谷蠹、竹蠹、褐粉蠹、皮蠹、衣蛾、花斑皮蠹、黑皮蠹等。为杀灭文物害虫，常见方法有真空绝氧杀虫法和化学药剂熏蒸杀虫法。真空充氮杀虫法通过抑制害虫的呼吸作用杀灭害虫，此法安全可靠，对文物无损害。化学熏蒸杀虫法常用的试剂有环氧乙烷、硫酰氟、溴甲烷和苄氯菊酯，化学药剂在杀死害虫的同时对真菌、霉菌也起到一定的灭杀作用，灭杀所需时间短，但是使用过程中需注意操作安全及尾气的处理。

除了化学灭杀，库房的日常清洁工作也不可忽视。

为加强库房环境清洁，可在库前区安装风淋室，进入库区的人员需穿戴鞋套，经过风淋室吹淋后进入库区。保管员加强库房日常环境卫生的巡视和打扫，外展藏品进入库房前需进行熏蒸处理，防止携带外部细菌及虫卵进入库房，造成生物危害的扩大。博物馆接收其他单位文物进行展览前，也应对展品进行仔细检查，如果携带微生物及害虫，需要求送展单位对文物进行消毒处理，避免造成展柜污染及后续展览文物的交叉污染。

（二）人为因素对文物的影响

人为因素对文物的破坏，主要是工作人员操作或修复不当造成文物的损坏，或展厅管理不到位游客对文物造成意外性损伤，以及犯罪分子的盗窃行为。为防止人为因素对文物的破坏，首先，应加强馆内工作人员的专业知识培训，健全藏品登记入账制度，制定完善的库房管理制度并严格遵循，加强对工作人员安全取放、打包、搬运文物操作方法的培训，定期巡查库房安全及文物保存状态、环境。其次，要加强库房和展厅的基础设施的建设，加强库房和展厅的安防、消防设备的布设安装，并每月进行消防、安防设备的灵敏度测试，落实消防、安防事故责任制，定期进行消防、安防演练，熟悉突发事件处理流程，加强馆内工作人员对消防、安防等突发事故的处理能力。

展厅派专人监管，加强展厅巡视，出现突发事件时阻止游客靠近，及时上报安保部门。

文物是历史遗留给我们的宝贵物质财富，随着时间的推移，文物消失的趋势无法避免，为使这笔宝贵的财富更长久地流传下去，研究文物老化的规律，并在文物出现问题前采取必要的预防性保护措施远比出现问题后进行紧急性抢救更能完整地保存文物的信息与价值。目前，越来越多的现代化科技手段被运用到文物的日常管理和保护中。例如，博物馆藏品数字化管理平台的研发与应用，可更加科学地对博物馆藏品信息进行管理、提用，提高藏品管理与利用的效率；文物保护专用室内环境质量综合评估监测终端，可实现博物馆展厅及库房中温湿度、二氧化碳、光照强度、紫外线辐射、空气污染物等数据的连续采集，并将数据反馈至环境监测软件平台，使工作人员了解到文物所处环境在任意一段时间内的数据和波动情况，以便根据反馈结果采取必要的保护措施。

文物的预防性保护工作任重而道远，每一位文物工作者都应具有预防性保护的理念，减缓、阻断影响文物保存的不利因素，使人类文明的成果得到传承和发展。

第七章　数字化技术与文物保护信息管理

社会历史信息以及人类意识形态的传递通常作为文物管理与保护的主要目的。现阶段正处于互联网时代，受此影响使得文物保护以及管理理念得到升华，传统的文物保护模式已经被共享与服务模式所取代，使得现阶段文物管理水平得到有效提升，信息资源共享也得到了一定程度的提升。本章结合数字化技术对文物保护信息管理工作展开分析。

第一节 三维激光扫描技术与文物测量数据采集

一、三维扫描技术

（一）三维扫描技术应用原理

三维激光扫描技术又被称为实景复制技术，在实际工程应用中需要通过自动控制技术来对情况复杂多变的施工现场环境进行连续的数据采集和处理，具有非常强的非接触性、实时性、扩展性，除此之外数字化程度和应用速率都非常高。将三维激光扫描技术运用到工程施工中能够极大地提高扫描数据的精确度，在方便施工设计和提高施工效率上有非常大的帮助，同时也对实现三维可视化具有重要意义。施工中运用三维激光扫描系统和高精度自动全站仪对施工现场进行扫描，通过将仪器自动生成的三维点云模型与各专业 BIM 模型结合对比分析，能够及时发现施工偏差，提前预览装修效果，为后续施工方案调整及设计深化提供依据。通过三维点云对比分析计算，利用模型软件选择合适控制线，可直接标注坐标，通过全站仪现场施放，施工精度满足装饰装修要求，无需多次倒点。在云模型分析计算的基础上，可搭配 BIM 技术，直接利用模型指导工厂直接下料，优化各种确认流程，有效节省了工期。

（二）三维扫描技术在文物保护中的重要性

伴随着计算机和制图技术的发展，现有的制图技术可用于文物保护，满足特殊的制图需求。对不同的文物古迹，其制图方法也不相同，应根据不同的文物特点，制定不同的制图方案。运用新的测绘技术、新设备、新方法对复杂和不规则文物进行保护，充分发挥现代测绘的新功能。如卫星遥感、航空摄影测量、近场摄影测量、三维激光扫描技术等，正在逐步取代传统的文物测绘方法，与遥感影像相结合，进入文物测绘领域，进行数字测绘，为文物保护提供优质服务。现代制图技术与传统制图方法相比，在文物保护和考古研究中具有明显优势。利用 GNSS 技术对文物古迹进行定位，具有传统制图、无视场、无观测时间、全天候作业等优点。利用 RS 技术可迅速获得目标区域的图像数据，大部分工作可转移到室内，劳动强度低，工作效率高，其测量结果的准确性大大提高。运用 GIS 技术对数据库中的文物信息进行管理，实现文物信息数据的查询、统计、分析，使文物管理真正实现数字化、智能化。对古代建筑来说，传统的制图方法精度不高，只能通过建筑的平面、立面、剖面、轮廓、影像等获得建筑的三维平面图，而三维激光扫描技术不仅能获得建筑物的三维平面图，还能获得建筑物的点云数据和纹理信息，包括传统设备难以获得的细节和材料。

（三）三维扫描技术优势

1.单点采集转批采集

由于传统的单点采集方式存在误差大、时间长、易受干扰等缺点，容易造成扫描延迟而妨碍工程进度，因此在测量和涂布时，一般需要对整个过程进行规划。测绘过程中会出现传统测绘条件不能满足现代测绘需要、发展不平衡的现象，测绘工作难以完成，要获得准确的数据，通常要对整个过程进行规划。对于一些难以保存的文物，用传统的方法很难作出准确的结论，引入三维扫描技术，可在测绘过程中实现批量采集，保证最终测量结果与被测对象具有较高的一致性。

2.实施野外测量

文化遗产测绘涉及户外研究，如大型建筑、雕塑等，需要大量的人力、物力，在室内无法进行。三维扫描技术可对毫米级文物进行定量密度测量，并将测得的数据输入电脑，用计算机软件恢复同等比例的实物样机，降低工作难度。

3.利用三维扫描可以实现外业测量向内业测量的转化

大型雕塑和大型建筑往往需要更多的人力投入室外测量，测量工作量大，误差大。同时，在攀爬和搭设脚手架的过程中，不仅存在一定的风险，而且会破坏文物的完整性。南部的梅雨季节和西北部的沙尘暴环境可能会影响测绘进度，进而影响施工工期。利用三维扫描技术，可以实现高密度的测绘工作。结合计算机处理，可以得到相同比例的测量模型，实现了测量工作的内部化，大大改善了测量工作环境，降低了工作强度。

二、文物测量数据采集

博物馆作为保护与传承人类文化遗产的重要载体，是传播、展示历史文化的重要窗口，也是收藏、保管文物的主要场所。由于文物自身具有不可再生的属性，有必要降低博物馆对实体文物的使用频率。

三维数字化技术能够有效地记录文物的整体客观属性，为文物复制提供数据支持，同时为文物修复及预防性保护提供帮助。目前，各大博物馆都相继开展了文物三维数字化工作，并结合新媒体技术，将文物以动态的三维形式展现在观众的视野中。该项工作的开展，不仅有效地平衡了文物保护与利用的矛盾，也让观众能够全方位、多角度、立体化地欣赏文物。

1.国内外文物三维数据采集的应用实践

文物数字化采集手段可分为直接和间接两种。三维数据采集是一种直接手段，即通过数字化扫描、拍摄的方式，借助先进设备采集、记录文物实体的信息，利用计算机软件进行数据拼接和后期处理加工，最终实现文物的数字化。

三维激光扫描技术是 20 世纪末期逐渐得到推广应用的一项高新技术，主要是通过激光扫描被测物体，高效、高精度地测量被测物体表面的三维坐标。这种测量方法具有不可比拟的灵活性，被广泛地应用于大面积三维重建领域。例如，斯坦福大学（Stanford University）的科研工作人员对意大利古罗马剧场、埃及金字塔狮身人面像以及米开朗琪罗的雕塑作品进行了数字化处理，奥地利维也纳斯蒂芬大教堂、西班牙平达尔洞穴岩画等大量文化遗产也通过三维激光扫描的方式得到三维重建。在国内，龙门石窟、大昭寺、三星堆遗址一号祭坑、秦始皇兵马俑二号坑以及敦煌莫高窟第 96 窟和 158 窟等文物古迹，也均利用该技术完成了数字建模工作。在博物馆中，故宫博物院、军事博物馆和首都博物馆等都曾采用三维激光扫描技术对馆藏精品进行数字化信息采集，并将藏品的三维模型在网上展示。其中，故宫博物院与日本凸版印刷株式会社合作开展了"数字故宫"项目，对故宫建筑和藏品的结构特征、表面装饰等元素信息进行采集，实现三维模型重建，并建立了三维数字化模型数据库间。

光栅投影（结构光）扫描技术于 20 世纪 90 年代后期随着数字投影技术、数码相机技术和计算机技术一同兴起，在三维轮廓测量领域得到了越来越广泛的应用。该技术具有结构简单、全场测量、高分辨率、高精度、速度快等特点，已成为三维测量的重要方法之一。浙江大学利用结构光扫描技术，对良渚文物黑陶鼎和玉琮进行了三维数字化重建；浙江省博物馆开展的"浙江省新石器时代陶器的三维信息无损采集及动态展示项目"，对 15 件具有代表性的陶器进行了三维数据采集；中国科学院计算技术研究所与敦煌研究院开展紧密的技术合作，应用投影编码结构光技术完成对莫高窟第 45 窟和 196 窟的三维数字化重建工作；湖南省博物馆、广东省博物馆等在藏品三维数字化工作中均应用此技术进行藏品三维信息的高精度采集。光栅投影扫描技术主要适用于中小型或青铜器等类型文物，在针对一些表面光滑的文物进行采集时，其反射光会对点云数据产生影响。

摄影测量技术是由大地测量发展而来，主要基于数字影像和摄影测量基本原理，因其便捷和灵活性在考古、文博工作中得到广泛的应用。敦煌莫高窟的壁画就曾利用数字近景摄影测量技术方法进行三维数字化。这项技术在分析被测对象纹理图像的同时能够快速获取其集合空间的关系，大大降低了采集成本且提高了采集速度，但对色彩均匀的被测表面有一定程度的解析误差回。故宫博物院、首都博物馆、青海省博物馆等目前均正在使用该技术进行藏品的三维数字化工作。牛津大学（University of Oxford）、鲁汶大学（KU Leuven）以及武汉大学、中国科学院自动化研究所等机构均对相关算法做了大量研究。

工业 CT 技术自 20 世纪中后期起用于文物的检测与分析，能够实现分层次扫描，因其可做到无损检测故而颇具优势。有科研人员利用工业 CT 技术对具有 400 年历史的沉船文物进行扫描，以确定文物内部的结构以及损坏情况；科研人员还曾结合工业 CT 技术和 DNA 检测的方法，为 40 多具埃及王室木乃伊验明身份。随着技术的不断成熟，工业 CT 已经广泛应用于文物修复与检测中，在提供断层影像信息的同时，还可以帮助进行三维模型的构建，成都华通博物馆就利用该技术重建了馆藏青铜器香薰的三维模型。

2.文物三维数据采集技术的原理与优缺点

文物三维数据采集是文物数字化的基础，采集的完整性及准确性直接影响到数据是否可用。根据对当前三维数据采集设备和方法的调研分析，以下对前述博物馆常用文物三维数据采集技术的原理和主要工作流程进行简要说明，并加以对比。

（1）三维激光扫描技术

三维激光扫描技术的原理是激光三角测距，即通过光源孔发射出一束激光以扫描被测对象，利用被测对象表面的反射来推断其空间三维信息、反射率以及纹理等，通过拼接技术手段快速获取被测对象的三维模型数据。

这项技术有效地缩短了三维模型建模的时间，并且建模精度较高。

（2）光栅投影扫描技术

光栅投影扫描技术是对文物三维轮廓的非接触式测量技术，具有高精度、高效率、易于实现等特点，主要适用于精细化扫描。该技术在博物馆中的主要应用方法为光栅投影移相法，是基于光学三角原理的相位测量法，将光栅图样投射到被测对象的表面，进而在被测对象的表面形成光栅图像。由于被测对象几何尺寸分布不同，规则光栅线发生畸变，可看作相位受到物面高度的调制而使光栅发生变形，通过解调物面高度信息，最后根据光学三角原理确定相位与物面高度的关系。

（3）摄影测量技术

摄影测量三维重建技术是应用数码相机采集图像，通过计算机视觉、模式识别、图像处理等技术进行影像的处理和匹配，并利用软件自动识别相位点，通过数学解析确定其空间三维坐标，构成三维模型数据、正射影像图、线划矢量图等。通过摄影测量技术，可清晰、准确和完整地获取文物表面的纹理色彩信息。

（4）CT 技术

CT 技术是对被测对象进行射线投影以获取内部信息的成像技术。依靠 X 射线（或其他类型射线）照射被建模对象，由于不同物体受材质、密度、尺寸等影响而造成阻射率不同，故而可以依靠三维技术重建物体。传统的 CT 重建算法是以被测对象为回转中心，将采集镜头围绕被测对象回转扫描，通过图形重建算法获取被测对象的内部信息。在众多的三维数据采集技术中，CT 技术以其能够无损获取文物内部信息的特点，为被测对象的内部信息数字化建模提供了有力的支撑，因此在文物的保护和研究中应用广泛。特别是对于瓶口狭小器物的内壁以及视觉目标观察不到的区域，可通过该技术获得其几何模型数据信息。经过前期的技术交流，日本、韩国等几家博物馆已经应用 CT 扫描技术进行文物内壁三维数据的采集。

（5）各项技术优缺点对比

结合国内外的研究情况，以及国内部分博物馆文物数字化工作的实践应用，可总结出各采集方式的优缺点。

三维激光扫描技术在博物馆中主要适用于古建筑物、壁画、考古遗址、大型佛造像等，同时也可用于可移动文物或具有反光、微透等特征的文物。光栅投影扫描技术主要适用于中小型可移动文物，在扫描纹理细节复杂（镂空较多）、景深程度较大的文物时更具优势。摄影测量技术主要适用于展示或浏览级的三维数据采集，或者作为一种辅助技术与其他采集方式结合使用。CT 技术在博物馆文物三维采集实践中的应用相对较少，一般用于因视觉无法观察或者有遮盖而造成光学原理技术无法采集的位置，但是需要进行数据拼接，目前仍处于研究阶段。

3.采集实验及数据分析

目前，在博物馆藏品三维数字化工作中应用较为广泛的三维数据采集方法主要是三维激光扫描技术，光栅投影扫描技术和摄影测量技术。工业 CT 技术虽然能够对文物内壁数据进行采集且精度较高，但因其价格较为昂贵，参数设置较为复杂，易对人体造成伤害，需要在特定铅房密闭环境操作并配备必要的防护措施，或者定制全密闭箱体式设备，故而在博物馆中的应用较少。下文将对由不同技术采集的同一器物三维数据进行对比分析，客观论证其差异性。

鉴于各博物馆所藏文物在材质、器形、大小等方面均各具特色且种类繁多，很难通过单一文物的三维数据验证某种采集技术的优劣；同时，目前各种三维数据采集技术均具有局限性，对透明、半透明材质或高反光材质器物的采集效果普遍不佳。因此，为保证实验客观准确，选择质地为陶或金属（弱反光）的器物作为实验对象。由于青铜器纹饰较复杂、纹理层次较明显、器形复杂度较高、数据对比较显著，将实验对象确定为青铜爵。出于保护文物的目的，本实验所用青铜爵为仿制品。

（1）三维激光扫描技术与光栅投影三维扫描技术

1）数据采集设备

每一种采集技术都对应多种设备，例如三维激光扫描设备有手持式、立架式、关节臂式、大型跟踪仪等，每类设备的精度和使用范围各不相同。其中，精度较高的设备是测量臂，精度为+25微米。同样，光栅投影扫描设备也有手持式、立架式（单目、双目）等，其中最高精度能够达到±10微米。在本实验中，两种采集方式均选择相应精度最高的技术设备。

2）数据与效果分析

博物馆对文物三维数据的应用一般分为数据留存（文物复制）、展示研究、移动端浏览等，不同用途对，应不同等级的数据，最高等级的数据一般用于数据留存或复制。本实验以最高等级数据进行对比，能够有效检测出不同技术的差异性。

利用上述采集设备对青铜爵进行三维数据采集，并分别对比三维数据原始点间距、拼合误差、数据精度等指标项。由于光栅投影扫描设备的理论误差值最小，因此选择此设备采集得到的三维模型作为基础参考数据，通过 Geomagic Control 软件将三维激光扫描得出的数据与之进行对比，获取各对应点位数据偏差值，将偏差值在±0.05毫米之间的数据定义为合格数据，以此来对比精度差异。对原始，点云选取任意两点进行测量，可得到原始点间距。通过在同一位置以等比大小进行截取，可得到直观效果对比图。此外，利用采集设备自带软件可直接测出拼合误差。

分析两种扫描技术所得数据，正负偏差值在±0.05毫米之间的占全部数据的31.76%，±0.5毫米之间的占79.93%。通过视觉观察效果图，二者具有明显的分辨率差异。因此，通过实验可见，光栅投影扫描技术在进行文物三维模型数据采集时，在数据精度和模型建构效果方面具有显著优势。

（2）摄影测量技术

1）数据采集设备

本次实验中使用佳能 5DSR 全画幅单反相机，5000 万像素，镜头 24 毫米-70 毫米，旋转角度 15 度。

2）数据与效果分析

实验所得三角面数量 5092543 个，照片数量约 900 张，经合成及后期处理可得到完整模型和点云模型。该模型由于采用了测量标定方法，所以带有尺寸数据。选取与前述实验相同位置的等比大小局部效果图，直观对比几种方法的几何分辨率差异，可以看到此次实验中摄影测量方法得到的三维模型数据几何分辨率略低于激光扫描、光栅扫描的三维数据几何分辨率。受采集人员经验等各种因素影响，数据采集效果可能稍有出入，但是设备精度依然是决定数据精度的重要条件。

在文物三维数字化工作中，不仅要采集文物的三维数据，还要将文物的外观进行二维影像采集，通过影像映射形成完整的文物三维模型。色彩纹理精度和映射匹配度是评价映射准确度的关键指标。故宫博物院的相关实验结果显示，摄影测量技术所得结果的空间平均分辨率在 0.03 毫米左右，投影误差在 0.01 毫米-0.02 毫米之间，模型精度在 0.1 毫米左右。相关数据在纹理贴图方面已经达到了很高的标准，完全优于传统的 UV 贴图方式。

但是，如果想提高局部特征精细度，则需要拍摄大量照片，数据量较大。并且，计算过程需要分块进行，再通过后期拼接成完整模型，而拼接过程中产生的误差较大。摄影测量技术本身不能解算三维模型几何尺寸信息，需要借助其他辅助方式。为得到更加精准的尺寸信息，需要利用特殊的测量标定方法获取相关数据。由于标定方法本身会存在一定误差，因此整体精度会有一定额外损失。

总之，摄影测量技术适用于纹理贴图要求较高、纹理表面特征明显的文物。

三维激光扫描技术、光栅投影扫描技术、摄影测量技术和工业 CT 技术，在对质地丰富、器形复杂的文物进行数据采集时各有所长。博物馆在采集文物数据时，要结合文物安全及其自身的材质、器型等特征，选用最合适的技术方法。同时，也可以将多种技术相结合，扬长避短，从而得到更加精准的文物三维数据。例如，将摄影测量技术与三维激光扫描技术或光栅投影扫描技术结合使用，既能够满足纹理的映射匹配，又能够达到高精度的几何分辨率。又如，利用工业 CT 技术得到的文物内部数据与其他光学采集技术得出的外部数据进行拼接，也将成为一种新的三维数据采集方法。除此之外，也要制定合理的工作方案，尽可能做到一件文物只采集一次，严格控制采集时间，避免造成文物损伤。

第二节 文物病害调查与检测分析中的数字化手段

一、文物病害学的定义

1.文物病害

文物实体病害的产生可类比于动植物的疾病，病害这一概念是相对于文物实体的原始状态而言，从这一角度看，只要与文物实体产生后的最初状态不一致，就说明文物实体产生了病害，既包括文物实体材料本身的自然老化，也包括文物实体在使用、废弃、埋藏到发掘出土，进入博物馆等保存收藏或者保护修复过程中产生的一系列的变化。

文物实体病害就是那些由于文物实体材质、结构和性能的改变，或环境的影响、外力参与导致的与文物实体原始状态不一致的现象，既包括物理的变形，开裂，也包括化学上的腐蚀、降解等，还包括因生物参与所产生的变化。如虫蛀、微生物腐蚀等现象。

另外，文物实体在制作之初也可能存在病害，是文物实体的原生性缺陷。文物实体在其加工成形之后，由于原材料的选择、提炼、加工制作工艺等过程技术水平的限制，文物实体本身存在一些缺陷，包括原材料缺陷、加工缺陷、设计缺陷等。这些缺陷是原生性的，在使用或者埋藏过程中，这种缺陷会表现出来，使得文物实体作为实用器时出现损坏现象，或者引发其他病害。例如，结构不稳造成的断裂、内部缺陷造成的热应力集中等，这些也可能成为文物实体后续病害产生的原因。再如，青铜器加工铸造过程中产生的气泡，在气泡位置会有应力集中的现象。在使用的过程中，由于反复地加载、释放载荷或者反复地进行加热，应力集中的位置会产生微裂纹，微裂纹会逐步发育、扩展，进而形成裂纹，裂纹汇聚最终导致破裂，使得文物实体作为实用器，不能继续使用，被废弃，进入漫长的埋藏过程。加工铸造中的内部缺陷属于文物实体的原生性缺陷；同时也是文物实体产生后续病害的重要原因，因此文物实体病害中。原生性缺陷也是文物病害研究关键点之一。

某些文物实体的使用功能丧失是文物实体作为实用器寿命终结的标志，也是文物实体被废弃从而进入埋藏的主要原因。当然也有一部分文物实体，本身不作为实用器加工和设计的初衷就是作为祭祀用品直接埋藏或者加工设计失误而直接废弃，如明器的制作，陶瓷器作坊埋藏的废旧瓷器等。对于文物实体的原生性缺陷，要区分这一部分病害的原因：是由于设计缺陷，还是故意为之。只有对这一部分缺陷明确原因，才能明确文物实体本身的设计初衷，并对这些文物实体进行相应的修复和保护。例如，青铜器在浇铸的过程中需放入垫片和支钉，垫片和支钉相对容易被腐蚀。因此，在出土的青铜器上常会出现腐蚀孔，这就是垫片被腐蚀后形成的，如果不了解这一点，在补配时不能够保持垫片和支钉的形状，失去了重要工艺信息，这显然是一种不当修复。所以需要对文物实体的原生性缺陷进行研究，加深对文物实体制作工艺的认识，以确定是设计制作中存在的问题还是故意为之产生的缺陷，并在文物修复档案中明确标明，避免产生误解。

2.文物病害学

文物病害学主要研究在复杂因素超长期作用下，文物实体材料组成、结构和性能的变化以及与损伤之间关系，并解释文物实体损伤产生的原因和发展趋势。

文物种类繁多，涵盖各种质地，分为棉、毛、丝、麻、金、银、铜、铁、锡、玉石、陶、瓷等。从化学角度看，主要分为有机质类文物和无机质类文物两大类。有机质类文物常常易生虫长霉、老化劣化，因此有机质类文物是极易损坏且最难保存的文物。无机质类文物金属器。易氧化产生锈蚀，锈蚀最严重的时候，整个器物都会变成金属氧化物，即矿化；玉石类文物，常常发生风化，石碑、石雕像出现花纹模糊、雕像残损等现象，就是风化的结果。

几十年来，我国的工业发展十分迅速，随之而来的环境污染也越来越严重，由于酸性气体等有害气体的侵蚀，文物实体的损坏越来越严重，受损速率明显加快。

文物实体经历了加工制作、使用、废弃、埋藏、发掘出土到保护修复的过程，其材质发生了化学、生物和物理的变化，结构和性能也相应地发生了一定改变。文物保护的目的就在于对这些文物实体材料的性质和所蕴藏的信息进行分析和提取，并运用各种技术手段，使文物实体的性质和性能保持基本稳定，延缓文物实体材质的老化和降解的速度，将文物实体的寿命尽可能地延长。文物实体在埋藏、收藏和保存的过程中，其材料性质、结构发生了变化，这些变化一般称为病害。如果将文物实体比作人体，相当于文物实体是存在一定疾病的个体，那么疾病产生的根源，也就是文物实体的病害来源，可以被看作文物实体的病原。类比于病原学的概念，文物实体的病原体就是引起文物实体产生病害的一切物质或环境条件、文物实体的病害现状就是病症。就像医治病人最重要的就是找出病原一样，去除文物实体病害或者对文物实体进行保护、修复最重要的前提就是找出其产生病害的原因，并针对文物产生病害的原因制定相应的保护措施。

3.文物病害信息的价值

文物病害的产生与文物实体质点的运动有关，文物实体质点的运动状态离不开具体的环境条件，环境条件恶劣，文物病害就严重，环境条件良好，文物实体的保存状态就好，文物病害就会较轻。因此，文物病害也是文物实体的一种状态，病害背后隐含了大量与文物实体制作工艺、保存环境、文物实体材料相关信息。这些重要信息对研究文物病因、保护修复技术研发，以及考古学研究的方方面面都具有一定的学术价值，所以，文物病害也是文物信息的重要组成部分。

（1）考古学价值。文物实体的制作技术总是由早期的不成熟逐渐发展到成熟阶段，不成熟的技术制作出来的文物实体往往病害情况较多，且主要是原生性病害。根据这些文物的病害可以了解当时的技术发展水平，以及不同区域的传播情况，为考古学研究提供证据。

（2）文物保护学价值。对文物实体病害展开研究，可以找出病害产生的原因、发展趋势以及影响因素。在明晰病因和影响因素的基础上，有针对性地制定保护修复技术方案。同时，在文物实体保管过程中，尽可能去除有害影响因素，或采取必要措施，尽量减少有害因素对文物实体的损伤。

（3）文物学价值。某些文物实体病害形成的时间长，成了古代文物特有的特征之一，现代造假技术很难实现，因此文物病害也可以作为文物鉴定的依据。

二、应力型病害

1.文物实体应力的产生

物体由于外因（受力、温湿度变化等）而产生变形时，会在物体内各部分之间产生相互作用的内力以抵抗这种外因的作用，并力图使物体从变形后的位置回复到变形前的位置。文物实体截面某一点单位面积上的内力称为应力，与截面垂直的应力称为正应力或法向应加。

在没有外力存在时，材料内部由于加工成型不当、温度变化、溶剂作用等原因也会产生应力即内应力。内应力是在结构上无外力作用时保留于物体内部的应力，没有外力存在时，弹性物体内所保存的应力叫作内应力。它的特点是在物体内形成一个平衡的力系，即遵守静力学条件。按性质和范围大小可分为宏观应力、微观应力和超微观应力；按引起原因可分为热应力和组织应力；按存在时间可分为瞬时应力和残余应力；按作用方向可分为纵向应力和横向应力。

2.应力的危害

文物作为一种物质实体，在其制作加工、使用、废弃、埋藏、发掘出土、保护修复，保存的过程中，都受到一定的外力作用，在外力作用下，文物实体内部为抵御外力作用所产生的内力就是文物实体的应力。一般情况下，外力消失后，由于材料本身的性质，应力不可能马上消除，这种应力的存在对文物实体而言会产生一定的病害，包括开裂、翘曲及变形、三维尺寸变化等。

（1）开裂

因为应力的存在，外力作用会诱使应力释放而在应力残留位置出现开裂。对于青铜器来讲，开裂主要集中在浇口处或过渡填充处。没有烧透的瓷器内部往往存在较大应力（变温应力），瓷器是硬度很大的材料，长期积累的应力很难得到释放，当应力达到一定程度时，瓷器会产生炸裂现象，形成较长的裂缝。古代陶瓷器有时出现的炸裂情况，就是应力突然释放造成的。

（2）翘曲及变形

有残留应力存在时，文物实体材料在室温下，残留应力释放需要较长时间，高温时内残留应力释放所需时间较短。如果文物实体局部存在位置强度差，即各部位强度分布不均匀，那么在应力残留位置产生翘曲或者变形现象。在修复文物时，会经常使用新的材料，新的材料力学强度好于文物实体材料，修补部位与文物实体之间存在强度差，容易产生应力。

（3）尺寸变化

由于应力的存在，在文物实体放置后或处理的过程中，如果环境达到一定的温度，文物实体就会因应力释放而发生变化，除翘曲、开裂和变形之外，其三维尺寸也可能发生改变。木质文物由于热胀冷缩和湿胀干缩发生的变形及三维尺寸变化，本质上就是应力作用的结果。

3.消除应力的方法

理论上消除应力可以采用三种方法：一是对物体进行热处理（只适用于金属器物）；二是放到自然条件下进行消除（即自然时效消除内应力）；三是通过人工敲打振动等方式进行消除。消除应力可采用如下具体方法：

（1）自然时效消除残余应力

自然时效是通过把物体暴露于室外，经过几个月至几年的时间，使其尺寸精度达到稳定的一种方法。大量的试验研究和生产实践证明，自然时效对稳定物体尺寸精度具有良好效果。

（2）热时效法

最传统也是目前最普及的方法就是热时效法，而把物体放进热时效炉中进行热处理，慢慢消除应力。

（3）利用亚共振来消除应力

这种方法使用起来比较繁琐，要针对不同形状的物体编制不同的时效工艺，操作相当复杂，需要操作者确定处理参数。令人遗憾的是这种方法只能消除器物上约23%的应力，无法达到完全消除应力的目的。

（4）振动时效去除应力

振动时效技术（Vibrating Stress Relief，简称 VSR），旨在通过专用的振动时效设备，使被处理的物体产生共振，并通过这种共振的方式将一定的振动能量传递到物体各部位，给物体施加附加动应力。当附加动应力与残余应力相叠加后，达到或超过材料的屈服极限时，物体就会产生微观或宏观塑性变形，从而降低和均化物体内部的残余应力，物体内部发生微观塑性变形能够使歪曲的晶格逐渐恢复平衡状态，位错重新滑移并钉扎，最终使残余应力得到消除和均化，从而保证物体三维尺寸的稳定性。

对于文物保护修复工作而言，采用的保护、修复材料与文物实体材料之间，由于材料强度的差异，使得应力必然存在。避免产生应力的方法有很多种，如保护修复工作完成后，在一定环境条件下对文物实体进行应力释放，或在修复前对补配材料进行预老化处理，使修复材料与文物实体材料性能相近，避免因材料强度差异产生应力。绢画修补时所使用的新绢，在修补前须经高能射线进行老化处理，就是为了防止由于新旧组的强度不同产生应力，对文物实体造成新的伤害。保护修复对文物实体施加多层材料时，不能抢时间，每施加一层材料后都应将文物实体放置一段时间，通过自然时效消除由保护修复材料对文物实体产生的残余应力，以免应力对文物实体造成损伤。

4.文物实体的应力病害类型

一般材料都是弹塑性体，在一定的范围内材料的变形为弹性变形，在材料的弹性范围内，外力消失后材料能完全恢复原来形状，这就是弹性变形。当外力超过其弹性范围时，外力消失后材料不能恢复原来形状，这部分变形叫作塑性变形。大部分文物实体材料都属于弹塑性材料，也就是说同时具有弹性变形和塑性变形的特点。对于文物实体材料来说，易导致病害产生的应力一般包括重力、外力影响下的内应力、材料加工后的热应力、有水参与的湿胀干缩产生的应力环境中温度的变化产生的热胀冷缩应力等。

重力导致的病害一般出现在石质文物上，特别是岩画、石窟、石刻等大型的不可移动文物。由于本身的结构力学问题，加上自然灾害，如暴雨、地震等的影响，文物实体的重心失稳导致文物实体发生松动、滑移、崩塌等。古建筑是由多种材料构成的，包括石材、砖、木材等，各种材料通过不同的构造组合成建筑物，不同的构造通过相应的力学结构结合，使得建筑物稳定，因此古建筑的结构力学是保证古建筑在结构和力学上稳定的重要因素。中国古代建筑的木构架在结构上基本是采用简支梁和轴心受压柱的形式，局部使用了悬臂出挑构件和斜向支撑，各节点采用榫卯结合，这种构造方式使构架在承受水平外力（地震力、风力等）时有一定的适应能力。这些结构中，不同材料的力学性能、应力集中情况都会影响到古建筑的结构稳定性，如梁的应力集中、榫卯结构的应力分布不均等，因此梁和榫卯结构是古建筑中最易损坏的部位。

文物实体材料在埋藏和保存过程中会受到外力的影响，如埋藏中的器物相互间挤压、墓葬垮塌造成的挤压和地震等振动中造成的跌落挤压等。当这种外力消除后，材料内部的内应力仍旧存在，如果这种内应力不予消除，在应力集中的位置就有可能出现开裂、断裂等病害。很多文物实体都是热加工的产物，包括青铜器、陶器，瓷器等，在制作加工过程中自身就会产生一定的热应力。当温度发生改变时，物体由于外在约束和内部各部分之间的相互约束，使其不能完全自由胀缩而产生应力，此种应力又称变温应力。

文物实体在加工、使用、废弃、埋藏和保存过程中，都离不开环境，包括各种埋藏环境、使用环境、保存环境等。环境包含了空气、污染物、水、微生物、温度、光照等各种因素，这些环境因素的波动都可能使文物实体产生应力。文物实体材料本身的热胀冷缩和水引起的湿胀干缩体积变化，都是文物实体重要的应力来源。

文物实体材料在温度发生变化时，体积会随之出现变化，热胀冷缩现象就是温度变化的结果。水参与也会导致体积变化，例如，水分进入材料孔隙中，当温度降低到冰点以下时，水凝结为冰，发生相变，体积膨胀，对文物实体材料本体产生挤压、膨胀，从而产生应力。随着温度的变化，水不断融化、凝固，如此循环往复，文物实体体积反复收缩和膨胀，如果应力得不到释放，就会造成应力累积。纸张、棉麻、丝织品等高分子材料，由于环境温度、湿度的变化，其发生的膨胀、收缩也会产生一定的内应力。同时，由于其材质的不均一性或者结构的影响，会在某些位置，如尖端、缺陷处出现应力集中现象，从而对文物实体材料的结构产生危害，如文物实体出现断裂、折痕等病害。

三、累积损伤

1.累积损伤效应概念

累积损伤与文物实体质点运动有密切的关系。在外界环境因素的作用下，质点运动状态会发生轻微改变，而每一次的轻微改变并不会造成文物实体材料性能或文物信息的明显变化。但长时间、多频次的重复，则会使文物实体材料性能或文物信息发生质的变化，对文物实体造成明显损伤，这种损伤叫作累积损伤。累积损伤的本质是质点运动，累积损伤具有三个特点：一是高频次，二是单次损伤轻微，三是长时间积累。质点的改变和质点位移，从量的角度看，单次造成的文物实体质点的改变或位移是极其微小的，即使把时间长度扩大到几十上百年，也看不出有明显变化，如铜质材料在不同环境中的腐蚀速率。但对文物而言，其所经历的时间跨度可能是几百上千年，尽管单个变化极其微小，但最终的状态就是一个从量变到质变的累积结果。

文物实体累积损伤效应是一种因素与另一种或多种因素对文物实体连续作用叠加后，导致的文物实体变化所产生的效应。这种效应力度较弱，但时间上具有长期性、持续性。分析累积效应应从它的概念，因果关系模型入手，模型由三部分构成，即累积影响源、累积影响途径（过程）和累积影响类型。

文物实体通常经历了非常长的时间段，短至百年，长达数千年，甚至上万年，长时间的积累形成了文物实体的累积损伤效应。经过如此长时间的累积之后，任何一种微小因素作用造成的危害都无法被忽视。一般情况下，环境条件不稳定极易造成文物实体的损伤或损毁。我国西北半干旱地区，由于地下水位波动较大，埋藏环境湿度、微生物生长、盐分含量情况也在不断变化，累积损伤比较严重，此种环境对有机质文物的保存非常不利。所以，西北半干旱地区鲜有保存状态较好的有机质文物出土。而我国南方地区的地下埋藏文物大多数处于饱水环境，环境比较稳定、累积损伤相对较小，出土的有机质文物的保存状态通常比西北半干旱地区好。新疆等干旱地区埋藏环境干燥，环境条件更加稳定，累积损伤对有机质文物实体造成的破坏相对更小。因而，新疆出土的有机质文物，如木器、丝织品的保存状态通常很好。部分丝织品文物出土时颜色仍十分鲜艳，如同新的一样。

当环境温度高低交替变化时，此时文物实体处在热循环过程中，受到材料热传导特性等因素的影响，结构各部分之间，相同材料的不同表层与心部之间必然存在温差，致使文物实体的膨胀、收缩量有所差异，加之刚性构架中各部分之间的互相制约，于是在不同的温度区间内文物实体中便会形成热应力。

损伤识别一直是研究人员广泛关注的问题，受疲劳、腐蚀、老化等因素的影响，损伤累积必然存在，从而使这些文物实体的保存面临重大隐患。因此，能对损伤累积进行监测和识别，及时地发现损伤，对可能出现的灾害进行提前预警，这是评估文物实体安全性的必然要求。

材料学领域的累积损伤研究方法主要包含应力分析中的有限元建模、失效判定准则及损伤过程中材料性能退化三大部分。文物作为物质实体，累积损伤效应研究可以借鉴材料学领域相关研究成果，从累积损伤的角度对文物进行健康评估。

2.累积损伤模型

文物材料在复杂环境因素的协同作用下（如挤压、温度、湿度等）必然受到多种不同程度的损伤，影响文物材料损伤的因素具有随机性。这些影响因素相当于在对文物实体施加荷载，当荷载是循环往复应力时（如温度忽高忽低、湿度忽大忽小），引起的文物实体材料力学性能劣化过程称为疲劳损伤。文物实体材料在埋藏和保存的环境中受到挤压属于外加荷载，通常是持续性力的作用。环境中温度的变化，对材料本体产生的变温应力，即热应力会产生一定程度的影响，尤其是不可移动的文物实体处于室外环境，温度差异较大时，其受热应力的影响也较大，当温度的变动循环往复时，其累积的损伤就会显现出来。在金属材料学或者建筑材料学中，疲劳累积损伤理论已经是材料失效、损伤等研究领域的重要基础理论。

现有的疲劳累积损伤理论主要分为以下几种：线性疲劳累积损伤理论；双线性疲劳累积损伤理论；非线性疲劳累积损伤理论；基于热力学势的疲劳累积损伤理论；概率疲劳累积损伤理论。与文物实体材料疲劳累积损伤研究相同，这些理论也可以拿来作为文物保护工作的参考，只是须将外部反复施加的载荷作为次要影响因素，主要的影响因素可能是温度、湿度等的变化所引起的疲劳累积损伤。

3.累积损伤特征

文物实体由于累积损伤的作用，产生多种损伤特征，大多数文物实体出现的损伤均与力学行为有关，具有力学特征。例如，文物实体材料的脆弱、粉化、缺失和大量的微裂隙等。部分文物实体的腐蚀，溶蚀也是一种累积损伤，如石刻文物表面花纹或文字漫漶不清，甚至消失，可以看成是许多次腐蚀或溶蚀累积的结果。古建筑的坍塌，也可以被视为变形累积的结果。

多数情况下，研究的重点会放在由力的作用产生的累积损伤方面，这是因为由力的作用产生的累积损伤现象十分普遍，需要解决的问题多，难度也大。

四、水参与的文物病害

此前主要阐述了各种病害及其产生的原因，其中一种很重要的病害就是基于环境因素产生的病害。文物实体从其使用、废弃到进入埋藏，然后被发掘出土，进入到保存、收藏的场所，一直处于各种环境中，如埋藏环境、保存环境、展陈环境等。必不可少的会与环境中的各种因素进行接触，甚至发生相互作用。在各种环境中，水作为一种重要的因素，从生物、物理和化学各方面都会对文物实体材料产生一定的影响，并且这些作用不是单独存在的，往往是两种甚至多种作用同时存在，且协同作用。

1.水的相变

自然界中的许多物质通常都是以气、液、固三种物态存在的，为了描述物质的不同聚集态，而用"相"来表示物质的固、液、气三种形态的"相貌"。物质的上述三种状态是可以互相转化的。广义上来说，所谓相，指的是物质系统中具有相同物理性质的均匀物质部分，它和其他部分之间可以用一定的分界面隔离开来间。物态的转化与温度和气压相关，也就是"相变"是温度和气压的丽数。物质在相变的过程中伴随着热量的吸收或者释放，相关的物理性质也会发生变化，如密度、体积等。譬如猪油夏天呈液态，冬天为固态，加热到较高温度时，会变成气态。

在文物实体的埋藏环境和保存环境中，水是常见的一种环境因素，几乎是不可避免的。水的作用会受到温度和气压的影响，水在低温下凝结成冰，体积膨胀，当温度上升后，冰又融化成水，体积收缩。在这一过程中，水的体积发生了变化，对于那些进入文物实体微观孔隙的水而言，反复的凝固和融化，体积在反复的膨胀-收缩过程中，对文物实体产生一定的压力，进而使文物实体的微观结构发生变形、开裂等病害。因此，在对文物实体病害进行研究时，水的相变、环境中水的影响不容忽视。

2.溶解和运移作用

水作为一种天然的溶剂，在文物实体的埋藏环境和保存环境中都起着溶解各种可溶性盐的作用。这里提到的水既包括埋藏环境中的地下水、土壤中的吸附水等，也包括大气降水和由于水的相变作用水汽凝结成的液态水。

由于文物实体所处环境的复杂性，在埋藏环境和保存环境中，通常有多种污染物进入到文物实体内部。一方面，由于文物实体材质的性质，某些物质可以在温度和气压等条件适宜的情况下，溶解于水中，例如，石质文物中的石灰岩类，主要是碳酸盐岩石，其某些成分可溶解于含有 CO_2 的水中，并随着水的流动运移至其他部位进行沉积，形成病害。大气降水中常含有 SO_2、NO_x 等酸性气体，随着这些酸性气体的溶解，水分呈一定的酸性增加了水的溶解能力，对文物实体材质的溶解度增加，使得文物实体发生溶蚀。另一方面，随着水的流动，这些水溶液沿文物实体的孔隙进行运移，或者在此过程中随着水分蒸发，盐分结晶析出，使得体积膨胀，也会对文物实体材质的结构和性能产生一定的影响。

对于砖石类文物而言，碱盐等成分物质由于水的作用，沿砖石的毛细孔游离到砖石文物表面，使砖石类文物实体的表面积累了较多的 $Ca(OH)_2$。当水分蒸发后，碱、盐等成分物质就存积在砖石文物表面，形成白色晶体颗粒，出现泛碱现象。所以，碱盐等成分物质是渗入砖石毛细孔产生泛碱的直接物质来源。

"酥碱"是一个传统的文物实体病害术语，广泛应用于文物领域的古建筑、壁画以及土遗址等专业领域。它描述的是一种常见的文物实体病害，突出的现象就是构成文物实体组成结构的物质变得疏松崩解，常伴有表面白霜状盐类结晶，如城墙砖的酥解剥落崩坍、壁画地仗的酥解粉化、土遗址夯土结构酥解等。其病理是由于毛细水和潮湿气体的作用，可溶性盐在文物实体结构物质内部随之迁移，同时可溶性盐随湿度大小的变化也从液相到固相不断地循环变换，最终导致文物实体结构物质内部疏松崩解，严重的会引起文物实体组成部分的剥落、崩塌。

酥碱，中国话俗称"酥碱""白霜"，其解释为"在水分参与下，洞窟围岩及地仗层中的矿物盐分在洞壁产生表集作用，改变了壁画及地仗层的结构，使地仗层膨胀、酥松、粉化、脱落"；英语为 efflorescence，这里的意思是盐霜、粉化，"由于蒸发作用与毛细作用带出盐分沉积物"。

3. 水合作用、水解作用

水作为一种活性物质，常与很多化合物发生水合作用或水解作用。水合作用在无机化学中是指物质溶解在水里时，与水发生的化学反应，一般指溶质分子（或离子）和水分子发生的作用，形成水合分子（或水合离子）的过程。通常情况下，水合作用使得物质的体积膨胀，压力增大，产生一定的病害。水解作用是指水与另一化合物反应，该化合物分解为两部分，水中的氢离子和该化合物其中的一部分相结合，而氢氧根离子和另一部分相结合，因而得到两种或两种以上新化合物的反应过程。在文物埋藏和保存的过程中，水的影响几乎无处不在，在条件适宜的情况下，某些文物实体材质会发生水解或水合作用，对文物实体的结构产生损害。

4. 水分对微生物作用的影响

生物性病害是文物实体最常见的病害之一，特别是有机质文物，普遍存在生物性病害。其中对文物实体损害最大的就是微生物的腐蚀和降解作用，微生物对文物实体的腐蚀和降解作用，实际上是微生物利用某些生物酶对文物实体材料进行的溶解、酶解、细胞吞噬等过程。生物体系的基本成分包括蛋白质、碳水化合物、脂质、核酸、维生素、矿物质和水。水是生物体系六大营养要素之一，是维持人类正常生命活动必需的基本物质，对微生物而言，其意义也很重大。

水是微生物新陈代谢不可缺少的物质，是微生物自身生存需要依赖的物质基础，水可以维持微生物自身生存环境的平衡，水是微生物与微生物之间进行物质交换必不可少的媒介。

5. 水分子的填充作用

对于某些文物实体而言，在千百年的埋藏过程中，其组成材料发生了腐蚀、降解或溶蚀，其结构发生了改变，但是由于其埋藏环境中水分子的填充，水分子进入已经降解的文物实体结构内，起到了定型的作用，使文物实体的宏观外形未发生明显的变化。但是在其脱水后，由于失去了水分子的填充作用，文物实体的结构将会出现变形、塌陷，对文物实体的保存和展陈不利，甚至危及文物实体的存续。这些文物实体主要包括那些埋藏于地下水位以下的墓葬、水下出土的饱水木器，漆器等。

木质类文物在地下几百上千年的埋藏过程中，由于各种因素尤其是菌类的作用，出现了分解现象，构成木材基本成分的细胞受到部分损伤，细胞的结构变得非常脆弱，有的甚至不能支撑自身的重量。这种状况下，充填细胞的水分挥发后，细胞必然产生收缩，这种收缩程度大于新木材的收缩程度。因为与新木材相比，木质文物的结构已经受到了自然因素的破坏而发生了改变。另外，潮湿及饱水木材在自然状态下的脱水干燥过程中，由于水分的失去，导致一些空间被空气占据，新的固-气界面产生，这些界面被内部水分子占据，又产生了高表面张力。当一个微孔失去外部水分后，其内部的水分必然形成弯月面，对孔壁施加向中心收缩的拉力，如果组成孔壁的木材细胞不能抵抗这种拉力，它就会被迫收缩，结果呈现的是木材整体结构的收缩。如果木材在宏观上的收缩不均衡，外部发生收缩而内部没有收缩，将产生开裂现象。

6.脱水作用

某些文物实体材料，其组成成分是水合物，在一定的环境条件下，会发生脱水作用，即水合物的脱水。脱水使得材料的性质发生了一定的变化，通常使得文物实体材料的表观形貌和理化性质都会发生改变。例如，生石膏（$CaSO_4 \cdot 2H_2O$）、硬石膏（$CaSO_4$）和熟石膏（$2CaSO_4 \cdot H_2O$）的相互转化，生石膏和硬石膏脱水转变成熟石膏。熟石膏的性能与生石膏和硬石膏有很多差异。通常情况下，脱水会导致文物实体材料性能发生各种变化，使文物实体出现干缩、开裂等病害。若要去除脱水病害，需要将文物实体材料保存在一定的湿度环境中，使文物实体回湿，保持水合物稳定，不致脱水。

五、污染类病害的形成

1.污染类病害的定义

前已述及，文物实体发生的病害从其产生的原因或者机理来看，一般可分为物理性病害、化学性病害和生物性病害等。而从病害的外观表现形式则可以分为应力型病害，如结构失稳、变形、断裂、破损等；污染类病害，既可能是化学性病害，也可能为物理性病害或生物性病害，如降尘、污渍、水渍类污染类病害是常见的物理性病害，由污染物作用导致文物实体发生的腐蚀、锈蚀、降解等化学反应的病害，则属于化学性病害。而由微生物代谢产生的霉斑属于生物性病害。文物的污染类病害就指那些由于引入了外界的污染物，使得文物实体材质发生了形貌、结构和性能上

162

改变的病害现象。

文物实体上污染物的来源既包括相应环境中水，可溶盐、灰尘、气体污染物（如 SO_2，NO_x 等），也包括某些生物（如鸟类、昆虫粪便）和微生物种群（微生物的降解作用）等。病害产生的原因既有可能是简单的灰尘沉降，即没有发生化学反应的病害，也有可能是由于污染物的引入引发文物实体与污染物的化学反应，使得文物实体材质发生氧化、降解、酶解等反应而产生的病害。从污染物的存在形态对污染类病害进行分类，可将污染类病害分为固体污染物病害、气体污染物病害和液体污染物病害三类。

2.污染类病害的产生机理

由于污染物的种类或者物态的不同，污染物与文物实体作用机制也不相同。对于不同材质的文物实体而言，其作用机理各异。也就是说，尽管污染物的存在可能会对文物实体产生一定程度的损害，但是不同种类的文物实体材质的理化性质不同，其抗污染和抗腐蚀的能力是有区别的，因此污染物的作用机理和危害程度也不一样。从污染物在不同状态（固态、气态、液态）时的作用机理的角度看，污染物病害的产生机理主要有以下几种。

（1）重力沉降。主要指空气中颗粒物的沉降，空气中灰尘等颗粒物通过扩散作用运动到文物实体材料表面，在重力作用下进行沉积。

（2）表面黏附和静电作用。灰尘颗粒和微生物孢子受固体表面力的影响，包括诱导力、色散力、范德华力等分子间作用力，污染物分子受文物实体表面吸引，发生物质颗粒的黏附和沉积。灰尘颗粒在空气中容易带电荷，因此也可以通过静电作用沉积到物体的表面，被文物实体黏附。

（3）吸附作用。是指各种气体、蒸气以及溶液里的溶质被吸着在固体或液体物质表面上的作用。当文物实体材质是多孔性物质时，空气或者液体中的物质就易被吸附到文物实体的孔隙中。

（4）毛细作用。毛细作用主要是由水的表面张力和文物实体材料性质决定的。污染物溶于水后，通过毛细作用，水携带大量的可溶性盐类、污染物和微生物等，进入文物实体之后对文物实体会产生相应的病害。

（5）化学和微生物腐蚀等。污染物通过水的溶解、运移等或者上述的吸附、毛细作用等方式进入到文物实体的孔隙或者表面时，一旦环境条件适宜，如湿度、温度适当等，会使得文物实体材料与污染物，或者在污染物的参与下，文物实体材料与水发生腐蚀降解化学反应，损害文物实体。当微生物在文物实体的表面生长时，由于生物酶的存在，文物实体材料会发生酶解作用，使文物实体材质结构和性能发生变化，出现病害现象。

六、文物数字化检测技术

1.射线检测技术

射线的种类很多，其中易于穿透物质的有 X 射线、γ射线、中子射线三种。这三种射线都被用于无损检测，其中 X 射线和γ射线广泛用于锅炉压力容器焊缝和其他工业产品、结构材料的缺陷检测，而中子射线仅用于一些特殊场合。射线检测最主要的应用是探测试件内部的宏观几何缺陷（探伤）。

按照不同特征，如使用的射线种类、记录的器材、工艺和技术特点等，可将射线检测分为许多种不同的方法。射线照相法是指用 X 射线或γ射线穿透试件，以胶片作为记录信息的器材的无损的检测方法。该方法是最基本的，应用最广泛的一种射线检测方法。射线检测适用于绝大多数材质和产品形式，如焊件、铸件、复合材料等。射线检测胶片对材质内部结构可生成缺陷的直观图像，定性定量准确，检测结果直接记录，并可长期保存。对体积型缺陷，如气孔、夹渣等的检出率很高，对面积型缺陷，如裂纹、末熔合类，如果照相角度不适当，则比较容易漏检。射线检测的局限性还在于成本很高，且射线对人体有害。目前，我国射线检测技术的主要研究领域为射线成像缺陷自动识别技术、射线计算机辅助成像技术（CR）、射线实时成像技术（DR）和射线断层扫描技术（CT）。

2.超声检测技术

超声波是频率高于 20kHz 的机械波。在超声探伤中常用的频率为 0.5~5MHz。这种机械波在材料中能以一定的速度和方向传播，遇到声阻抗不同的异质界面（如缺陷或被测物件的底面等）就会产生反射。这种反射现象可被用来进行超声波探伤，最常用的是脉冲回波探伤法探伤时，脉冲振荡器发出的电压加在探头上（用压电陶瓷或石英晶片制成的探测元件），探头发出的超声波脉冲通过声耦合介质（如机油或水等）进入材料并在其中传播，遇到缺陷后，部分反射能量沿原途径返回探头，探头又将其转变为电脉冲，经仪器放大而显示在示波管的荧光屏上。根据缺陷反射波在荧光屏上的位置和幅度，即可测定缺陷的位置和大致尺寸。除回波法外，还有用另一探头在工件另一侧接收信号的穿透法。利用超声法检测材料的物理特性时，还经常利用超声波在工件中的声速、衰减和共振等特性。我国超声检测技术的主要研究领域包括检测方法研究和设备研发。在设备研发方面，主要为数字化超声波探伤仪、TOFD 超声检测系统、超声成像系统和磁致伸缩超声导波检测系统；在检测方法和技术研究方面，主要针对自动超声检测技术、超声成像检测技术、人工智能技术、TOFD 超声检测技术和超声导波检测技术。

3.电磁检测技术

电磁无损检测是以电磁技术为基础的检测技术，包括涡流检测、漏磁检测、磁粉检测等，我国电磁检测技术的主要研究领域包括涡流检测技术、远场涡流检测技术、脉冲涡流检测技术、漏磁检测技术和金属磁记忆检测技术。常规涡流检测仪器从模拟式到全数字化已经先后开发了五代，最近开发的仪器采用了包括DSP、阵列探头、多通道、数据转换和分析等先进电子与信息技术，推动了涡流检测技术在管道元件制造过程中的在线检测和换热器的定期检验应用。脉冲涡流检测技术是近年来由国外引进的新技术。在应用领域，我国一些科研院所和检验检测机构开展了在电站锅炉、压力容器、压力管道、飞机、汽轮机、风力发电机和桥梁等结构上使用磁记忆技术的研究，并初步取得成功。

4.声发射检测技术

声发射是一种常见的物理现象，各种材料声发射信号的频率范围很宽，从几赫的次声频、20Hz至20kHz的声频到数兆赫的超声额；声发射信号幅度的变化范围也很大，从10m的微观位错运动到1m量级的地震波。如果声发射释放的应变能足够大，就可产生人耳听得见的声音。大多数材料变形和断裂时有声发射发生，但许多材料的声发射信号强度很弱，人耳不能直接听见，需要借助灵敏的电子仪器才能检测出来。用仪器探测、记录、分析声发射信号和利用声发射信号推断声发射源的技术称为声发射技术，声发射技术于20世纪60年代末引入我国，已广泛应用于我国石油、石化、电力、航空、航天、冶金、铁路、交通、煤炭、建筑、机械制造与加工等领域。目前进行的声发射信号分析和处理的常用方法包括常规参数分析、时差定位、关联图形分析、频谱分析、小波分析、模式识别、人工神经网络模式识别、模糊分析和灰色关联分析等。

5.红外检测技术

对于任何物体，不论其温度高低都会发射或吸收热辐射，其大小与物体材料种类、形貌特征、化学与物理学结构（如表面氧化度、粗糙度等）特征有关外，还与波长、温度有关。红外照相机就是利用物体的这种辐射性能来测量物体表面温度场的。它能直接观察到人眼在可见光范围内无法观察到的物体外形轮廓或表面热分布，并能在显示屏上以灰度差或伪彩色的形式反映物体各点的温度及温度差，从而把人们的视觉范围从可见光扩展到红外波段。我国对红外检测技术的研究始于20世纪70年代初，通过近30年的努力，红外技术在我国得到越来越广泛的应用。电力系统是研究与应用红外热成像技术较早的行业。

6.文物三维数字化技术

（1）近景摄影测量技术

近景摄影测量是借助于人眼的双眼视差，通过拍摄不同位置的物体照片，利用后方交会—前方交会法求区内外方位元素，并解析计算出像点在实际位置的地面坐标，进而解析出被测物体的三维模型。

（2）3D 打印技术

3D 打印技术包括 FDM 熔融层积成型技术和 SLA 立体平版打印技术，在文物复制中主要应用的是 SLA 立体平版打印技术。在文物复制过程中，首先是使用三维数字化技术对文物进行三维数字扫描，使用工业级的 SLA 高精度 3D 打印机将文物的三维信息输出以达到文物复制的目的。3D 打印机可以精确到 0.001 微米，从而能够精确复制出与文物一模一样的复制品，将文物的几何信息表现出来。

第三节 文物保护情况的动态监测与数字化记录

1.文物保护情况

文物是不可再生的珍贵历史资源，如何保护它们、用好它们，是一个长期命题。建城一千多年的宁波，拥有各级文保单位（点）1600 余处，大部分开放的古建筑是木质结构，存在一定的安全隐患。

为此，宁波尝试应用"文物保险+动态监测"模式，从文物保护的前端着手，提前消除安全隐患。昨天，一场文物保险扩面推广的签约仪式在张苍水故居举行。海曙区文物管理所、中国人民财产保险股份有限公司宁波市海曙支公司和第三方检测机构携手，为新模式的推广持续"加码"。

据了解，近些年，宁波开始应用"文物保险+动态监测"综合保险方案。

这一文物保险的新模式，如何为古建筑保驾护航？人保财险宁波市分公司相关负责人告诉记者，除了常规的防火防汛检查，文保单位和保险机构还会委托专业的第三方检测机构，由具有相应资质的消防工程师和结构工程师对文物建筑提供一年两次或更多次的房屋安全动态监测服务。

接下来，更多第三方检测机构会加入进来，制定统一的服务方案及服务标准。相关保险机构还计划组建一个文保和历史建筑行业的专家团队，为监测服务提供专业指导，同时着手探索智慧消防在文物保护方面的应用场景，提供数字化、智能化、可视化的风险管理服务。

2.这里以濒危古建筑类文物的数字化记录为例，对文物保护数字化记录进行说明

中国古建筑是人类文化遗产十分重要的组成部分，是人类活动及历史时期的重要见证。古建筑研究也是我们高等教育的一个重要领域，目前古建筑的保护与研究工作中大量资金、人力资源

集中在世界遗产、国宝、省保等高"质量"文物身上，使得近年来古建筑保护工作也卓有成效。但大量县保及县保以下古建筑文物由于自身保护级别、历史价值、专业壁垒等方面原因很难得到重视与有效的保护记录工作，古建筑本身的记录工作是一切保护、研究、传播的基础应得以重视。以山西省为例全省3500多个古村落中，500多个正濒临消失。山西登记在册的古建筑有28027处，这些古建筑中，许多都未设立保护机构。而未登记在册的濒危古建筑再难以统计，濒危古建筑大多分布在偏远地区，其濒危属性又使得建筑很难得以有效保护，重建、倒塌、消失伴随着这些古老的人类活动见证者。急需一种高效、全面并兼顾质量的古建筑记录方式。

（1）古建筑记录中的常规手段与难点

在常规古建筑记录中建筑的测量线图绘制工作会花费较长时间，且需要有古建筑、测量、文物保护等专业知识背景训练的人员才能较好完成。同时人员可能还需要配备全站仪、三维激光扫描仪、电脑、摄影设备、无人机等专业性设备支撑来完成建筑的高质量记录工作。以上的人员、设备、专业知识等都是制约古建筑的快速高效记录的因素。

（2）古建筑数字化记录的方法与优势

随着互联网的普及和计算机技术的快速发展，使得古建筑数字化记录工作在文物保护中有了大量和高水准的解决方案，由于数字化记录的方式可将常规田野记录工作集中高效完成并将大量数据后处理工作分配到室内完成，有效地节约了人员成本和项目资金压力。特别是三维激光扫描、摄影测量方式大大提高了测量精度和记录细节，为后续的文物保护、研究、文化传播工作提供了有力的数据支撑，为濒危古建筑的高效高质量记录提供了一个可行性方案。但濒危古建筑的记录工作必须满足低成本、高效率、完整度高等要求才可进入实际应用阶段。

（3）濒危古建筑的记录方法应用

1）使用互联网地图与卫星图像快速获取古建筑的行政区域位置信息与经纬度坐标信息

在古建筑的记录工作中，首先要获取的信息便是地理位置信息，此项工作可在进行古建筑现场记录数据采集工作之前在室内使用互联网地图工具完成。准确的地理位置信息应包含行政区划、经纬度坐标、周边重要地理参考坐标、交通道路、人文地理坐标等。并在此基础上记录以上信息对古建筑进行预编号，建议以时间遗址名信息进行编号。

2）古建筑的小型无人机记录方法

古建筑的现存大环境如山川、河流、古遗址、村庄等信息在常规记录中难以图像和测量的信息准确表达，随着小型无人机的普及使用可大大提高此类工作的工作效率同时丰富记录的信息类型。使用大疆小型无人机在移动设备端的DGI GO无人机操控系统中设定好飞行区域与飞行航线即可快速完成古建筑的大环境图像信息记录与测量工作。配合 photoscan、smart3d、PIX 4D mapper、Pixel-Mosaic、UAV master 等常用图像重建软件与后期数据处理可完成大环境的航测图像计算工作。

在无人机的操作系统中同时也提供了手动操控模式进行图像与视频的记录拍摄，在古建筑上空选取视觉最佳点位一般为古建筑正上方和前后左右位置，采用无人机悬停的方式进行 360 度全景图像数据的采集工作。配合 PTGui、Pano2VR、720 云平台生成全景图后实现本地或在线的 360 度全景浏览模式。

3）激光测距仪的建筑测量

快速测量并绘制遗址点图纸也是数字化记录中的一项基本要求与重要手段，由于古建筑自身结构复杂、变化也相对多样，在条件允许的情况下建议使用大场景三维激光扫描仪如 Faro 品牌的 X 系列、Riegl 品牌的 V 系列扫描仪进行三维点云数据采集工作。若实际工作条件受限可在现场绘制建筑物测稿，并使用激光测距仪与皮尺进行快速的测量记录工作，待数据采集与数据处理工作结束后在此基础上使用 Scene、CAD 等软件进行建筑物的绘图标注等工作。

4）古建筑调查中的文字记录

古建筑的调查记录工作有着较高的专业性与操作性要求，为避免在进行古建筑的调查记录工作中出现缺项、漏项，记录单一缺乏重点，记录混乱整理难度大等问题，需提前根据当地建筑特色制定建筑调查记录表格，在正式工作中首选按照表格内容进行记录，根据记录内容由记录人员拍摄记录中的关键图像信息。在以上工作基础上再进行历史沿革、修缮史、口述史、营造方式、病害情况、建筑彩绘壁画塑像等分项的详细记录。

5）建筑多图像三维重建

对建筑结构保存较好或文物价值较高的濒危建筑可进行多图像的三维重建，将其现状结构、颜色、残损情况等信息储存到计算机中，可为后续的专项研究、在线浏览、交互系统开发、公众教育传播等领域提供真实可靠的一手信息资料。

实际调查记录濒危古建筑时由于建筑的高度、位置、结构等因素很难采用单一的地面图像数据进行全方位记录，建议采用无人机与地面相机相结合的方式进行多图像三维信息的数据采集工作。在进行多图像三维重建数据采集时应确保图像的格式、色温、图像大小、灯光均匀等参数设置或调整正确，无人机的信息采集尽量选在阴天多云时间段进行避免出现建筑内外明暗信息差异大、曝光不均匀的问题。地面的多图像三维重建信息采集则需要考虑建筑内外亮度不同容易造成图像亮度变化较大，高度与拍摄角度限制出现的图像信息过于重复的问题，可通过使用闪光灯或三脚架等摄影设备解决以上提到的数据采集问题。

在进行濒危古建筑多图像三维重建信息采集时应做到采集对象的覆盖完整性，角度变换多样性，图像质量高输出。随后使用多图像三维重建软件并进行后期数据处理完成濒危古建筑的三维信息重建工作。

6）壁画与塑像的三维重建记录

部分建筑结构保存完好的濒危古建筑中会有较为完整的保存壁画与塑像，壁画与塑像是濒危古建筑中十分重要的组成部分与精华所在，单一的以图像记录壁画与塑像信息显得不够完整与系统。三维重建的壁画与塑像信息不仅保存了壁画与塑像的图像信息，同时也反记录了壁画的保存现状与空间信息，壁画与塑像的三维重建记录方式与建筑的多图像三维重建方式基本相同。

7）图版拍摄

濒危古建筑的信息记录十分依赖于图版的拍摄记录，好的图版可单独成体系能通过拍摄的路线与角度切换进行客观、系统、真实的记录。所以在进行图版拍摄时必须是整体的统筹安排，按照建筑环境、村落位置、建筑内外立面、建筑结构、梁架、斗拱、石作工艺、壁画、塑像、附属文物、病害等角度按照从大到小、由远及近、整体到局部的思路进行。同时考虑现场工作环境，进行灯光架设与镜头视角选取从而完成图版的拍摄。

濒危古建筑的记录方式方法不局限于以上的技术手段与分类，在现有条件基础上最大限度地对濒危古建筑进行客观、真实的记录才是我们讨论数字化记录方法的前提。虽然濒危古建筑会随着时间消亡，但随着科学技术的发展更多更有效的记录方法将会应用到文物遗址的记录工作中，最大程度的保留其遗迹信息。为这些不可再生的人类宝贵财富做一份"永久"档案，为日后的文物的文化内涵与历史价值挖掘，发挥文化遗产的优势提供可靠的数据支撑。

第四节 建立健全文物保护档案"云"平台

文物档案是文物普查、修复及日常管理中所形成的一系列档案资料，对于文物保护有着重要的参考价值。我国的文物档案管理始于 1961 年。在国家推行文物保护政策的背景下，文物档案管理工作逐渐被人们重视。在近 60 年的发展历程中，文物档案管理取得了一定的成绩。尤其是随着"互联网+"的发展，文物档案管理获得了更多的先进技术。

一、"互联网+"环境下文物档案管理现状

1.文物普查档案的来源

文物普查属于文物调查的一种特殊形式，主要目的是发现一些未知的文物，或者复查已登记文物的保护现状，为文物作用与价值的发挥提供科学的资料。文物普查档案作为普查工作的真实记录，反映了普查过程的整体情况。新中国建立以来，我国开展了多次文物普查活动，成为确保国家历史文化遗产安全的重要措施。进入二十一世纪，国家文物局针对"互联网+"的发展趋势，对全国重点文物保护单位进行了档案报备工作，并要求各单位开展文物数据管理系统建设，形成"互联网+管理系统"的良好局面。我国除了西藏和青海之外，绝大多数的省市自治区都已经全面推行文物数据管理系统，录入了数量不菲的文物普查档案资料，使文物普查档案管理与互联网紧密相连。

2.文物修复档案的发展

我国的文物修复档案始于 21 世纪初。在科学技术的快速发展下，许多文物保护单位采用先进手段开展文物修复工作，形成一定数量的文物修复档案。随着"互联网+"的发展，兰州档案馆、济南档案馆、武汉档案馆相继开始应用文物修复档案管理系统，实现"互联网+修复系统"的管理模式，将文物修复时的一些纸质档案资料录入数据库，方便了此类档案的管理。

河北省推行文物修复档案三级管理制度，即县级文物修复档案需要报备市级档案馆和省级档案馆，形成三级管理模式，这为该省的文物修复档案管理工作奠定了良好的基础。

四川乐山市档案馆首创了文物修复档案的分卷管理模式，即每一件修复的文物都设立一个单独的案卷，记录修复日期、时间、负责人、修复前后的状态、保存地等相关信息资料，使文物修复档案变得更加具体化，建档过程也越来越正规。

二、"互联网+"环境下文物档案管理存在的问题

1.文物档案概念缺乏统一的标准

无论从法规文件还是从学术定义看，当前的文物档案概念还缺乏统一的标准，在称呼方面比较混乱。其中"文物普查档案"和"文物修复档案"两个称呼最常见。前者是全国文物普查中所建立的档案，后者是对损坏文物进行修复时所构建的档案。此外，还有文物记录档案、文物藏品档案之称。由于没有统一的标准，一些文物档案的类型划分依然比较模糊，直接影响到文物建档的规范化。从法律层面看，我国并没有规定文物档案的具体范畴，而仅仅指出文物建档的重要性，对于如何规范文物档案概念也没有明确规定。互联网的快速发展促进了信息的互通互联，文物档案作为一种非主流的档案形式，应适应"互联网+"大环境，解决概念不统一的问题，从而进一步

推动文物档案互联网管理工作的发展。

为对该文物的一个补充说明，在这种情况下很难体现出文物修复档案的价值。事实上文物修复档案应是文物普查档案的一个重要组成部分，修复后的文物虽然不等同于原始文物，但同样拥有借鉴的价值，能够为文物普查提供一定的参考依据。

2.文物档案管理技术缺失

"互联网+"环境下的文物档案管理需要一定的技术，但当前的文物档案管理大多使用传统的管理模式，在管理技术方面缺少创新。由于文物建档是一个延续性的过程，从文物出土到鉴定、转移、修复、收藏、普查等环节，都有可能形成相关的档案资料间。因此从理论层面看，各类文物档案应得到系统的整理，但实际上很难做到这一点。例如，鉴定、修复、普查这三个环节中所形成的档案，分属于不同部门甚至不同单位，如果进行系统的整理，显然有较大难度，这就需要引入新的管理技术，如信息管理系统、精细化管理技术等。当文物档案管理技术缺失的时候，整个管理工作将缺乏层次性和制约性，不能适应内外部持续变化的环境，工作人员的管理逻辑容易变得混乱，甚至有可能出现内外部脱节的现象，极大地影响到互联网环境下的文物档案管理。

三、"互联网+"环境下文物档案管理的优化措施

1.统一规范文物档案的概念标准

针对当前文物档案概念缺乏统一标准的问题，应从三个方面进行改善。首先，相关部门应从法律层面进行规范。如果在正式法律中修改有难度，也可以考虑出台一些与文物档案概念相关的法律解释，无论是法定解释还是学理解释，都可以在一定程度上使文物档案概念得到规范。其次，文物普查、文物保护及与此相关的单位应有一定的协作意识，在文物档案概念方面能够形成一致的认识。文物管理局、档案馆、各单位的档案部门、文物普查组织等，都需要具备如何统一文物档案概念的意识。他们可以通过网络视频会议交流各自的意见和建议，形成文物档案命名的官方标准。再次，档案界、文物界及相关学界的学者，应致力于文物档案概念标准的统一，通过自身丰富的专业知识和关联知识，广泛开展文物档案概念标准统一化的研究工作，提出有针对性的意见，从而为相关决策提供理论依据。总之，在"互联网+"环境下统一规范文物档案概念标准，属于一项协调性、系统性、长期性的工作，需要各方的倾力配合，最终制定出符合我国文物保护实际情况的文物档案概念标准。

2.强化文物普查档案与修复档案的关系

文物普查是我国文物保护工作的核心环节。只有通过一定的普查工作，才能将相关文物纳入保护范围。在文物普查过程中形成的档案资料有着较大的指导性和权威性。而文物普查时发现残缺或者已经损坏的文物，可以根据相关的典籍资料进行修复工作，一般由文物归属部门自行解决，所产生的档案是整个修复过程的详细记录。因此，文物普查档案与文物修复档案应有密切的联系。但实践中两者之间的脱节现象较为严重，需要从两个方面进行改善。首先，文物普查组织在建档时，需要加强与文物修复档案之间的关联，增加文物修复情况的记录，使文物普查档案的互联网管理得到进一步完善。全国文物普查对于文物保护有着重大意义，而文物修复作为文物保护的一部分，应在文物普查档案中得到体现。其次，文物归属部门在修复文物的过程中，应积极与文物普查组织进行联系，所产生的档案资料能够为文物普查提供一定依据，避免出现"信息孤岛"现象，从最大程度上发挥出文物修复档案的价值。

3.加强文物档案管理技术研究

在"互联网+"环境下，先进的管理技术是文物档案管理创新与发展的有力支撑。加强相关技术的研究有利于文物档案管理走出传统模式，进一步提高文物档案管理水平。首先，相关部门要加大信息管理系统的研究力度，开发出符合实际情况的文物档案信息管理系统。随着信息技术的快速发展，信息管理系统在文物档案管理工作中变得越来越重要。一套合适的信息管理系统能减轻档案管理人员的日常工作量，能使文物档案管理达到事半功倍的效果。其次，相关部门要引入精细化管理技术，解决当前文物档案粗放式管理的问题，使管理职责层层到位，整个管理流程中的每一位成员都应承担起自身的责任，形成有组织、有纪律、有方向的管理局面。再次，相关部门要引入当前流行的 6S 管理技术。该技术涵盖了整理、整顿、清扫、清洁、素养、安全等环节，在各大企业有着广泛的应用。将该技术引入文物档案管理中，有利于文物档案的全面整理，能提高档案工作人员的素养，确保档案储存的安全。总的来说，"互联网+"环境下文物档案管理，只有具备更多先进的管理技术，才能使管理水平上升到一个新的层次。

第八章　博物馆藏品向展品转化研究

各国的文物藏品种类繁多，尤其是在我们国家，文物藏品的数量更是数不胜数。其中对于文物藏品的收藏方式也有许多不同，除了私人收藏之外，还有家族或者是博物馆收藏。博物馆也是收藏文物藏品最多也是保护文物产品最好的地方，它不仅可以保护好文物藏品，还可以有效的发挥出文物藏品的自身价值，让藏品的价值得到最好的利用。本章对博物馆藏品向展品转化的相关内容进行探究，以期提高博物馆藏品的利用率。

第一节　基于展陈前提下的藏品的研究

为了更好地适应陈列展览，优化对藏品的利用，博物馆应该对相关文物藏品的内涵及外延进行充分的研究。

一、藏品的概念及范围

藏品是构成博物馆的主要部分之一，是其各类业务展开的前提和基础，博物馆的定位也取决于其藏品的特质、数量、质量。是以一个博物馆如果没有藏品将成为无源之水、无本之木，有关博物馆的一系列社会活动如展陈、教育等都无法开展。并不是任何物品都可以被挑选成为博物馆的藏品，它需要满足一定的条件。

有关博物馆藏品的概念随着人们认识的改变也一直在不断地变化和更新，从"无限制的文物标本"到如今的"反映人类和人类环境的具有历史、艺术、科学价值的实物"。总的来说，现今认可的关于藏品概念主要包括两个限定的条件：一是根据博物馆相关规定，履行入藏程序；二是可以透物见证人类和人类环境。这些限定条件也是博物馆藏品与其他机构组织收藏不同的根本特点。

对藏品的认识影响着博物馆之后的保护、研究、利用工作。随着博物馆与人和社会关系越来越密切，这也促进了博物馆对藏品问题的重视，也使藏品概念有了越来越多的实践意义，能更好地发掘和认识藏品背后的文化内涵。随着时代的发展，对于藏品概念的认识一定也会发生相应的新的转变，我们要做的只是分析当下的研究情况。

二、博物馆的收藏功能与展示功能

（一）收藏功能

不论在世界各地，博物馆最早都起源于对珍品的收藏。所以相应出现的最早的职能就是其收藏功能。在中国古代，至少从商代开始就已经出现了收藏这种行为。不仅统治阶层注重对收藏品的保护，民间也存在这种保存收藏品的机构。博物馆收藏功能也是在不断的发展，其范围更是不断地扩大。以我国为例：在古代博物馆收藏功能就是类似纪念馆的作用，多是名人宗庙祠堂等。到19世纪中后期，随着近代与西方接触，博物馆收藏功能也受到影响，收藏种类增加（收藏范围可以有世界性）、范围变广（古今中外的都可以收藏），藏品是三维实物，当时并没有非物质文化遗产的概念。在西方，从公元前古希腊罗马时期就有了博物馆的古代形态，当时的收藏为秘藏，具有封闭型。到18、19世纪随着自由资本主义政治民主化的影响，博物馆部分向公众开放，出现了展示功能的雏形。这阶段直到20世纪中期，收藏功能比重下降，并为展示功能、教育功能服务。这种观点延续到了如今，博物馆收藏应体现"以人为本"的精神。

博物馆的收藏功能总的来说收藏范围不断扩大，收藏范围的扩大，体现在不局限于"古物"，从对奇珍异宝的到现在收藏方方面面的东西，包括现今存在的可能对后世有价值的实物。这种范围的扩大还包括收藏时限的扩展，和收藏品形态的拓宽，如包括很多非物质文化遗产。同时收藏的趋向性随着时代的发展也不断在变化，其背后有着不可忽视的政治、审美、意识上的影响，而一直都存在的是从收藏中反映国家历史，获得民族、文化的认同感。

博物馆功能一直存在多样化的特点，今后也会出现越来越多的功能，但是其收藏功能将一直都存在，因为保存文化、保存一段历史或记忆不论在哪个时代都是十分重要的。只不过其侧重点和趋向性发生了变化，收藏从"以物为本"到"以人为本"，更加重视观众的需求和体验。

（二）展示功能

博物馆藏品从何时起作为展品开始出现在大众视野中，这就要提到博物馆的展示功能。这是伴随着博物馆功能的扩大而带来的。

博物馆展示功能的发展就是一个公共性逐渐增强的过程，从在宝塔上只允许少数人如贵族、学者参观，到从圣殿上下来向社会上所有的人开放，如今世界上更是有很多博物馆免费向公众开放。

博物馆的展示自出现开始就带有其目的性，初期模糊不清，如今是为了文化教育、科学研究、国际交流等等。因为博物馆对展示功能的逐渐重视，由此而引发了方方面面相关的研究。如展示手段日趋丰富，有叙事式、体验式等等。还有展示风格的发展，博物馆得以长久保持活力的原因之一就在于其很好的适应性，可以随着时代的发展改变其展示方法、手段。早期展览的展示风格多讲究对称居中放置，20世纪初展览为了更好地讲述故事采用了蒙太奇手法，"以一定的顺序放置陈列品以表达有机的流动"，20世纪70年代后又出现了唤起式的风格，到如今风格多样且不断发展。除此之外还有对不同的展示类型的探索与分类。

三、藏品信息研究

藏品信息研究是展陈工作开展的基础，博物馆在展陈之前要对馆藏现状有一个了解，在充分了解藏品信息的前提下才能对藏品进行合理的组合搭配，使其可以表达某一主题。藏品信息研究包括藏品的内涵信息和外延信息研究。

1.藏品内涵信息研究

藏品的内涵信息是指通过对文物本身研究可以获得的信息，也就是一些最基本的信息。例如一件瓷瓶，它的内涵信息就包括其时代、窑口、胎釉纹饰、器型、款识、工艺等。藏品的内涵信息是基础，只有在充分全面地了解内涵信息的前提下才能在此基础上继续深入发掘藏品的外延信息，所以搜集研究这些信息是一件十分重要的事情。这要求工作人员在藏品整理时做好工作，这需要做到"制度健全、账目清楚、鉴定确切、编目详明、保管妥善、查用方便"。

藏品档案除填写总登记账的项目外，还必须填写鉴定意见、铭记、题跋、流传经历等。文字必须准确、简明，并附照片、拓片或绘图。

藏品内涵信息的研究是在博物馆对藏品进行鉴定、定级、定名、分类之后进行。信息一定要保证真实可靠，而且要不断地补充，因为这不是一劳永逸的过程，因为信息的搜集和研究是一个不断积累的过程。

2.藏品外延信息研究

进行藏品信息研究工作，仅仅局限在对藏品本身的研究是不够的，还需要研究藏品的外延信息。藏品的外延信息研究是指对文物环境信息的研究，即藏品所处的时代、地域等对文物的影响。例如刚刚所谈到的一件瓷瓶，它的外延信息就包括这个瓷瓶与它同时出土的器物组合的关系、这个时期该窑址生产瓷器的特点、当时社会风尚对该时期瓷器风格的影响等。这就需要进一步了解与藏品有关系的社会背景、经济状况、文化、语言、风俗习惯，即形成一种"实物+背景资料"的研究。搜集甚至研究藏品本身并不是目的，为的是见证一段历史、揭示一段关系，最终作用于人。一件文物藏品的意义可以是多样的，它可以与很多主题或者内容有着或多或少的联系，这就需要更好地进行藏品外延信息研究，发掘其多层的涵义，这样才可以在展陈主题的选择与藏品的挑选上有更多的可能性。

藏品信息研究所带来的信息丰富程度与价值直接影响了藏品向展品转化这一过程。因为藏品本身都是孤立存在于博物馆库房的，只有对其进行内涵与外延研究，深入了解藏品背后的信息，才能在展陈时将藏品与相应的主题契合，挑选同类型有相互关系的藏品，最终组合并确定展品。由于现代博物馆是欧洲理性主义时代的产物，所以对文物藏品的信息研究多着眼于科学性，随着近年来人文主义、以人为本等思想的影响，对藏品外延信息的研究要更多地关注文物背后的情感和故事，这样也会使藏品研究有更广阔的空间。

四、藏品利用现状及思考

（一）藏品利用现状

当下我国博物馆对于藏品的利用率明显不足，博物馆藏品除极少部分展出外，其余都被搁置在库房内，造成一定程度上资源的浪费。如故宫博物院共收藏文物180余万件，但实际展出的藏品还不足其库存的1%。虽然近年来展出量在不断增多，但与其藏品总量还有着不小的差距。我国藏品的不能充分利用是由多种原因造成的，从博物馆自身而言就有多种原因，例如：展示面积不足、受博物馆的理念制约、受博物馆藏品保存条件限制、修复水平不成熟、相关研究人员的缺乏等因素导致的。

有效的利用藏品是对其更好地保护，博物馆应处理好保护与利用的关系，提高藏品利用率可以从多方面进行。

（二）优化收藏结构

对于今天藏品利用的现状和未来发展前景，我们应该思考怎样才能更好地推动藏品资源的利用，更好地为社会发展做出贡献，这需要博物馆创建合理的收藏结构与系统。一方面为未来征集文物藏品，拓宽藏品来源，丰富藏品数量。另一方面也要确保文物藏品的品质，优化收藏结构。

博物馆在藏品征集时不应只着眼于收藏"古物"，而应该适当关注我们当下的生产生活，我们需要为未来收集藏品。另外，博物馆不能只重视文物藏品本身的历史科学艺术等价值，同时也应该关注文物在生产、使用、流传等更广泛方面的问题，可以关注不同方面的优秀文化，各种生产生活方面的细节问题等等，将这些有典型性、有特点的珍品纳入到博物馆的收藏之内。

优化博物馆收藏结构不仅要提高博物馆文物藏品的数量，提高文物藏品的质量刻不容缓，因此就需要对博物馆的收藏取其精华、去其糟粕，对于一些不是文物的藏品及时剔除。另外，博物馆收藏还应该考虑到馆藏条件等具体因素，文物藏品的收集最好还要能够体现地域特色。对于那些不符合本馆性质或者没有能力将其良好保存下去的文物藏品也要及时进行转移，物尽其用。

第二节 博物馆展品研究

为了合理组织与利用展品，使陈列展览更好地切合主题。在陈列展览设计计划过程中应充分进行展品研究。

一、展陈主题选择与展品的选择

在展陈计划的过程中，展陈主题选择与展品的选择是很重要的环节。因为在展览选题时需要考虑主题的选定是否具备足够的展品支撑和与展品相关的学术支撑。

（一）展品的定义

博物馆的展品是围绕展陈主题进行挑选组合，并最终在陈列展览中向公众展示出来的对象。展品的陈列是博物馆陈列展览中最重要的部分，是观众来参观的聚焦之所在。展品的挑选尽量要满足一些标准，如具有典型性、易于观赏、保存状况良好（也就是适合展出），虽然没有具体的相关规定，但是根据这些特点挑选出来的展品能更好地融入整个展览，最终形成好的陈列展览，给观众带来更好的参观体验。

展品是由藏品转化形成，二者的联系密不可分，同时也有一定的区别。就像不是所有的文物都可以称之为藏品，也不是所有的藏品都可以称之为展品，只有经过挑选符合陈列展览主题的才能进入展厅成为展品，进入观众的视野。

根据表现展陈的程度可以将展品分为重点展品、一般展品、辅助展品。这些展品和它们的组合形式也一起构成了整个展览的格调。

（二）展陈主题选择的影响因素

展览策划中一个重中之重的工作就是展陈主题的选择，所有的展览都是以主题选定作为起点，只有成功确定选题才能继续开展下一步工作。展陈主题的选择受多方面因素影响，需要对其进行研究与评估。具体影响因素包括博物馆本身的类型和价值取向、展览的传播目的、观众的需求等。只有综合考虑这些影响展陈主题选择的因素，博物馆才能准确恰当的选定展览的总主题。

1.博物馆定位及类型影响主题选择

博物馆陈列展览的类型可以按时间长短、内容属性、传播目的等多种方式分类。不同时期，博物馆展陈指导思想不同，所以展览定位不同，展品的侧重点也会有不同。博物馆展陈尤其是基本陈列的定位，要与博物馆本身的定位相适应。

2.主题选定要切合展览传播目的

博物馆展陈主题的选定要切合其展览的传播目的，因为不同的展陈有着各自不同的传播目的，包括教育性、宣传性、文化性等，具体讲包括认知目标、情感目标、体验目标等。任何展览都应该先明确其传播目的，也就是究其根本展览想告诉甚至影响观众什么。所以使展陈主题的选定与其传播目的相适应，这样可以使陈列展览更好地达到传播效果。同时展陈主题在设计时需要具有脉络化，这样可以更好地揭示主题，更好地向观众传播展览内容。

3.主题的选定要适应观众需求

一个好的博物馆展陈选题要能站在观众的视角进行考量，提前搜寻观众的兴趣点，所以在考虑展陈选题及评估其可能性的时候应该对观众需求进行调查和研究，以便最后可以策划成让观众喜闻乐见的展览。这部分考虑观众的需求包括两方面：一是对目标观众有一个大致的了解，即展览的举办想要吸引什么类型的观众群体，哪些观众会对这类展览感兴趣。二是了解观众来博物馆参观的目标及兴趣所在，这需要建立在一定的观众调查基础上。现代博物馆的陈列展览重视以物为主、以人为本，对观众的研究是一个十分重要且有意义的环节。

4.展览主题选择要有学术支撑

展陈主题选择需要借助扎实充分的学术研究资料。博物馆展览不同于一般商业展览的其中一个原因就在于博物馆本身的性质是为公众提供知识、教育和欣赏的文化教育机构。所以陈列展览所传递的内容必须是在真实、客观的学术研究上开展的。展陈主题的选定一定要有学术研究作基础，与此同时，学术研究成果也有助于展陈主题的进一步提炼和深化。

（三）陈列主题决定展品的选择

展陈主题是一个展览的灵魂，它在无形中像丝线一样贯穿整个陈列，将陈列内容有机地联系在一起。展陈主题的定位应该有利于帮助观众对展品进行解读，能够更好地为观众服务。因为有展陈主题的存在博物馆展厅中的展品才能在一定环境、条件下传递相关的内容信息，而不是单纯的文物堆砌。

另外，展陈主题不同的侧重点会决定展品选择的方向，所以在挑选展陈中要用到的文物展品时，尽可能多的将展陈策划需要考虑的因素和潜在存在的问题都考虑清楚，根据展陈主题具体的倾向和目标选择展品，选择那些有代表性的文物展品。最终将展陈主题想传达的信息与其对应的展品的良好结合，形成设计感饱满、逻辑性严密的陈列展览。

博物馆要在确定展陈的主题，及各部分内容框架的前提下，对展品进行选择与组合。除了展览主题影响展品的选择外，展览的类型、模式也影响展品的选择、组合。不同的展览需要选择不同的展品，例如以审美为导向的展览需要从艺术性考虑展品的选择，选择外形精美的展品。叙事的主题展览在展品的选择上要求展品与整个主题的关联性，考虑其在整个故事线中扮演的角色。

由于时间、馆藏水平、人员能力等多种条件的限制，陈列展览中对于展品的挑选在实际操作中会有与理想的工作流程上不同的地方。但是不论如何博物馆在展品挑选时要尽力克服困难，为展览选择最能表现主题并富有吸引力的展品。此外，对于展品的选择要以馆藏为基础，但是也不必拘泥于馆藏，要尽可能搜集展出丰富的展品，以便能够更好地展示主题。

二、展陈设计中对展品的研究和组织

在展陈设计中要重视展品的研究与组合问题，以便展品能更好地配合整个展览的主题、基调与节奏。

（一）展品的研究

文物展品是一个展览空间中的主角，特定的展品与展品的组合就决定了整个展览的格调。为了之后对展品进行更好地"排兵布阵"，需要在展品选择得当的前提下，将相关展品进行进一步的综合研究，即展品研究工作。为了展览能更有效地传播信息，需要展陈设计工作者做好这部分工作。

文物标本作为藏品时在博物馆库房已经经历过对其内涵与外延的研究，并有相关的藏品登记账。这一阶段对展品的研究主要包括展品贴合展览主题的相关性研究和对展品本身价值的了解。首先要对展品的内容进行研究，这也是最主要的研究内容，也就是该展品对于这一陈列主题的必要性研究，能否明晰地体现主题，落实所要传播的内容。分辨出哪些展品可以直接地体现展陈的主题思想，哪些只是潜在地体现主题，配合展出。由此可以初步确定主导展品、辅助展品等。其次，需要研究展品本身的特性及蕴含的历史、艺术、科学价值，并分析通过这些历史、艺术、科学的哪一角度如何表现主题，能表现到何种程度。

同时，进行展品研究是一项比较有难度的工作，因为展品数量众多，要想研究好每一件展品，是一个不小的工程量。由于工作成本等多方面原因很多展陈在设计策划过程中不够重视这部分工作，忽视了对展品的研究。但是研究展品是一项十分重要的工作，只有做好展品研究才能使展品呼应展陈的主题与结构体系，因此需要重视对展品的研究。

（二）展品的组织

展品的组织是展陈方案中一个重要的环节，这是在对展品进行综合研究后，最终将它们分类归纳与组织。将展品根据相关内容分类组织在一起，这样就可以一组一组的更好地表达主题思想。文物标本在围绕主题展出时，一定有主有次，因此在陈列计划时需要列出展品清单，并标明重点展品、一般性展品、辅助展品等，还要包括展品在展陈中的组合形式即各个展品间的联系，最终展品组合要达成以不同的展品搭建一个立体的知识空间的目标。

一个展览的展示效果、主题清晰、内容能被有效传播，这些都与做好展品的组织工作密不可分。陈列展览在具体的展品组合上要做到先后有序，对于不同的问题各有不同的侧重。博物馆展陈中的展示素材当然不仅仅限于文物展品，还有辅助展品、图文看板等，将这些展示素材加以相互联系与呼应，可以更好地揭示展陈主题。

展陈中文物的挑选组合是在文物等级和可观赏性的基础上并"因展制宜"的过程，重点是需要根据展陈的不同主题和传播目的等有所侧重的选择文物展品。

并且还要注意分散亮点，把握整个展览的节奏。如自然类的展览中展品毋庸置疑多属于动、植物标本，在对展品进行具体组合时可以按照其门纲目属种或地理分布范围等等进行组织分类。而专题类展览需要"分门别类"按专题内容组织展品。

江西古代陶瓷文化展的拟展文物就是根据馆藏的宋元瓷器总表以及江西瓷文化的具体特点来决定的，其中对应大纲第四部分的两个单元的文物清单，分别是瓷业高峰（江西地区）和名窑名瓷，就是根据这两个单元的主题内容挑选文物展品，展品都是集中在江西当地吉州窑、景德镇窑、湖田窑、七里镇窑的产品，仅有几件其他窑址的产品以供对比参观。

对于历史类展览来说，主要是依据时间线来组合展品。"河西都会天马故乡武威历史文物展"就属于典型的历史类展览，展览共分为七个单元，共用文物展品 717 件，展览大纲就是以时间为线索、挑取各阶段武威市有重要影响和意义的事件来梳理的。第一单元文明华彩部分展品的挑选就侧重新石器时期甘肃地区所在的文化类型，包括马家窑文化、齐家文化（海藏寺遗址、武威皇娘娘台）、沙井文化。第二单元大汉扬成展品的选择集中在汉代的武威立郡（为展示对边塞的防护，所以展出了一些铜兵器，还有具体的简牍来印证研究当时的仪礼律令）、繁荣初始（这部分为体现当地农牧业、手工业的发展，丝绸之路的开通为商贸交流带来的便利，以及艺术的发展等。展品包括很多制作精美考究的模型明器如陶楼，雕塑品、金银玉器、丝织品漆木器等）、天马雄风（河西地区养马历史悠久，为呼应主题展出了铜奔马和铜车马仪仗队及彩绘木马）这三部分。第三单元五凉故都展品集中在五凉更替（主要是五胡十六国五凉时期的一些出土物）、姑臧京华（体现魏晋时期受中原文化及生活习俗的影响，展出）这两部分，第二部分多士之邦主要内容是介绍这时期贤人优才，没有相关展品，为图版介绍。第四部分盛唐通邑展品集中通都大邑（包括十余件名人墓志），慕容家族（慕容家族的墓志和随葬品），艺文璀璨（主要为当地唐代的艺术品，包括唐三彩、乐器残件）这三部分。第五部分大夏辅郡展品集中于物化万象这部分（包括武威地区西夏时期的各种陶瓷器、流通货币、文书板画，并根据当时的木板画内容复原展出当时的西夏人家居宴饮场景），第六部分大元故路展品集中于凉州会谈（元代邀请萨班来凉州会谈西藏归顺蒙古事宜，所以展品包括萨班造像）、永昌古城（元朝统治凉州期间设永昌路，展品有这时期的建筑构件、工艺品）这两部分。第七单元明清凉州展品分布在设府兴邦（明清巩固边防的武器，茶马互市相关的文物）、古城沧桑（展示特色民居建筑内的日常用器）这两部分。

三、展品布置的方法

在博物馆陈列展览中展品应如何安排摆放的问题上，具体操作时需要依据一定的设计要求和方法。

（一）要求

博物馆展陈在正式向公众开放之前要进行内部预展审查，而审查之前的最后一项工作内容就是布置展陈。它是由总体设计来完成的，将陈列计划的文字内容具体化，从内容到形式统一的协调、布置。陈列展览的布置工作主要分为现场安装和布置展品这两部分，布置展品的过程是一个边布置边提高的过程，展品的摆放安排也是整个展览艺术的一部分。它需将展陈主题与艺术形象合理地关联在一起，使主题展现得更加丰满和完整。随着对展陈主题认识的不断深化，展品布置也要随之加以注意和研究改进。

在布置展品时要注意突出展品的特性。依赖于前一阶段良好的展品研究工作，根据展品本身的特性及表现主题的方式，将展品布置、烘托得更精彩，以便信息的有效传递。注意避免空间设计过于"引人注目"而让观众忽视展品的做法。

（二）具体方法

根据展览模式的不同，展品的展示设计方法也有所区别。主要分为审美欣赏型展品布展设计和主题内容表现型展品布展设计两种。

审美欣赏型展品布展设计这类展陈强调文物本身，少有文字说明，多集中在属于物质文化或艺术的展陈里。诸如陶瓷器、青铜器、漆木器、书画等专题展都属于这种类型。这种类型展览的布展上要突出形式美的创造设计，展厅中光、色、装饰材料等应用都要更好地考虑观众审美愉悦、效果整体统一、展品本身突主题内容表现型展品布展设计这类展览要以展陈主题思想为框架，文物展品为中心，其他辅助展品为补充的方法来表现的，也就是"每一件陈列品又必须帮助观众了解其他的陈列品，同其他陈列品构成一个有机的整体，而不是罗列现象"。这种设计方式在我国运用的十分普遍，博物馆的基本陈列尤其是历史类和人物类多属于这种设计方法。整个展览内容就是围绕几条线索展开，展品的布置也是随着内容的具体要求进行安排。

具体来讲，一般常用的展品布置方法有：组合陈列法，中心陈列法，对称陈列法，集品陈列法，原状陈列法等。最终布置展品的时候可以根据实际情况灵活运用并不拘于这些方法。南越藏珍—南越王墓出土文物陈列在展品的布置上就做得可圈可点，展厅中所有展柜朝向的设计均是迎着观众的参观方向，设计时本着尽可能让观众"不扭头、不抬头、不低头"就能很好地进行参观为目的，在展品布置上也体现了以人为本的要求。

第三节 促进藏品向展品转化

博物馆藏品放在库房只能为少数研究人员利用，如果可以成为展品进入观众视野，就可以被更多的人欣赏学习。促进藏品向展品转化，充分利用博物馆的传播渠道，更好地服务人民，造福社会。

一、藏品向展品转化的基本目标

促进博物馆藏品向展品转化，首先需要确立基本的行动目标，即为什么要将藏品向展品转化，想要达到什么目的，这样做会有什么作用等。推动藏品向展品转化是为了提高文物藏品资源利用率，促进文物藏品社会化，使博物馆在发挥其社会职能、为观众服务以及为社会创造价值等方面有着全新的发展，更上一层楼。

（一）提高文物藏品资源利用率

藏品向展品转化的其中一个目标就是提高文物藏品资源的利用率。我国博物馆内藏品资源十分丰富，但博物馆内文物资源利用的现状却不容乐观，因此要想更好地使藏品转化为展品，提高博物馆文物资源利用率，不妨采取以下的途径：

1.博物馆举行主题多样的展览，变通巧妙地运用藏品。展览能够给观众接触真实的藏品的可能性，以传达藏品信息为目标。为了优化利用藏品博物馆可以举办题材丰富的展览，通过对藏品资源的深入发掘和藏品信息的有效研究，为展览提供更多的可能性。

2.博物馆利用其藏品进行科学研究工作，可以更深入地发掘藏品背后的内涵，囊括了举足轻重的现实意义。科学研究工作的有效开展是提高藏品利用率的关键前提，藏品能得到更广泛的利用也会反过来促进科学研究工作的开展。科学研究作为博物馆的一项主要职能，它随着近代科学的诞生而不断发展。加强藏品的科学研究工作还有利于更好地进行藏品管理，以便日后调用。同时对于一些不适合展览的藏品可以在库房进行科学研究，将材料整理出来以便应用也可以避免藏品资源的浪费，防止藏品被束之高阁。

3.博物馆利用藏品进行"馆校合作"，与学校教育联合。博物馆教育有着学校教育"第二课堂"

的美誉，因此博物馆可以与学校展开互动，使其藏品资源的利用达到效益最大化。例如在博物馆中组织中小学生开展主题教育活动，将藏品相关内容应用到教学上开展丰富的教学内容，组织学生参观展览，定期开展研究学习性质的讲座等。这些都可以推动博物馆的藏品资源在学校教育中更好地发挥作用。

4.博物馆藏品相关衍生内容的良好开发，包括出版物、数字藏品等。这就是将文物藏品本身包含的信息物化出来，通过其他载体来表现。例如故宫成立故宫出版社，出版内容包括多个丛书系列其中有藏品的主要门类图录、紫禁书系等。藏品资源数字化的出现也是提高藏品利用率的一个好方法，将藏品的数据资源采集后通过信息化的手段，可以让公众足不出户在电脑、手机上就能欣赏藏品和展览。博物馆的这种相关数字化手段可以使相当大比例的文物藏品向公众开放，使观众可以不受时间及空间的限制就能观赏到它们的庐山真面目。

（二）促进文物藏品社会化

藏品向展品转化的另一个目标就是可以促进文物藏品社会化。推动藏品向展品转化可以使博物馆展品更广泛地被社会大众所接触，使这些文物藏品资源更好地服务社会。这是由博物馆的"非营利性社会服务机构"性质所决定的。作为面向社会、服务公众的这样一种机构，实现更广泛的社会化是博物馆自身功能的内在要求。为了促进文物藏品社会化，博物馆可以将保藏文物藏品的库房当作"仓库展厅"。适时适量地向公众开放，设立文物库房开放日这样类似的活动。南京博物院、广西民族博物馆曾经都举办过这样的展览，取得了可观的成效，激发了观众参观的兴趣，引起了社会上广泛的重视。

同时，也可以使博物馆获得更多的社会资源，可以获得社会上更多的支持和关注。随着博物馆文物藏品资源的社会化，可以使其受到社会上更广泛的关注，有着更大的影响力和话语权。这样可以使博物馆收获更多的人力、财力、物力，更好地将这些资源应用到促进博物馆发展的方方面面，征集到更多更好的文物藏品、提高文物保护技术、改善文物保藏环境和观众参观环境等等。为了促进文物藏品社会化，博物馆可以在调查观众喜好的基础上，将观众喜好与博物馆相关的文物藏品进行匹配，设立会员制度。定期举行相关的文物知识讲座、文物鉴赏活动以及相关的论坛活动等。

二、藏品向展品转化的具体方式

按照陈列方式划分，藏品转化为展品共有两种方式，一种是广为观众所熟知的实物陈列，这需要观众到博物馆来参观。另一种就是近年来出现的数字化博物馆、数字化展厅，这种展陈方式只要有网络的地方都可以参观。根据陈列方式的不同，促进藏品向展品转化的具体措施如下：

首先，要定期补充、更新展览内容，在做好准备工作的前提下多多举办临时展览。具备条件的博物馆可以增加展厅面积，使博物馆可以同时举办更多的展览，让藏品资源尽可能多地展示利用。

其次，可以增加馆际间合作，不仅国内各博物馆之间可以联合办展，国际间博物馆也可以加强交流。藏品的质量与数量在馆际间有着不可避免的差距，尤其是市县级的中小博物馆与大型博物馆在这方面更是难以相提并论，所以可以加强博物馆之间藏品资源的交流协作与合理调配，以便有效实现资源共享。

最后，面对数字化博物馆的兴起，我们应该积极应对时代带来的这项挑战。

运用多媒体资源库（包括多媒体展示、藏品知识库、数位化图书馆等多种途径），让观众可以跨越时空的距离进行参观欣赏，使数字化博物馆朝着更加健全的方向发展。

三、落实藏品向展品转化过程中的文物保护

（一）藏品向展品转化过程中的保护

首先要重视藏品向展品转化过程中的文物保护，务必要确保文物的安全。在这方面建立和完善相关的政策与规章制度必不可少，在藏品向展品的转化过程中，要对文物资料的账目等进行严格的把控。在藏品向展品转化的过程中，一定要遵守相应的程序，尤其是在藏品提取时，一定要登记藏品编号、名称、件数、藏品基本情况、提取人、日期等。

落实好藏品向展品转化过程中的保护工作前提是需要做好展览整体的设计制作规划，尤其是在保护文物安全方面。在对整个展厅设计制作时，要完成关于展览的展览验收报告，展示设备使用清单和特点说明，展览日常维护情况说明，展览微环境控制设备清单，展览温湿度、虫菌害监控设备清单，展览安防验收报告，展览消防验收报告，展览公共安全应急预案。

对于藏品向展品转化过程中的保护撇开上述的保证文物安全外，工作人员也需要秉承着历史

使命感和责任感，对于这些不可再生的珍贵的文化遗产，我们要怀着感恩的心情来进行陈列摆放。尤其是一些藏品不适合长期地进行展陈，例如古代书画所用的纸张材料和绢帛，长期铺陈展览都会加剧纤维的破坏，不利于保存，因此在运输和布展的过程中更加需要妥善处理，小心保护。

在制作挑选展柜等方面，也要注意采用环保材料，文物展柜的玻璃需要有防爆、防锤击等的功能。文物展托的设计一定要根据该文物的特点进行设计制作，在保证文物安全展示的前提下还要重视观众的观赏效果。而在展馆内的各项材料都要严格按照国家标准，选用轻质防火材料。文物安全无小事，博物馆应该确保展厅安全监控系统正常运行，时刻保证文物藏品安全。

（二）展品的保护

文物藏品在进入展厅向公众展出后要比原来在库房保存面临的损害风险和速度都快得多，因此面对对于已经进入展陈空间的文物一展品，博物馆需要做好保护工作。具体包括两方面内容：防范自然破坏和人为破坏。

防止展品的自然破坏主要是指环境方面造成的破坏，具体到展陈中包括保持展品放置空间内合适的温湿度、减少有热量的光源，以及避免展厅设计布置的相关材料对文物展品造成污染损坏。

防止人为破坏主要就是指防止展品在展厅内被安放或者移动时的破坏和观众在参观过程中对文物的破坏。防止工作人员对文物的破坏和不恰当的保护。博物馆要做好展览的日常维护工作，对于进行展览的展品需要专门工作人员对他们进行定期定时的检查，根据文物类别的不同，采取不同的保护方式和清洁手段，对于展厅内展示的文物展品，需要全天候监控展柜内温湿度状况，记录日常工作的数据，全天候监控柜内数据。

除此之外，还应该重视防止观众对文物的破坏，重庆自然博物馆曾在开馆仅仅七天的时间内，有 15 件展品被人为损坏。在保护展品免受人为破坏这个部分，提高国民素质，落实好保护文物人人有责，培养人民对文化遗产的爱惜之情。

第四节 合理利用展品做好展陈工作

为了充分有力地表现博物馆的教育与传播功能，恰到好处地将文物藏品展示给观众，博物馆需要合理利用展品，做好展陈工作。

一、传统现代交互新媒体有效参与

博物馆在陈列展览工作中需要处理好传统与现代的关系，将传统的经验与新兴发展起来的新媒体新技术有效结合，更好地为陈列展览服务。

（一）现代化科学技术的应用

随着当今世界的发展，科学技术的利用逐渐普及，现代化与多媒体的使用在博物馆行业中也逐渐广泛起来。

随着现代科技进入到博物馆的各个领域，促进新媒体在博物馆展陈中的合理有效使用是非常有必要的。尤其是在设计场景环境以及需要表现制作工艺等时候，多媒体的展现手法都能恰到好处的表现内容，生动、直观。如曾获第十届全国博物馆十大陈列展览精品评选活动（以下简称为十大精品）的九派云横—九江历史文化陈列，展览在序厅部分就利用多媒体技术在墙面的白色飘带上呈现出一幅温润的江南水乡立体长卷图。在展厅对应的不同主题中，利用多媒体技术营造相应的氛围，各有所侧重。如在表现九江古代风貌的"繁华九江"这一部分，设计了两组场景再现了繁华的商业街道和桅杆林立的九江码头。以实体的船舶和甲板为前景，营造了一个繁荣的码头，用木质架构的实体房子和居民楼复原了当时的码头仓库和附近的市井场景，配上大型的多媒体环幕背景画面和地面上流动的江水，营造出"装不尽的汉口，卸不完的吴城"，再用多媒体动画的手法展示出制茶工艺流程，表现茶市交易的繁华景象。

博物馆陈列展览中还可以设置有重点文物多媒体宣传片视觉体验点，这对展览中的文字与图片起到了很好的补充效果。这种多媒体展示可以根据使用技术的不同分为不同类型，包括三维建模构建的全息立体技术，趣味的二维动画展示（分为依据史料展示的和想象创造的），多媒体与实物相结合的场景等等。

（二）陈列方式的转变—动态展示

随着现代科技在博物馆领域的普及博物馆在陈列展览设计时大都采用多媒体技术与文物诠释相结合的方式，给观众带去更好的展示效果。这使得博物馆的陈列方式发生转变，现代博物馆中陈列手法由之前多是静态的展示变为现如今动态的展示。博物馆不再是仅仅把文物藏品放在展柜中让观众自己参观了事、禁止观众碰触，随着以人为本等思想的提出落实，博物馆陈列展览变得

"寓教于娱乐"，欢迎观众参与其中。

科学技术在博物馆的普及应用可以使博物馆从历史走向未来，博物馆不再仅仅是"古董"的收藏展示地点，而是与我们当今社会和未来的发展息息相关。除此之外，现代科学技术也进入到博物馆中的各个领域，这在陈列展览、文物管理等多个方面都有不同的表现。

传统的博物馆陈列展览方式多属于静态的，单向的，随着新媒体技术应用到陈列展览中，博物馆的陈列展览方式由静态转变为动态，由单向转变为交互，即观众和展品之间并不是静态的、单箭头的观众参观，而是有一个动态的、互动的过程，观众可以通过参与展陈中一些现代多媒体技术的动手实践、触摸的设施从而充分有效了解展览，收获知识和乐趣。如安排一些传统的版面和多媒体、互动辅助展示，多媒体放映展示等。俗话说得好"变则通，通则久"，博物馆陈列方式的不断创新改变才能使其不断地完善发展。新媒体的有效参与正是印证了这一点。

（三）陈列上处理好传统与现代的关系

如今现代科学技术在博物馆中不断地广泛使用和普及，但这并不是要使新媒体或者科技占据博物馆展览的主导地位，更不是忽视传统、忽视过去。文物展品还是博物馆传播交流的主要途径，过分重视现代科学技术的使用会使博物馆变成科技馆，产生本末倒置的效果，不能起到利用文物展品与观众沟通交流的目的。

应该合理利用传统与现代的手法，综合考虑展陈主题等多方面因素，让传统与现代的手段更好地在展陈中应用，将新媒体等现代化技术用在刀刃上，有的放矢。

二、重视观众需要提升观众参与感

随着博物馆关注的重点由以物为主转移到了以人为本，博物馆的一切工作包括陈列展览也越来越重视观众需求，博物馆希望通过陈列展览可以引起观众的共鸣，因此就需要陈列展览的设计人员了解观众需要，设置更多的让观众体验的互动性项目，研究观众这项活动在近年来也变得越来越重要。

（一）了解观众参观心理和需求

首先需要了解观众心理和参观动机，尽可能地减少观众的生理疲劳和心理疲劳。大多数观众来博物馆参观的动机就是为了欣赏，并尝试在自己与博物馆中获得共鸣，建立联系。因此陈列展览在设计时一定要考虑到观众心理，这就需要缓解推迟观众的生理疲劳（由于长久的参观导致的体力上的消耗）和心理疲劳（视线目不暇接而导致的审美疲劳）。缓解生理疲劳需要设计好展览展线的长度，展厅内设置座椅等。这部分重点考虑的是展览设计时如何减轻、推迟观众的心理疲劳，这就需要充分调动好观众的情绪和兴趣，通过获得乐趣和参与感让观众抵消掉这种疲劳。陈列展览设计时需要掌握一定的观众参观心理活动规律，有的放矢的安排活动。例如"九派云横一九江历史文化陈列"在净土仙踪这一部分，通过展示东林寺的模型来展示当地佛道教场所绵延至今的香火和佛教文化。在此之后设计了一个中国园林式的休息区，展厅内合理地将休息区与展区结合，自然生动，充分考虑到了观众的生理和心理疲劳。

在此基础上，博物馆展陈设计更要重视观众的需要，引起观众的兴趣和注意力，提升观众在博物馆中的参与感。这是由陈列展览的非强制性和在行走中学习的两个特点所决定的，因为观众都是自愿来到博物馆参观，参观的时长、路线、关注点都是自由意志决定的，不能被强迫的，同时，由于博物馆的性质决定了观众获取知识和乐趣的途径是一种非常规的方式一在行走中进行，而不是坐在教室里专注的学习或是直接在游乐场玩耍。因此，在这种参观路线上，陈列展览的内容如何能吸引观众，让观众为其驻足就颇为重要。

（二）陈列中设置互动性环节

二十世纪的今天，形形色色的信息技术都呈现着飞速发展的状态。观众来参观需要也更希望从亲身体验中获得科学文化信息，博物馆旧有的展陈方式已经不足以满足社会需要，因此现在出现了越来越多的观众参与的触摸模式。观众通过利用自己的视觉、听觉、触觉等来了解展品的内涵和其背后的历史文化价值。甄朔南也曾提出过互动的展示符合当代观众的要求，是现代化博物馆的重要标志。

提升观众在博物馆的参与感，真正地让观众有参与其中的感受，而不仅仅是走马观花的来博物馆"溜达一圈"，博物馆要具备沟通意识。越来越多的博物馆设置了一些活动项目，希望观众在博物馆的参观中收获充足的兴趣和参与感。例如通过设置"触摸屏知识互动"这种触屏电脑来与观众进行互动，其主要内容多为展览中涉及的重点文物相关知识和扩展阅读内容，多是通过一些小游戏的形式"寓教于乐"让观众参与其中。还有其他的一些鼓励观众参与博物馆的活动项目。

在南越藏珍一南越王墓出土文物陈列中，就设计有三个观众可以在参观过程中参与的项目，即治玉坊，读书角，乐器演奏宴会。治玉坊就是设置在玉器单元中的观众参与项目，里面包含实物展示玉料和治玉的一系列工具，游客可以亲身参与体验。

（三）设法引起观众共鸣

陈列展览应该设法在或是情感或是知识等方面引起观众的共鸣，对于文物展品和整个展览的主题内容要从合适的切入点进行信息传递，这样才能让观众感同身受，获得更多的参与感。

陈列展览不仅提供了文物展品这种可以让观众直观感知的形象，而且要引导观众深入陈列展览中去，激发观众的兴趣与想象，让观众在展览中不仅可以找到同自身经历的"共鸣"，也可以对以往的知识经验进行补充，最终达到丰富与发掘展览内涵，润物细无声的影响观众的效果。八十年代澳大利亚就有"我们的博物馆"这种提法。

三、发掘展品内涵拓展文化影响力

博物馆要设计好一个陈列展览，还需要进一步发掘展品的内涵，通过对展览主题切入点的变换、叙事交流角度的分析、展品具体解读上的创新等多种方法进行研究。这样不仅可以使展览参观起来更富有吸引力，而且通过研究还可以发掘到展品背后蕴涵的意义和价值。

博物馆主要是通过"物"也就是文物展品来展现它的价值，传达相应的信息。

它并不是那种静态的、一成不变的文化，而是通过展览使文化"活"起来，是一件在不断发展也需要我们不断创新发掘的事情。那么发掘"物"背后的内涵就至关重要。例如"河西都会天马故乡—武威历史文物展览"，是一场关于武威市当地的历史文化展览。展览在整体上按照时间顺序并凸显当地发生的在历史上具有重大意义和影响的事件对文物展品进行排列展出。展览针对每一部分的具体情况，通过发掘展品内涵，选取有代表性的文物展品。以达到揭示展品背后的历史内涵拓展文化影响力的效果在展览中展出了汉代武威出土的木雕彩绘独角镇墓兽，它不仅反映了汉代木雕艺术发展的工艺，人民的文化生活，也能适切的反映当时的丧葬习俗。通过对展品内涵的进一步发掘和解读，可以让观众更好地在展览的情景下理解展品。另外，展览中还有三国魏时期的"青龙四年"左长衣物疏木牍，这与当时的丝织品制造水平息息相关，甚至与古代丝绸之路的发展有一定的联系。还有元代的萨班造像，它不仅证明了当时武威地区佛法弘扬盛况，也有利于了解对元代的凉州会谈，对当时西藏最终纳入中国版图这一重要历史事件有一些认识。陈列展览的良好设计并不是灵光一现的结果而是知识建构的产物。通过对展览中展品内涵的发掘深化，可以使展品更好地表现其所在展览单元的主题并将其进一步拓展延伸，能很好地条分缕析知识脉络，也有利于文化力量的凸显传播。

博物馆陈列展览并不是单纯的展品堆积，而是要在发掘展品内涵的基础上，将文物展品回归到当时的历史背景或是自然环境中，这样有利于观众对展品的理解，缩短观众与文物展品间的关系。博物馆相关从业人员要有一双会发现的眼睛，善于发掘其文物藏品背后的内涵，总结归纳其共性与个性。这样才能在举办展览时更好地拓宽展品内涵的深度和广度，更好地延展主题。现如今我们可以广泛的发掘中国传统文化，举办富有中国特色的陈列展览。譬如通过发掘中国现有的非物质文化遗产举办相应的陈列展览，使其能够更好地被传承与保护，让更多的人了解，将这些优秀的文化发扬光大。除此之外，还可以加强国际间的展览交流活动，博物馆在这方面有着广泛的平台优势，可以通过办好陈列展览使不同的国家进行跨文化间的交流。我国每年都有一定量的展览向国外输出展示，通过展览向不同的种族与群体传递我们的文化，通过展览这种形式将我们的文化与世界沟通。与此同时我们也相应从外国引入不少展览，探索世界各国的历史文化、艺术特色和风俗人情。

博物馆需要富有文化使命感，合理利用展品做好陈列展览工作，发掘探索展品背后所蕴含的文化内涵与外延。这样不仅有利于拓展文化影响力，也有利于博物馆核心竞争力的提升。

第九章　智慧博物馆建设中的藏品管理研究

智慧博物馆是一种新兴的博物馆，它可以根据不同的使用者的实际需要，提供多样化、个性化的服务，极大地缩短了博物馆和使用者的联系，极大地提升了博物馆的管理服务水平，推动博物馆朝着智能化、现代化、信息化的方向快速发展，更加符合当代博物馆的发展需要，可以说智慧博物馆的建设已然势在必行。本章重点对智慧博物馆建设中的藏品管理展开分析和研究。

第一节 藏品管理概述

一、藏品管理概念

藏品管理是博物馆业务活动的重要组成部分，是博物馆实现其收藏机构职能的重要基础工作，是博物馆对藏品进行保藏、保养、保护、整理、研究等一系列工作的总称。

藏品管理经历了从保存到保管、再到现在科学管理的过程，随着科学管理理念和各种新兴技术的应用，传统的对于藏品管理的概念也需要重新定义。从我国有关权威的学术专著对藏品管理的概念的界定以及当前博物馆藏品管理的实务工作现状来看，似乎更多的是偏重于对藏品的"保管"，即藏品作为博物馆最重要的资产，需要保证其保存过程中的完整性、原始性和安全性，当然，这是作为藏品管理工作最重要的组成部分，但在此基础上，对于二十一世纪的博物馆发展来说，我们还应注重对藏品的"理"，通过科学的整理、研究，让藏品的各类价值得到更充分的发挥。当然，对于藏品的"保管"工作，不能仅停留在对藏品本体这单一对象上，而是以藏品为中心，从多个视角和途径上实现对藏品的全方位保管，这就要求博物馆针对藏品在保存、管理的基础上，对藏品保存环境、库房设施的配置调控做好前期规划，同时注重藏品管理过程中的预防性保护，加强对藏品利用、保护、修复过程的监控等，并在预防性保护过程对保护措施的实施结果（即藏品存储状态的变化情况）进行数据的储存、分析，并为博物馆其他与藏品相关的各种业务活动提供可靠的参考。

藏品管理工作是博物馆可持续发展的基础，尤其在今天，博物馆藏品种类在不断地朝着多元化的趋势发展，如何有效有序地管理好这些藏品对博物馆来说是一个不小的挑战，此外，在当今数字博物馆建设和智慧博物馆建设的行业发展背景下，藏品管理工作还应包括藏品数字化工作及对藏品各类信息的管理与利用。

藏品的科学管理要求有完整的藏品分类、管理的完整体系，保证藏品的系统性和完整性。对于智慧博物馆来说，万物万事皆是互联的，作为博物馆一切业务活动的基础，藏品涉及博物馆工作的方方面面，对于藏品的智慧管理更是体现着智慧博物馆建设的能级水平。

二、藏品管理的一般流程

一般地，藏品管理流程包括接收、鉴选、分类、定级、登账、编目、建档、入库、保管、提用、注销、统计等。

藏品管理流程详细分为"入馆前管理流程"、"文物藏品的日常管理流程"、"文物藏品的信息化保管流程"、"文物藏品外借、归还的管理流程"四个方面并进行了相关论述。这些管理流程可以归为传统意义上的一般流程，对于智慧博物馆的建设来说，其基础是博物馆的数字化建设，所以除了上述流程，还包括对藏品进行数据采集、数据信息化处理、数据库系统建设等。

对于藏品的智慧化管理来说，首先就是能优化、简化、自动化甚至智能化传统管理流程，同时增加对藏品的全流程管理与监控，并能实现对藏品相关信息的全生命周期管理。

三、藏品管理的目的

博物馆藏品是多元文化的载体与研究对象，对藏品的科学管理与保护亦是对多元文化的传承与保护，正因此，藏品管理和保护的最终目的，也应该是助力博物馆实现宗旨、完成使命。具体而言，藏品管理的目的首先是为了尽可能永久地保存藏品原状，保证藏品研究的真实可靠，其次是为尽可能多地、完整地保留藏品本身保留的各类原始信息，同时，管理为保护和利用服务，在加强文物安全、尽可能保证文物原状的同时，对文物进行多方面的研究和信息采集，并将这些成果充分用于博物馆展教服务中，使文物的内涵价值得到更深入的转化与传播。

当今社会，是一个多元文化共同发展的时代，也是一个信息爆炸的时代，无论是历史沉淀下来的遗产或是现代文化的产物，很容易被大众迅速认识，也很容易随着时间流失而被人们忽略淡忘，博物馆有责任替公众保存过去的和当下的各类遗产与见证物，并对其进行管理、研究、展示与传播。在信息化建设高度发达的今天，博物馆藏品管理的目的，还应该跳出传统意义上的保护和利用，从文物数字化保护和藏品数字资源的开发利用角度出发，实现文化遗产资源的共享与知识的共享。

第二节 博物馆藏品的智慧化管理

　　智慧博物馆的藏品管理工作应该是"以物为基础，以人为中心"，"以物为基础"是藏品管理工作的基本要求，藏品及藏品信息的管理都离不开藏品本体这一重要载体，"以人为中心"则是智慧博物馆建设的基本要求，智慧博物馆中的藏品管理工作不再是如传统藏品管理般的普通的、机械化的、耗费人力的管理工作，而是通过构建高效的、可操作性强的、可持续发展与利用的智慧体系与系统，提高藏品管理业务与博物馆其他业务间的协同效率，达到管理精细化、决策科学化的智慧管理目的。

一、藏品实物的智慧化管理

（一）藏品动态管理的智慧化

　　藏品动态管理的智慧化首先是对藏品一般管理的流程能够进行优化，进而通过传感设备、管理系统和物联网技术达到对藏品动态管理的智慧化。

　　藏品征集的智慧化—首先系统通过对博物馆展陈、研究职能定位的分析和馆藏现状的分析为决策者提供征集藏品的类别范围，并能根据互联网大数据分析提供征集线索及征集方案。

　　藏品鉴定的智慧化—在藏品数据信息采集充分完整、藏品数字化建设完善、藏品信息分析全面透彻的基础上，对新征集的藏品进行鉴定或博物馆因其他原因对藏品进行鉴定时，完全可以依靠大量的数据信息完成智能鉴定，此外，人工智能技术的发展进步，使得 AI 鉴定在未来也可能代替专家鉴定的部分或全部工作内容，助力藏品智慧化管理建设。

　　藏品编目的智慧化—藏品入藏时首先将藏品基本描述信息输入数据库中，藏品管理系统根据规定的算法对新的信息和已有的数据信息进行比对，智能生成新入藏藏品的分类编号等具体的编目信息，并科学规划与管理藏品的分类入库，合理安排库房排架的使用。

　　藏品展陈的动态跟踪管理—随着博物馆事业的蓬勃发展，借展、巡展等展览方式已经成为博物馆举办临展的主要方式之一，相应地，藏品的动态跟踪管理成为近年来博物馆藏品管理工作中最值得关注与思考的问题。藏品展陈的动态管理应该考虑对藏品点交运输过程的跟踪管理、对外借藏品各相关数据的动态获取与管理、对借展藏品在展出前后及展览期间的管理。一般地，国内博物馆对借展藏品的管理是在合同书上写清职权，对于展柜的微环境、密封性、安全性作出规定要求，展出期间的情况只能依靠展出方自觉履行相关的义务，但此类数据展品借出方一般无法获得。动态管理不仅仅是空间位移变化的动态管理，对藏品保存与展示空间环境的变化情况以及藏品受环境影响而发生的自身变化也应能够得到智能管控。

（二）基于 RFID 技术的藏品库房管理和展厅管理

RFID 技术近年来已广泛应用于博物馆藏品的非接触管理，其技术原理可概括为：RFID 电子标签用以著录存储藏品身份信息，阅读器发射特定频率的信号给电子标签，从而驱动电子标签内部数据的输出，阅读器再接受这些数据信息，并传输在相关联的系统中，系统则负责对所有数据进行分类有序化的汇总呈现，管理者通过系统数据则可掌握藏品基本信息，并指导相关决策。

目前电子标签的种类主要有三种：被动型无源电子标签、主动性有源电子标签和半有源电子标签，博物馆常用的为无源电子标签，这主要是因为其技术相对成熟、成本低、体积相对较小等便于利用的优点，如首都博物馆、南京博物院、秦始皇帝陵博物院、大同市博物馆等都有自己相对成熟的基于 RFID 技术的藏品管理系统，该技术的应用集中在以下几个方面：

1.藏品库房盘查工作

传统的藏品盘查工作主要依靠藏品保管部的工作人员人工手动对藏品进行逐一盘查，这对于藏品数量庞杂的大型博物馆来说无疑是一件耗时耗力的大工程，而利用电子标签技术，藏品管理者可以快速高效地完成藏品盘查工作，南京博物院曾在其金属一库文物库房中实验利用 RFID 技术对其保存的 4322 件（套）藏品进行智慧盘查，结果显示：利用手持阅读器，控制盘查距离可在 2-3 米之内，则盘查实际库藏文物共花费 193 分钟，平均每一件藏品的盘查时间为 2.72 秒：文物最多的 70 号器物柜共 447 件（套），耗时 11 分钟，每件盘查时间约 1.48 秒；理论识别率为 99.9%。以上实验结果证明了该技术应用于藏品盘查工作的可操作性、高效性及准确性。不过，RFID 技术在实际应用于藏品库房盘查工作时中，也存在一些问题，如：标签与藏品的粘结问题、射频识别信息的有效性问题、电子标签生命周期短、利用电子标签无法查验藏品保管现状等问题，对于藏品数量高达数十万的省级、国家级博物馆来说，给藏品制作电子标签本就是一项耗时耗力的工程，其为博物馆藏品管理带来便利的同时，技术本身需要投入的运营维护成本及将来所面临的技术升级问题也让很多博物馆在利用该技术时不得不谨慎考虑。此外，对于藏品盘查工作而言，利用电子标签技术确实可以在一定程度上提高工作效率，减少人力资源的投入、缩短盘查周期，因此，利用 RFID 技术进行藏品库房盘查对于小馆而言更实用，因为其藏品体量较小，实现起来更方便，大馆的藏品体量太大，从成本投入及最终可实现的效果来看，整体可行性有待商榷。针对目前出现的这些问题，从提升技术水平和改革技术手段上入手，以解决上述问题为目标，探寻更加适用于大型博物馆藏品库房盘查的技术，以提升库房盘查工作的智能化水平。

2.藏品出入库管理

相较于藏品库房盘查工作，RFID 技术盘点速度快的特点用于藏品出入库管理倒是一种提升藏品管理工作智能化水平的有效手段。藏品出入库管理需要对藏品数量和具体信息及出入库前后的状态进行清点盘查，除了对文物现状的盘查无法识别外，藏品的数量清点和信息盘查均可通过电子标签和阅读器进行快速准确的识别，从而缩短藏品出入库盘点的时间。在出入库盘查时还可以通过系统连接，自动生成点交清单的确认信息，最后管理员确认签字即可。

3.藏品展厅管理

RFID 与 GIS 技术和各种传感技术结合，定位藏品具体的展陈位置，检测藏品展陈环境的变化情况，完成数据采集，并与 RFID 电子标签中藏品信息结合，既能实现对展厅中藏品的日常盘查，又能实现对展示过程中藏品相关数据的采集存储，并通过对以上数据的分析，实现对展厅中藏品的科学管理。

RFID 电子芯片技术的基础依然是数据库，没有数据库的支持，芯片也无法起到相应作用，数据库如果不完整、不准确也没用，给馆藏文物贴电子标签实际相当于将藏品信息数据库要一重新校对一遍，这无疑也是一个相当大的工程，需要投入大量人力、物力、财力；其二，芯片的物理粘合问题一直没有解决，如果贴在盒子或囊匣，文物从盒中取出后标签的存在也就没有了意义，如果要与文物紧密接触，通过何种方式保证这种结合的有效性（不可分离的效果）同时保证不对文物本体产生影响，这些问题都还没有一个很好的解决方案。藏品的智慧化管理需要分步骤慢慢推进，RFID 技术用于藏品库房管理存在一定弊端，但用于藏品出入库盘查和藏品展厅现状的监测管理等工作中能在一定程度上实现智慧管理的要求。

（三）基于物联网和环境监控系统的藏品预防性保护管理

物联网技术可以实现"万物互联"，其实质上是"利用传感技术，按约定的协议，把所有物品与互联网相连接，达到信息交换和通信的目的，以实现对物品的智能化识别、定位、跟踪、监控和管理的一种网络。"¹物联网的发展从根本上提高了博物馆对信息进行实时采集和整合管理的能力，也将促进博物馆在宏观与微观的调控能力，最终实现"以人为中心"的博物馆智能化建设。

藏品管理本就包括"管"与"理"两个层面的含义，对藏品的"管"又包含"保管"之意，这也是藏品管理工作中保证藏品安全与保持藏品原状的工作职责之一，为此博物馆需要在藏品管理的过程中对藏品采取预防性保护的相关措施。预防性保护的管理，就是能在入藏之处的藏品及现有的藏品保管状态做出合理的分析，并对其在将来的保存过程中可能遇到的风险进行预测，提前做出应对风险的保管措施，如：对纸质文物的保护，考虑其会受到温湿度、微生物、酸碱物质、光照中的紫外线等因素的影响，在保存过程中注意对此类影响因素的控制与检测，并制定特殊囊匣和存储柜、展柜进行存储和展示。这体现了藏品管理过程中让文物尽可能长久保存的意识。对于藏品的预防性保护来说，首先是对藏品进行分类、分库、分架管理，并针对不同材质、不同保管需求的文物配备专门的保存囊匣或定制专门的展架展柜，其次是通过环境检测系统实现对环境的实时监控和数据采集，最后在监测的基础上实现对藏品保管环境的人为调控甚至智能调控。预防性保护的理念主要是通过有效的监测、评估、调整、管理，抑制各种环境因素对文物的危害作用，使文物处于一个"洁净、稳定"的安全保存环境，尽可能阻止或延缓文物的物理和化学性质发生改变，达到长久保存文物的目的。

通过预防性保护的手段可以实现从对文物抢救性的被动修复到预防性的主动保护的一个转变，从而有效防护文物保存环境对文物可能带来的损伤，最大程度地保持文物的原有状态，延长文物寿命。

从智慧博物馆建设的角度出发探索藏品的预防性保护管理在国内多家博物馆已开展相关研究与应用。广东省博物馆的预防性保护措施首先是对藏品进行分类分库管理，并保证库房的恒温恒湿，一般由库房中央空调控制温度变化，湿度由调湿剂、除湿器、加湿器等试剂和设备调节，对于容易受环境影响而发生改变的藏品配置专门的储存柜，对于展厅内的藏品，在展柜中添加试剂调节微环境。同时，利用环境监控系统和保护信息管理系统实现对藏品环境的实时监控。成都博物馆的预防性保护首先是针对其所处地理位置容易发生地震灾害的情况对库房建筑及展柜等做了防震处理，其次建立了馆藏文物保存环境监测系统，并安装检测终端设备一温湿度监测终端、二氧化碳（CO_2）-温湿度合一监测终端、有机挥发总量（VOC）-温湿度合-监测终端、光照度-紫外线-温湿度合一监测终端等，通过将所有的监测终端和数据接入系统中，管理员登录管理系统就可以进行监控。从目前预防性保护的实践来看，其智能监测水平已初步满足智慧博物馆建设的要求，但对于检测数据的分析、利用以及针对检测结果做出智能调控的水平还有待提升。

（四）藏品现状的可视化管理

藏品现状可视化管理的实质是对各种数据的统计、分析与展示，其内容可分为宏观和微观两个方面。宏观的可视化管理就是通过综合的管理系统和可视化平台，为管理员展示博物馆藏品管理的整体现状，包括馆藏总量，各分类体系下的藏品数量，藏品库房保管现状，藏品展厅展示现状等；微观的可视化管理是通过聚焦到一件藏品上，并以类似思维导图的形式展示藏品相关的所有信息，同时，还能对藏品保管现状的变化进行实时监测与动态跟踪，让人眼无法轻易识别的藏品微观变化通过技术手段的检测和数据分析展现在可视化管理平台中，从而为更加科学合理的管理与保护提供依据甚至是相应的问题解决方案。

可视化管理的实现也需要应用物联网、云计算、大数据等技术手段，其核心在于对数据的统计分析，并以图表、模型图示、动画、视频、音频等方式展示于可视化中心平台。如：上海博物馆目前已构建了可视化数据中心，其所展示的内容包括：客流参观、观众服务、馆藏文物、传播教育、文创成果、基础信息六个板块，并对以上板块的信息可做到实时更新。

二、藏品信息的智慧化管理

对于藏品基本信息的管理，各博物馆都建有藏品管理系统，对藏品基本的档案信息进行存储与管理，但总体上，藏品管理系统目前的功能建设依然存在不足，各个馆应该根据自身情况及各部门的需求对系统的功能建设再次完善，国家标准只能作为一个参考标准，而博物馆应该在此基础上充分考虑自身条件和业务需求，建设更高标准的藏品管理系统。同时，应加强标准化建设与个性化建设的结合，探索更多的模式和方法，创建满足本馆管理需求的藏品管理系统。

（一）藏品基本信息的智慧化管理

藏品基本信息主要是用以描述藏品本体特征、现状及流传经历等要素的信息，其就像藏品的基因，如果能在藏品入藏前对其所包含的各种信息（包括人眼可见的外形、大小、颜色、质地等和人眼不可见的内含物、微量元素或成分、内部结构等）进行"基因测试"并生成专属的"基因报告"，存储在藏品信息数据库中，就可以对藏品信息实现更科学的管理与利用。管理过程生成的各类藏品信息作为"藏品基因"，对于藏品的预防性保护与监控、藏品的修复复原都具有重要意义。

藏品基本信息的智慧化管理首先应该实现信息的智能采集，传统博物馆在数字化建设中的数据采集基本靠人工操作完成，这个过程包括专家对藏品的鉴定过程、管理员对藏品尺寸的测量和基本信息表格的填写制作过程、对藏品进行二维图像拍摄和三维扫描的过程，整个流程对人力、物理、财力的消耗非常大，且各种流程下来需要对藏品进行多次的出入库管理。智慧采集能够依靠传感技术和数据分析系统，合并重复的数据采集动作，缩短数据采集消耗的时间成本，并在一定程度上避免在复杂的数据采集流程中对文物安全保管产生的威胁。完成数据的智能采集后，还要实现对数据资源的智能分类，分类标准由管理部门根据博物馆业务工作的需求制定，在数据采集时对数据进行规范与标记，这些标记也将作为系统进行智慧分类的依据。对于数据信息的日常管理，在保证数据信息安全存储的前提下，尽可能提高其开放度，加强数据内部的关联互通。对内部实现藏品信息的公开透明，一来方便研究利用，二来在进行换岗交接时减少繁琐的藏品盘查流程，通过藏品信息系统对藏品现状的可视化展示，让藏品账目清晰明确。

从智慧管理的角度出发，对基本信息的数字化管理首先需要规定数据采集内容、规范数据采集标准，其次，对数据管理系统的建设要做到功能全面、便于操作，且系统的稳定性要能长期适应技术升级更新的变化。随着数据存储与处理技术的进步与发展，博物馆数字资源管理系统，应有意识地采集存储更高清更丰富的藏品数字信息资源，这些信息对于藏品的研究、文创开发利用、社教宣传会有更大的用途。数据的采集是基础，更重要的是数据库的管理、维护，最终的目的是保护和利用，并实现数据共享，这也就要求加强各数据库系统之间的互相关联。理想的关联性强的数据库系统，在进行数据的后期维护时，使用者和数据库建设者（信息中心）可以是从两个不同的角度进行维护，信息中心通过后台进行数据管理，使用者在使用过程中发现系统存在的问题时也可以进行数据的上传更新或者清理、整理。数据库的开放使用权限与数据库的维护工作也应该是一体的，即负责该工作的人员还需掌握判断数据库中信息的有效性、准确性、全面性的能力，能读懂这些数据信息所表达的深层次内容，这样才能掌握对数据开放的决定权。

对于藏品数据信息全面统一的管理维护，也能实现文物的数字化保护，并为文物修复、博物馆灾后重建等提供可靠的依据。

（二）藏品综合信息的智慧化管理

藏品综合信息包括藏品基本信息及与藏品相关的业务活动开展时产生的各类信息，即更加全面、系统的藏品信息。藏品信息的智慧化管理是建立在藏品信息数字化的基础之上的，但相较之下，智慧化管理就应该收集管理更加全面的藏品信息，并能完成信息的智能化分类、关联与管理，藏品信息的综合管理系统是对藏品信息系统、数字资源管理系统、藏品保管环境监测系统等藏品相关管理系统进行综合管理的平台。

广东省博物馆的"项目管理系统"就是对藏品信息综合管理系统建设与应用的尝试，其"项目管理"式的信息管理机制是针对某一项目的综合管理，"基于共享式的业务框架，汇聚平台上关于人、物、财、数据等资源，以项目的目标管理，里程碑设定、信息管理的新型组织模式，以期建立起一套适用于博物馆自身特点的标准化、流程化、一体化的业务管理机制。"这种基于共享型的业务框架的优势在于：业务可以不断开展，而系统不用无限扩张。该系统实现了项目内所有信息的关联互通，也在一定程度上打破了不同部门间信息管理的壁垒。系统中储存的数据来源涵盖展览、社教活动、藏品研究、文物保护、信息化、工程建设、人员培训等博物馆业务的各个方面，数据内容包括预算、藏品信息、图片、视频、音频等各种各样的数据以及项目各个阶段的总结等信息，并在同一项目中可以进行分类查看与管理，但同时，这些数据也会构成这个系统资源池中的元数据，可以进行数据的再分配、再利用。项目相关的数据均可以录入系统，项目之间也可以进行互相关联，系统就相当于一个资源池。

藏品综合信息的智慧化管理重点在于对除藏品基本信息外的其他相关信息的获取与管理，这需要不同业务部门之间的相互配合，做到对信息资源的随时上传，其最终的目的依然是为了实现信息的互联互通与综合利用。比如，构建多维度的藏品信息数据库管理系统和多端口的藏品信息查询系统，对于管理者来说，可以登录管理系统，构建"展览相关藏品信息"和"藏品相关展览信息"维度的数据库内容，同样的，用户登录查询界面，也可以从这两个维度查询自己需要的相关信息。以上两个维度的区别在于，"展览相关藏品信息"针对本馆历来举办的各种展览而言，其可能包含本馆藏品信息，也可能包含借展藏品（非本馆藏品）的信息（当然，对于借展藏品信息的开放乃至开发权利，需要双方达成一定的协议共识，或从国家层面得到相关法律的支持）；"藏品相关展览信息"则主要针对本馆藏品参展信息的著录与开放，即该系统可查询本馆任意一件藏品被展出的展览全信息，包括本馆展览与藏品被借展展出的其他展览（非本馆展览）信息。

同时，这两个维度也是互通互联的，即通过"展览相关藏品信息"找到目标藏品信息后，也可以点击链接查询目标藏品的"藏品相关展览信息"，反之亦然。

藏品信息的科学管理可以为博物馆的科学研究、展教活动、文创开发等业务工作服务，同样的，对藏品的科学管理也离不开这些数据信息的采集、分析与管理。综合管理系统可以实现实物管理与信息管理的互联互通，并在管理中互相作为各自科学管理的参考依据进而优化管理。

三、藏品智慧化管理的应用前景

对于藏品实物的智慧化管理和藏品信息的智慧化管理过程就是对藏品智慧化管理系统的构建过程，该系统也应该满足智慧博物馆的三个特征："全面透彻的感知"、"宽带泛在的互联"、"智能融合的应用"。全面透彻的感知意味着藏品智慧化管理系统能够做到藏品信息数据的智能采集、藏品现状动态变化的智能感应、藏品保管环境的智能监控；宽带泛在的互联就是要加强信息间的互联互通和智能反馈；智能融合的应用则表现在智能调控（前提是智能监控与感应）、数据的分析应用、知识的再生产等方面。

基于藏品智慧化管理的基础，通过云计算、大数据、人工智能等技术手段，实现藏品数据信息的深度挖掘与藏品相关性研究是未来发展的前景所在。

云计算和大数据可以协同完成对博物馆海量、多源数据的存储、计算、分析与信息挖掘，并基于其集约化的模式从多个维度为用户（包括面向外部观众和面向内部的管理者和使用者）提供个性化的服务。对于博物馆的内部管理工作来说，搭建博物馆藏品管理、信息共享的云管理、云办公平台，一方面有利于加强博物馆各部门间的协同合作，另一方面，云平台的搭建，可以有效避免信息孤岛的产生，也能降低对分散的单个操作系统的软硬件设备要求，节省管理成本。随着技术的高速发展，人们每天产生的数据量是不可估量的，而且这个量还在持续上升。

相对于社会舆情信息的数据量，博物馆在数字化过程中产生的数据量似乎还不足以达到大数据的范畴，但如果将与藏品相关的各种信息统筹在一起，包括藏品保存或者展示现状的动态变化信息、观众用博物馆的官方 APP 或者其他社交软件与藏品产生的互动关联信息，也将形成大数据资源池。大数据有四大特征，第一是数据量大，第二是种类繁多（由于新型媒体技术的诞生，其种类越来越多，包括音频、视频、图片、文字等等），第三是价值密度低（虽然信息的感知无处不在，但海量信息的价值密度并不高），第四是速度快、时效高（这是大数据区分于传统数据挖掘最明显的特征）。然而事实上，面对如此的海量信息，既有的技术架构和管理模式并不能达到对这些信息进行快速、准确、有效处理的要求，所以，对于使用者来说，如果进行了巨大的投入来采集管理这些信息却无法得到及时、有效的反馈信息，将得不偿失。正因如此，大数据时代的来临，对人们的数据驾驭能力提出了新的挑战，同时为人机配合之下获取更全面透彻的数据分析结果提供了前所未有的空间与潜力，并随之带来了一种知识创造的新模式，藏品管理工作亦是如此。

云计算和大数据分析对数据信息的协同处理能力让博物馆藏品信息的知识图谱构建成为可能。

作为一种可视化的研究和展示工具，知识图谱可以绘制、分析和显示学科或学术研究主体之间的相互联系，并揭示科学知识的发展进程与结构关系。知识图谱可以描述多个对象之间的强关系，连接不同的知识库，并进行相对应关系的匹配，究其本质，仍然是对数据的一种管理和根据算法要求对数据进行智能关联与匹配过程。博物馆通过知识图谱的构建，对内，可以使藏品信息资源池中的数据互相关联，对外，可以关联其他博物馆的相关信息和网络信息，并能通过不同数据间的智能识别，构建智能检索与问答系统，增强知识间的关联性，为藏品的深入研究与利用提供更便捷的方式。博物馆利用知识图谱还可建立可视化的数据关联系统，随时监控博物馆数据的各种动态变化情况，为博物馆的科学管理与运营提供依据。

人工智能（AI 技术）是"研究、开发用于模拟、延伸和扩展人的智能的理论、方法、技术及应用系统的一门新的技术科学，其领域研究主要包括：机器人、语言识别、图像识别、自然语言处理和专家系统等。"'作为成熟的人工智能技术，其需要具备的特性有：敏锐的感知力一信息捕捉能力；超强的记忆力一信息存储能力；精妙的思维能力一信息的计算、比较、分析、判断、关联能力；全面自主的学习能力一基于其强大的信息捕捉、存储、分析能力展开的对多个专业领域的深入学习能力；良好的自适应力一能够及时感知到人机互动环境及网络生态环境的变化并对下一步的工作作出及时地调整，从而保证与环境变化的协调发展的能力；运筹决策的能力一不仅能为管理者提供科学合理的决策方案，也能在突发的危急情况下通过自主决策以使得风险最小化。将人工智能技术应用于博物馆是未来促进博物馆服务与管理不断优化的重要途径。

人工智能的价值，不仅在于他能根据人的命令作出规定的动作和反应（这只能算是自动化和初级的智能化的体现），人工智能能够完成自我学习、独立思考与自主创作，即机器（人工智能）通过一段时间的学习，分析研究人员知识创造的过程，掌握知识创造的逻辑、语法、语义、语境等规则，从而具备一些知识创造的能力。相信在未来，人工智能技术与知识图谱技术的结合可以开展博物馆知识创造工作，同时应用区块链技术为信息存储和传递中的安全性提供相应地保障，且其智能合约技术或可解决数字化管理过程中相关技术壁垒造成的格式不通等问题，完成格式的智能转化。

第三节 藏品智慧化管理之于智慧博物馆建设

一、万物互联,打破系统边界

对于智慧博物馆来说,最核心的是博物馆智慧系统的建设,其内容包括搭建完备的建筑智能化系统、构建完整的数据通信系统、建成基础的业务管理系统、形成合适的数据管理系统、建立可靠的决策和学习机制,通过博物馆智慧系统的建设,让博物馆系统能像人一样思考问题、分析问题、解决问题,为博物馆的使用对象(包括观众、研究人员、管理人员等)提供智能服务和个性化服务(有针对性的服务),博物馆可以智能识别用户需求,可以智能监测、调控和管理藏品库房和展厅的存储环境,甚至可以自主策划一个完整的展览,可以把真实世界用虚拟手段展现,也可以将虚拟世界再现于真实展厅中;智慧博物馆能够实现人、物、信息之间的多向互动,并实现对这些对象的交互信息的动态分析与调控,以更好地服务于对象。这些美好设想的实现,有一个共同的基础,那就是智慧博物馆内各系统间的相互关联与信息交换,所以,智慧博物馆的生态系统是一种强关联的生态系统,内部结构为一种复杂的网状结构。

从智慧博物馆建设的角度来说,万物互联最基础的就是各数据库之间的互联互通。传统博物馆的各项业务工作分工明确,权责分明,即便是博物馆数字化建设中构建的各系统间也是弱关联的状况,智慧博物馆的系统建设就是要打破系统边界,实现"人、物、数据"间的交互,且这种交互应该包含纵向的各系统内部数据的交互关联及横向的不同系统间数据的关联共享。

智慧博物馆的建设本身就是一个复杂的系统工程,通过分层分级的系统设计,合理分配资源与任务,以达到对博物馆业务工作最优规划、最优设计、最优管理和最优控制的目的。在这样一个分层体系中,总系统负责联通各个子系统,并维持整个系统平衡,各子系统分别服务于不同的业务需求,并通过系统间的协调配合,以最优方式完成系统任务。在整个系统的分层制度下,最基层的系统就是一个个不同类型的数据库系统,承担着资源池的功能,上层系统根据其功能需求可以调取相关资源池的数据,即基层子系统并不唯一服务于上层某一个系统。

藏品的智慧化管理是智慧博物馆建设中的一个重要组成部分,藏品智慧管理系统内的各个子系统是需要互联互通的,同时,藏品智慧管理系统与其他系统之间也要互联互通,通过信息交换以为管理决策提供充分有效的依据。当各系统实现了互联互通,资源池中的数据就能够形成强关联,资源的活化利用在资源获取上就能实现畅通无阻。

二、以管为用：藏品管理的最终目的一保护与利用

"藏品管理的目的不仅是为了管理，而且主要为了使用：不仅为了今天的使用，更是为了明天的使用，子孙万代的使用。"所以，"管理是一种手段，使用才是目的。"无论是传统的藏品管理还是智慧化的藏品管理，最终的目的都是为了实现藏品的保护和对藏品及其相关信息的研究、利用，并最终为实现博物馆的各社会职能提供基础保障，而在智慧博物馆建设中的藏品管理工作，更要凸显藏品的预防性保护和文物的数字化保护，加强藏品信息数据的开放利用。藏品的预防性保护亦是藏品科学管理的体现，一方面预防性保护可以对藏品管理过程中可预见的危险危害防患于未然，另一方面对不可预知的文物病变、病害做到早发现早治疗，藏品管理系统和环境监测系统中对数据变化的统计与分析可以不断形成对保护效果的反馈，从而为更好地保护与管理提供决策依据。

文物的数字化保护可以加强对藏品数据信息的研究利用而减少对藏品实物的提取利用，降低人工干预，同时可以避免文物因自然风化、衰老而造成文物本体所蕴藏的珍贵信息的流失，以敦煌数字保护项目为例，历时几十年，敦煌研究院完成了对壁画信息的全部采集，实现了对文化遗产信息的永久保存，保护了"行将消失的国宝"。

文物数字化保护对博物馆灾后重建也有重要意义，令人痛心的悲剧在不同的时段上演：巴西国家博物馆这座有着两百多年收藏史的国家级博物馆在一场大火中损失惨重，两千万件的馆藏文物中有 90%在大火中被焚毁：有着 850 多年历史并作为古老巴黎象征的巴黎圣母院也毁于一场大火，大火不仅让这座辉煌的历史建筑毁于一旦，教堂所藏的大量珍贵文物和艺术品也严重受损。这些文化遗产的损毁不可挽回，对于灾后重建工作，巴西国家博物馆曾联合世界各地广泛搜集一切相关的文物信息资料，中国腾讯公司也曾携手巴西国家博物馆开展"数字巴西国家博物馆"资料征集活动，并以数字化手段助力巴西国家博物馆数字化重建。这也从另一方面为世界各地的博物馆和文化遗产保护单位敲响警钟，文物的数字化保护工作刻不容缓。

藏品信息的开放利用是对藏品信息的数字化管理进行成果转化、延伸管理价值的过程。随着人们对知识创造和版权保护意识的增强，藏品信息，尤其是数字信息的管理必须要考虑到授权问题，博物馆对于藏品实物的管理实际上是执行代为保管的权利，而对于藏品信息的管理是基于一定的所有权的基础上进行的管理、利用。"博物馆在其藏品和有关信息被他人使用上要承担特殊责任，需要考虑其机密性与安全性带来的是使用限制。"信息的开放首先应该实现博物馆内各部门各系统间的无障碍应用，无障碍并不代表不受任何限制，而是通过分级分层的权限设置，为系

统访问与资源利用提供路径，同样的，面向社会公众的资源开放与利用也可以通过权限设置在确保数据安全与知识产权的前提下，实现资源最大限度地开发利用，盘活数字资源，提供智能服务。相应地，用户对信息资源的利用行为在网络上留下痕迹，形成新的数据信息，而对这部分数据的统计与分析可以作为优化藏品管理的依据。

信息资源的开放利用为博物馆的知识创造提供了基础，就好比做面包需要面粉，煮粥需要大米，而对这些资源的研究利用就是进行知识生产的过程，其结果就是将原有的信息资源转化为新的知识成果，可将其称之为"知识再创造"的过程，这一过程也是博物馆在藏品管理过程中实现其责任、义务与权利的重要体现。

博物馆学多学科交叉融合的特性不应仅仅体现在博物馆的内部管理上，作为二十一世纪的博物馆，更应该体现在与观众及其他行业、组织的多元互动与合作上，藏品管理部门的身份也因此发生了转变，其不再是一个面向内部组织机构的部门，不再只是管理好藏品、清点好账目就万事大吉的部门，其需要更多地面向外部用户，协同多个部门、组织，提供更多元的输出服务，实现博物馆的"供给侧结构性改革"，达成共用资源、共同研究、共享成果的美好愿景。

第十章　博物馆藏品数字化管理

随着科技的进步，互联网技术的广泛应用，数字化产物的利用在诸多领域影响着人们的生活。顺应时代发展的潮流，引进信息化管理技术，对藏品信息进行标准化规范化管理，有效提升藏品管理效率和资源共享率已成为主流博物建设的趋势。博物馆的工作人员需认识到藏品数字化管理的价值与功能，思考如何将数字化引入到藏品的日常管理和保护工作中，提升藏品的保护效果，更好地传承和发展博物馆文化。本章将对博物馆藏品数字化管理进行研究。

第一节 藏品数字化管理的基本理论

从信息论的角度看，博物馆就是一种不折不扣的信息机构。它受社会的委托，从具有物证价值的信息载体—文物标本—收集开始，后经信息解读和保护管理，进而用于科学研究或教育传播等，最终以信息性的产品服务于社会。当代信息科技的迅猛发展给博物馆这样一种信息机构带来很多机会和变化，并最先与藏品管理工作碰出了靓丽的火花。

一、藏品管理数字化相关概念解析

随着计算机和网络通信技术在博物馆工作中的运用，陆续出现了多种相关的专业术语或社会常用语，与藏品管理数字化相关的有博物馆数字化、博物馆信息化、数字博物馆、数字化展示等，人们对这些新用语的理解和所指各异，反映出该领域的理论研究滞后于实践，给相关的交流研讨带来障碍。其实这些用语的所指可以分别归属于以下 5 种各不相同的事物。

（一）博物馆数字化

"数字化"的实质，就是将传统的纸质文档内容转变为数字文档的过程。例如，博物馆工作者把原先用纸张或化学感光材料记录和存储的实物藏品信息，转变为用计算机存储和处理的数字信息，这一过程就是狭义的"博物馆数字化"。博物馆数字化的最初目的就在于藏品管理，试图通过馆藏信息的数字化管理来全面提升馆内业务工作效率。如今，博物馆数字化的效益远远超出了利己性的内部服务，利他性的为外部社会提供服务的数字化已成为热点。

（二）博物馆信息化

"信息化"一词指的是"信息和数字化"，目前在社会公众的日常言语中往往用作"数字化"的同义词，因而可以把"博物馆信息化"与"博物馆数字化"看作对同一事物的不同表达。但在专业人士眼中，"信息化"与"数字化"这两个词之间还是有区别的。"数字化"一词偏于说明一种技术，比较具体；"信息化"一词则偏于说明数字化后带来的变化与好处，比较抽象。所谓"博物馆信息化"，是指博物馆各职能部门员工普遍利用信息技术开展业务的工作状态，包括网站建设、藏品管理数字化、实体陈列大量运用数字多媒体技术、楼宇管理自动化、办公自动化、局域网络建设乃至数字博物馆建设等多种内容，其目标指向整个机构具有更高的运转效率，能够更好地发挥职能。

（三）数字博物馆

这是一种采用数字化技术进行建设且须借助数字化视听设备才能加以利用的博物馆信息服务方式。现已成为使用频率很高的社会常用语。从行业角度看，打造一个数字博物馆需要实体博物馆许多部门专业工作者的协同参与，是对自然/文化遗产物证材料、形态信息及其相关知识信息进行数字化采集、整理、保存、发布的过程。但在社会公众看来，作为建设成果并投入发布利用状态的数字博物馆，其功能是单一性的，完全集中在对应实体博物馆的陈列展览等教育传播领域。已被社会广泛关注的"数字博物馆"，仅仅是实物藏品拥有者利用信息技术所推出的一种新型信息服务项目，因而其定义可以简单归纳为：

数字博物馆是以数字化技术和形式向公众展示、传播人类活动和自然环境见证物及其相关知识的信息服务系统。

（四）数字化展示

陈列展览犹如博物馆的面孔，也是博物馆传统的实现自身价值的主要渠道。博物馆在陈列展览中使用幻灯、电影、电视、录音等电化视听手段的历史已长达半个世纪，而数字化科技带来了性价比更高的应用，维护成本也大大降低，数字式的荧光屏、银幕投影、多声道环绕音响、移动终端、智能控制设备等再为陈列展览增光添彩，如今已全面取代了以往的电子设备，在营造气氛、活化展品等方面发挥重要作用。

（五）藏品的数字化管理

藏品，是博物馆根据本馆的性质、特点、任务，按一定标准有计划入藏的具有历史价值、艺术价值和科学价值的有关文物、标本和实物资料等物件，是国家和民族宝贵的科学文化财产，是博物馆业务活动的物质基础。博物馆藏品可作为信息载体被收藏和利用，因而藏品及其信息的管理就成为博物馆的基本职能。博物馆藏品的流动轨迹不同于一般消耗性的物品，因各种需要提取出库的实物藏品终究还得回归到库房保管状态。所以保管排架库房才是藏品的最终归宿，致使博物馆藏品保管工作内容带有循环往复的特点。其中实物藏品的空间移动频率并不高，主要还是一整套信息性的保管单据作业形成复杂而沉重的工作负担，甚至成为制约全馆业务工作效率的瓶颈。

所谓保管单据，就是记录藏品部分信息的书面材料，在不同工作环节都有各自所需的格式要求，如藏品总登记账、编目卡、提取退还凭证等等，其各自所含的基本信息部分也有一定的重复性。藏品保管员在很大程度上是借助藏品信息来进行保管工作的，而藏品信息又是可以数字化的。电子计算机等信息技术的普及和应用不仅能加快信息处理速度和精度，而且可以减去大量重复性的人力和物力消耗，无疑为博物馆提高藏品保管工作质量和效率乃至突破全馆业务工作效率的瓶颈创造了条件。藏品的数字化管理，主要是出于这些增效减耗乃至提高藏品安全系数的目的，而运用数字化技术辅助藏品的管理工作。

数字化科技在博物馆的运用相当全面，博物馆内外两类职能部门的工作都有所涉及，此处不打算就博物馆信息化涉及的所有问题泛泛而谈，而是将焦点集中在内部职能中的藏品管理业务领域，探讨如何运用信息技术开展藏品管理工作。以如何开展数字化的藏品管理工作为主线，兼涉相关的理论和学术问题。而藏品的数字化管理优势是建立在实体博物馆的传统保管工作基础之上的，并且无法全面替代传统的保管工作方法。数字化管理方法是对传统保管方法的优化、提升和补充。所以，要想理解和掌握数字化藏品管理问题，必须了解传统保管工作的基本流程和方式方法。

二、藏品数字化管理的原理

博物馆藏品的数字化管理属于新生事物，首先要搞清楚它究竟是做什么，基于怎样的原理等基本问题。

博物馆传统的藏品管理工作对象，分为实物藏品和相关信息两个部分。数字化管理并不能完全取代实体性的藏品管理操作，恰如计算机不能帮助保管员实施搬运和排架操作一样。"数字化"的直接对象仅仅是藏品管理中的"相关信息"部分，但这抓住了效率问题的关键，能够对藏品管理工作的方式和质量产生积极影响。

所谓"藏品信息"，是指每一件藏品自身所具有的和后人所赋予的一些特征和属性，大致可以分为具体形象的形态信息，抽象的知识信息和工作性记录。其中形态信息往往是非言语性的，知识信息和工作性记录则是言语性的。博物馆之所以要收藏某些实物，不是为了物理或生理意义上的应用，而是因为这些实物身上凝聚着有助于人们认识世界的信息，是作为信息载体来加以收藏的，而信息又恰恰是可以进行载体转换的。以往是用照相、绘图、摄像、录音等方法，将实物藏品的形态信息转化为照片、图纸、胶片或音像磁带等载体材料；用书面文字描述或口述录音等方法，将实物藏品所含抽象的知识信息和工作性记录转化为纸质文献或录音磁带等载体材料，以便单独保存藏品所含的信息，也用来进行藏品管理和范围有限的信息分享。

而今运用数字化技术，把原先用纸张或图片等形式存储的信息转换为用电磁介质按"0"和"1"组成的二进制数字编码方法加以储存和处理的信息。从而能够用计算机可读数据的形式来表示藏品信息，用磁性或光学信息存储介质作为载体，借助计算机等信息处理设备进行数字化藏品信息的生产和使用。这就使得保管工作对象从传统的实物藏品与书面信息的双轨制，转变为加入了电子信息的三轨制。结果是传统的账簿和编目卡片等书面信息材料逐渐转为单纯的信息安全备份功能，其原有绝大部分检索、查阅功能被更加方便、快捷的电子数据库信息系统所取代。

博物馆属于一种比较典型的信息机构，自然会受到信息工具进步的深刻影响，藏品信息管理方式的改变不仅能提高保管部门的工作效率和质量，也为其他业务部门乃至整个机构的高效运行奠定了基础。

三、藏品数字化管理的意义

藏品数字化管理是需要一定投入的，管理者是否愿意在藏品管理方面投入人、财、物，往往与其对数字化管理效益产出的认识有关。经验告诉我们，与传统的手工管理方式相比，数字化管理的积极意义主要体现在减轻劳动强度、节省工作时间和提高藏品安全系数等方面，是提高藏品管理水平的重要措施。

（一）减轻劳动强度

用计算机书写不仅速度快、便于无痕修改，而且屏幕显示或打印输出的字体规范、清晰易读，更有扫描仪和语音等快速输入的高效手段可用，同等篇幅书写的劳动强度要比手工抄写小得多，所需时间也少得多，这是人们在办公自动化过程中早已普遍体验到的事实。保管单据作业也不例外，如今在很多实现了数字化管理的博物馆保管部门，除了制度要求手写的总登记账簿以外，其他多种保管单据的生成作业都已实现自动化。另外，保管工作所用多种表单的栏目内容存在局部重复性，同一件藏品的记录内容也有被多次反复写入同一种表单的可能，以往保管员只能根据不同单据或不同批次的需要抄写，无法避免其中的重复劳动。而今藏品信息一经数字化则成为可反复调用的数据库资源，能在很大程度上减去书写劳动的重复性。藏品数字化管理的实践表明，如今生成各种统计报表和单据作业的劳动强度已降到了微乎其微的地步，从而使保管员得以从繁重的抄写劳动中解脱出来，快速生成统计报表也能为管理决策提供及时而精准的信息支持。

（二）节省工作时间

保管员在工作中经常需要查询藏品信息记录。以往是采用账簿、卡片或档案册等书面材料形式记录藏品信息的，这些材料虽然用卡片抽屉或文件柜等设备收纳、摆放有序，但其本质是线性排列的，并且需要专门的存放空间，保管员翻阅、查找的工作强度较大而效率却不高，花在检索查找上的时间甚至会超过阅读利用的时间。而数字化的信息查询方式不需要保管员改变工作地点和姿势，并可利用直观多样的检索方式快速调取所需的藏品信息记录，数字化检索可以是非线性和跳跃式的，对目标藏品特征记忆的要求也较为宽松，甚至可以智能化地进行模糊检索，从而大大缩短了检索查找目标藏品信息的时间。另外，以往在日常工作中，馆内其他部门业务人员或馆外专业人员经常需要藏品保管员提供检索帮助，因为手工检索原本只是保管员自用的工具，带有浓厚的中介用户属性，尤其藏品分类和检索方式都比较个性化，往往使得初次使用的外部人员感到陌生、不便。而在数字化管理状态下，由于数据库检索方法简单易学，具有鲜明的最终用户属性，使得外部人员完全能够自助检索，无须保管员陪同提供帮助，从而能节省保管员对外服务的工作时间，同时也意味着突破了馆藏信息利用的瓶颈。检索查询效率的提高无疑为保管工作节省了更多时间，也全面提高了藏品信息利用率。

（三）提高藏品安全系数

尽量降低暴露和触碰实物藏品的频率是提高藏品安全系数的重要方式之一。博物馆藏品的数字化管理，主要在两方面有助于达到这一目标：一方面是由于藏品的数字化影像远比传统纸质照片的清晰度高，细节放大的屏幕显示效果甚至能超过肉眼观察的水平，再加上数字化存取图片的方便快捷，使得部分依靠提取实物观察的工作被检索和观看数字化影像所取代。换言之，虽然博物馆业务人员都在围绕藏品开展工作，但并不都需要拿着藏品才能工作，实际上在更多场合仅凭藏品信息就能开展工作，数字化图像信息因具有高保真性和易分享性而直接满足了很大一部分业务工作的需求，这自然会大幅度降低实物藏品的移动、暴露和触碰频率。另一方面是在库房排架管理操作中，可以采用射频识别等传感技术，即保管员使用带有芯片读写器的移动终端设备，在一定距离之外通过电波与贴敷电子标签的目标藏品对话，就可以辨认藏品的确切身份和库位信息，也可统计藏品的精确数量等，从而在排架库操作中实现"非接触式管理藏品"的状态，做到无损化管理。这种"使物品开口说话"的物联网技术应用也是以藏品信息数字化为前提的，是数字化技术在博物馆应用的延伸。

总之，博物馆藏品是博物馆各项业务工作的物质基础，征集工作可以增加博物馆藏品的数量并改善博物馆藏品的质量，藏品管理可以确保征集工作的成果得到妥善保管和充分利用。同时，藏品管理各项流程紧密关联，在为博物馆其他业务活动提供基础性服务和为社会公众提供便捷服务的同时，确保藏品安全。博物馆在本质上可以被看作是一种较典型的信息管理与服务机构，其中处在基础层面的藏品管理工作成为影响整个机构业务运行效率的关键，政府主管部门已经将藏品管理数字化纳入博物馆等级考核，可见这个问题多么重要。已有的实践表明，信息科技确实为藏品管理工作增效减耗提供了契机，当代博物馆工作者应该抓住这个机遇，努力实现藏品管理的数字化，以全面提高博物馆的管理和服务水平。

第二节 数字化工作环境建设

博物馆藏品的数字化管理是建立在对现代信息科技引进与应用基础上的。这项工作的起点就是根据藏品保管工作的实际需要，通过购置或开发一系列硬件和软件搭建所需的工作环境，按工作流程可大致分为采集加工系统、储存系统、输出系统和网络系统等四个主要领域。

一、藏品信息采集系统

采集加工系统所针对的就是所谓的"数字化"步骤，指的是利用计算机多媒体、数据库等技术手段，将馆藏实物的形态信息和传统介质的文献信息等，转化为数字化、电子化的磁（光）盘数据或网络信息。藏品信息的采集对象大体可分为两类：一类是言语性的文字或语音信息，另一类是非言语性的形态信息。

其中言语性信息的数字化采集主要通过个人计算机、写字板和扫描仪等可以处理文字的设备进行，语音信息则采用录音笔等设备进行采集。这类硬件设备均已普及，所需应用软件也大都随机赠送而无须自行开发。

形态信息的数字化采集则主要通过数字式的照相机、扫描仪、摄像机、录音机等设备进行，采集之后还要运用计算机和相关软件进行处理加工，这类软硬件设备需要一定的资金投入，应事先根据实际需求做好规划。选购软硬件设备的决策原则，除了追求较高的性价比以外，还应该遵循相关的行业规范要求，也要根据本馆工作人员的技术能力水平，在先进性和成熟性之间寻找最佳平衡点。

藏品信息的数字化采集结果应做到信息数据的有序存储，以便快捷高效地调取使用。藏品信息的采集加工流程和数据排列次序都具有一定的特殊性，由此产生了根据博物馆藏品保管工作特点专门开发信息管理系统应用软件的需要。自 20 世纪 80 年代以来，我国许多博物馆陆续开发或购置了这类软件，无不含有采集功能模块，有的还特意开发了快速登录功能或自动校对功能，目的在于加快数据库建设，使系统尽早发挥功效。

二、藏品信息存储系统

博物馆藏品数字化信息的存储方式大体分为磁性介质的计算机内硬盘、移动硬盘和光学存储介质的刻录光盘三类。通常把机内硬盘作为在线应用数据的存储方式，移动硬盘多用于工作性的临时备份，光盘则主要用于沉淀性的大容量数据异地和异质性保存。其中光学存储介质的光盘是人工化学合成物，对比传统的纸张，既可以降低对竹木等自然资源的损耗，也可减轻对环境的污染，且有逐渐廉价化的发展趋势。但光盘的寿命只有 15 至 20 年，不像纸张那样能够保存上千年。另外，数据存储和读取的格式也存在过时老化的可能性。所以，馆藏数字化信息的长期保存工作需要建立一整套完善的备份管理制度。随着云存储技术的进步和存储成本价格不断降低，今后博物馆用户可以考虑购买相关服务。

三、藏品信息输出系统

输出意味着应用，馆藏数字化信息的输出方式主要包括连接计算机的显示器、投影仪、音响设备、打印机等外围设备。其中的显示器、投影仪和音响设备用于藏品文本信息和音视频信息的输出，打印设备则用于生成各种：书面文献和照片材料的打印件。这些设备的体积较大，通常放置在保管员的办公桌上不便移动，另有移动智能终端可用于保管员在排架库内的移动工作。

四、有（无）线网络系统

博物馆内部网络系统的功能主要在于藏品信息数据库的多用户共享。在一些规模较大、人员较多的博物馆藏品保管部门，需要通过有线或无线网络将多名保管员甚至全馆业务人员所用的计算机终端与服务器连接起来，采用客户服务器模式不仅能减轻众多用户终端计算机硬盘存储负担，便于馆藏信息数据库的集中维护和及时更新，还能共享打印机和扫描仪等常用外围设备，甚至能有助于多名保管员或众多业务部门员工之间开展必要的分工与协作，起到整合、凝聚集体力量的作用。此外，用户终端的网络化还服务于工作人员上网学习或搜集业务材料等多种用途。

数字化工作环境搭建固然需要一定的资金投入，但根据保管员数量和藏品数量规模大小会有很大差异。我国中小型博物馆数量占了总数的九成以上，这样的博物馆保管部门要想开展数字化的藏品管理，其所需的软件和硬件设备投入并不比普通的办公自动化高多少，甚至个人家用水平的数字化设备就能满足需要，在过去曾令人十分头痛的资金问题如今已经基本消解。

第三节 藏品文字信息的数字化采集

藏品信息的数字化采集加工，意味着通过各种工具将藏品信息转换成电子文件形式，按格式大致分为文本文件、静态图像文件、图形文件、流媒体文件（视频、音频、动画等）。

博物馆工作者用文字描述或记录实物藏品信息的历史几乎与博物馆本身的历史同样长久。因为体现其宗旨的人类遗产收藏、研究和教育传播职能发挥必然以实物及其信息两者的同时存在为前提。在银盐照相机发明和普遍使用之前的年代，文字文献曾是描述和记录藏品信息的常规手段，发展到现在，仍然是博物馆开展业务活动的基本前提。一件实物藏品如果失去了文本信息记录和描述，就等于失去了大部分价值，由此可见藏品的文字信息极其重要。藏品信息的数字化文本文件生成主要涉及三个方面的问题：一是传统文献材料的选择，二是采集工具的选用及操作步骤，三是文本信息的指标内容。

一、文字信息采集的依据材料选择

在开展数字化采集登录之前，首先需要对书面依据材料进行选择。这些书面材料通常分为总登记账、分类账、编目卡及藏品档案册等。

1.藏品总登记账。既是馆藏账式目录，也是国家科学文化财产账，由国家文物管理机构印发，在全国范围内统一使用，并且是博物馆向国家文化财产负责的根本总账。但由于该文件相当严肃，一般不作查询检索之用。

2.藏品分类账。通常是按质地或年代等指标类分的藏品登记账，与按质地或断代类分的保管库房相对应，是由分库保管员填写并保存和使用的藏品账簿，与总登记账同样属于书本式目录。

3.藏品编目卡。博物馆藏品的卡式目录。为了更好地管理和使用藏品，博物馆大都有手工编目卡的积累。编目卡内容比账本式目录更全面且具体，因而常用作藏品文本录入的凭据材料。

4.藏品档案册。由国家文物管理机构印发，在全国范围内统一格式的藏品描述文件，其记录内容要比编目卡更加全面而具体，可以用作登录依据，但由于以往仅仅为数量不多的二级以上珍贵文物填写了档案册，所以积累比较有限。

关于选择的策略。在一些藏品管理比较正规的单位，其编目卡工作往往有较好的基础，并且原本就是按类存放的。所以，登录依据材料应该首选编目卡片。例如卡片抽屉上标明了质地，我们可以直接将某质地类别的卡片整抽屉交给一位登录员处理，形成所谓按类分工的态势，便于登录员在以后的工作中利用"藏品复制"和"样本提取"等快速登录功能。

如果没有编目卡工作方式的基础积累，最好选择分类账作为登录依据材料，因为它比按收藏顺序排列的总登记账更有利于快速登录。可用复印件分发给多名登录员分工操作。

如果连分类账也没有基础积累，则只好用总登记账复印件分发给多名登录员分工操作。据调查了解，国内有账而无卡的单位比较普遍，因而总登记账用作登录依据材料的可能性较大。我们认为，尽管总登记账仅有按总登记号升序排列的规律，但如果系统检索体系具备相应的检索功能，仍不失为有助于快速登录的依据材料。

亦即在总登记号检索功能中允许采用某号到某号的整体调取，然后附缀质地、年代、功能等次要检索项，也能达到批量填写的效果。

二、编审界面简介

最基本的工具就是藏品信息管理系统软件。以复旦大学博物馆藏品信息管理系统为例，这种系统软件多采用典型的 Outlook 风格界面，通常是在左边和上边设置功能选择区，正面为操作和结果显示区。

进入高级别权限后的系统初始界面，功能选择区显示 8 项功能模块标签，表明它们都可使用（注：下文出现的符号均为软件系统界面显示的功能按钮叙词）。依次单击[编目审校]和其下弹出的[藏品编目]按钮，会在显示区弹出编目操作界面。

编目界面默认显示"全部指标"列表，如果当前显示的是"核心指标"，可通过"指标分类"选择"全部指标"选项。接着即可填写藏品信息指标，可用鼠标选择第一个指标行选项开始登录，如果对象栏为选择型指标，则系统自动打开相应表格，选择目标叙词左侧的复选框单击，然后单击[确认]按钮即可完成信息录入；如果是字符串字段则直接用键盘写操作。一个指标项输入完成后按 Tab 键即可自动转入下一项继续填写，直到全部完成当前藏品信息记录采集。文本采集除了用键盘输入，还可以用语音输入等更加快捷、轻松的工具。对于大篇幅的记忆字段内容，如该件藏品曾经发表的论文等，还可以使用扫描仪扫描然后再转换为数字文本文件的方法，免去大量的键盘输入劳动。

三、保存编目成果

当一条藏品记录的填写输入工作全部完成后，单击[确认入库]按钮，即可将当前录入结果保存到系统"审核库"，留待下一步审核校对（审校方法详见下述编目审校/藏品审校）。然后再单击[关闭]按钮，回到简目表单界面，可见刚才录入的一件记录要点显示在当前简目表单中。如果还要按着登录其他藏品，可重复上述从[藏品添加]开始的操作。如果单击[关闭]按钮之前没有单击[确认入库]按钮，系统会弹出对话框询问是否需要保存刚才的录入内容。

四、快速登录方法

1.批量更新

指根据一批藏品记录的某个指标记录内容完全相同的特点，对该批藏品记录中的该字段进行撰写性或局部修改性的批量插入功能。管理系统将该功能设置在"藏品审校"和数据库维护等功能中，因带有一定误操作的风险性，故通常限定在管理员权限使用。

众所周知，一批藏品记录中的某些指标项内容存在完全相同的现象，例如我们在登录复旦大学博物馆藏品信息时，所有藏品的 B0201"收藏单位"指标项内容都是"复旦大学博物馆"7 个字。另外，由于以往的工作习惯、机构环境变化、术语不够标准、指标规范变化或指标定制的疏漏等一系列主客观原因，我们常会感到一批藏品记录中某个字段的填写不符合要求而需要做局部修改。那么，在此情况下即可利用该功能来提高登录或修改的工作效率。

例如，既然知道 B0201"收藏单位"指标内容是完全相同的"复旦大学博物馆"7 个字，也知道 A0901"物态类别"指标内容都属于"固态"等，那么即可将文本录入界面中的这些指标暂时关闭，从而缩小登录操作范围，使这些指标处于暂不登录状态，当所有藏品登录到系统数据库之后，转而采用这个类似于"秋后算总账"的"选择字段批更新"功能，借助检索功能调取所有目标记录，完成检索后的对象以简要信息表单形式显示在当前，同时弹出批量更新专用操作对话框；从其中带有指标体系名称的下拉列表中选择目标指标项（例如选择 B0201 收藏单位），然后在其"请输入更新的表达式"填写框中写入应填写或修改的正确、完整内容（如复旦大学博物馆），最后单击[更新]按钮即可执行自动插入程序。完成后打开数据库可见，原来空白的收藏单位指标栏已经出现了"复旦大学博物馆"7 个字的记录内容。假设该馆藏品总量有 1 万件，按常规录入方法应该手工输入 7 万个汉字，但采用该功能只要输入 7 个汉字就可以了，从而节约了 69 993 个汉字的打字输入劳动。由于系统检索功能具有任意选择限定目标记录范围的品质，所以这就意味着该功能可以为许多指标的填写劳动提供强有力的支持。

另外，我们也可以借此功能对批量记录进行局部性（如前缀性和后缀性）修改。例如，原先已经按四位数规则录入了所有藏品的总登记号（如 1368），现在需要按国颁著录规范要求改为六位数规则，意味着要在原有总号记录前统统增写两个"0"（如 001368）。打开本功能并选择所有记录范围，接着在表达式中输入"00*"（若是添加后缀，则*号在前），输入表示现有记录的"*"号和打算写入的字符，最后单击[更新]按钮即可执行。结果会发现所有记录的总登记号都变成了符合国颁著录规范的六位数，假设该馆有 1 万件藏品记录，按常规方法至少需要打开、寻找目标、单击、写入、保存、关闭等 6 个操作动作，使用该功能则意味着减少了将近 6 万个操作动作。又如，假设通过复制获得了存放方位号相连的若干条样本，那么，在表达式中输入"?"的时候，"自动累加功能"将可以使用。输入起始的数值和增量后，替换的长度为"?"的个数，程序将自动完成替换的功能。

另外，国家文物局发布的著录指标规范本身并不完全稳定，随着人们对数字化建设的理解和认识的加深，在今后一段时期内难免会有局部的增删修改。如果采用常规的修改方式，就会感到规范的每次变动都会造成大量劳动投入，不投入又无法跟进。既然指标规范的完全稳定尚属可望而不可即的理想，那么就只有在系统功能设置方面寻找解决办法。实践表明，如果设置了类似的功能，就能轻松地实现指标跟进，不再惧怕这不可避免的指标规范修正问题了。总之，该功能不仅可以提高初始建设的效率，还具有提高回潮性建设效率的品质。

2.图片文件名的自动赋予功能

指根据一定规则由系统自动给出所需编码或文件名，以减少手工输入错误及打字输入劳动的功能。

藏品的静态图片和多媒体文件是采集工作的重要组成部分。根据国标著录规范的要求，图片文件名应该按藏品总登记号给出，本系统规定多媒体文件也按总号给出。但由于图片文件名的成分比较琐碎，采用常规的手工输入方法很容易出现错误，不仅无法实现利用，而且还容易产生大量垃圾文件。但好在图片和多媒体文件名的形成规则比较明确，所以最好由采集工具实现半自动生成功能。实践表明这是能够实现的，不仅解决了准确性问题，同时减免了文件名打字输入及难免的修改操作劳动。从另一个角度看，这也为实现高效率采集目标提供了有力支持。方法是针对当前记录打开图片管理界面，一次性全选所属图片，确认后即可自动给予该批图片文件名。

3.指标定制

指按藏品类别分别限定登录指标范围，缩小登录界面以减少视觉噪声，从而支持高效率采集工作的功能。

国标著录规范所开列的指标项多达 183 个，这是根据几乎所有类别文物标本信息特点归纳出来的描述角度，带有一定的原则性和指导性。当采集工作面对具体某个博物馆的藏品时，就会感到与其中大多数指标都找不到对应关系，例如，根据我们事先对复旦大学博物馆文物藏品信息的采集测试表明，实际适用指标数量大约为 50 个。如果登录界面不加限定地采用全指标显示，则会出现登录人员每每跳跃式地从中寻找目标指标项的现象，既费时又费神，势必延缓操作速度，使工作效率低下。

为解决这个问题，需要采集软件具备屏蔽部分指标的功能。由于每个馆早先在藏品描述习惯、研究角度或深度以及馆藏类别的数量等方面存在许多差异，因而在开展大规模采集登录工程之前，首先要依据国颁著录规范要求和现有馆藏记录材料的特点进行指标定制，从而使登录人员所面对的屏显藏品指标项数量大大缩减，避免跳跃式地寻找有用指标项所造成时间和精力的浪费，从而提高采集效率。所谓指标定制的方法，就是利用下述系统配置/权限维护/指标权限设置功能，将不需要的指标项关闭即可。此项工作几乎是一劳永逸的，因为一个单位的藏品记录方式不会经常改变。

4.权限维护

指为不同的用户规定不同的使用权限，通过功能模块和指标权限的设置达到符合信息保密要求和支持高效率采集登录的功能。

就采集效率问题而言该功能十分重要。例如，我们可以通过功能模块设置关闭一些暂不需要的功能模块（如统计输出和打印输出等）和子功能（如办提取退还手续、办藏品注销手续、办藏品事故登记等），以减少功能选择菜单界面的视觉噪声；暂时关闭一些比较复杂或危险的子功能（如选择字段批更新等），避免出现登录错误。

5.查准查全率高的目标记录调取途径

指以全面而细致的检索功能体系对目标藏品进行精准的调取，为实现上述快速登录功能提供帮助。

藏品检索功能的原初目的在于方便查询，如果检索途径具有用户任意选择的功能，则可用来支持高效率采集工作。当所有的藏品基本数据登录完成之后，如何将目标藏品记录准确而全面地调取出来加以修改或补充就显得十分重要。在我们所采用的系统检索体系中，设置有 14 种涵盖不同角度的检索方式，可供登录员以很高的查准查全率调取目标藏品信息记录。

例如，当一名登录员打算调取自己所登录的藏品进行修改时，可借助系统提供的[全能检索]方式选择 C0105 制档人指标选项并输入自己的姓名，结果能够将自己所登录的数据库记录全面而准确地调取出来，然后根据自己的打算进行补缺或修改乃至审核校对等一系列工作，尤其使用批量修改时不会造成其他登录员的数据库内容改变。

又如，即便是自己输入的藏品记录也可能存在不同质地或用途等方面的差异，可以借助检索体系中的相关具体检索功能调取对象，以便批量增补或修改相关指标内容，例如为所有陶器藏品批量填写质地类别和质地子类别指标项内容，为所有随葬用品批量填写功能类别指标项内容，从而提高登录效率，等等。由此可见，系统检索功能品质优良与否，不仅影响到最终用户的信息利用，而且影响到中介用户的数据库建设劳动效率，应给予充分的重视。

6.具体登录人员对书面材料的细分处理

当具体登录人员领取了分配给他的书面材料后，还需要自己对手头的材料做进一步细分处理，例如，所有材料都是陶器，那么可以按用途类别进一步细分为盛储器、随葬品、建筑用陶等，甚至更进一步将陶质盛储器按器形细分为罐、盘、壶、碗等，以便为批量填写或修改等超常规的快速登录方式奠定基础。

总之，虽然前期准备工作需要花费些精力和时间，但正所谓"磨刀不误砍柴工"，细致而周详的准备工作能够换来登录效率的大幅度提高。博物馆的藏品管理问题比较复杂，传统的手工管理方式在以往起到了一定的作用，但目前对藏品进行数字化管理已成为大势所趋。这种管理方式意味着高速、精确和共享，由此带动整个机构内部管理工作效率和社会效益的大幅度提升。在明确了如此诱人的建设成果和前景之后，回过头来在技术层面思考如何加快实现是很有必要的。我国博物馆界正在掀起数字化建设的热潮，海量的藏品信息也使得高效的登录方式更为迫切，我们最近基于实践的探索可谓解决了不少技术层面的问题。关于这方面的探索还在继续，希望我们的探索对正打算开展数字化采集的同行们有所启发和裨益。

这里仅说明系统登录的基本操作方法，关于各个字段究竟意味着什么？应该如何填写才正确？这属于指标定义解释的问题。如果登录操作过程中想了解当前指标的定义解释，可单击[指标解说]按钮，系统弹出指标解说帮助对话框，按主题或内容在其"关键字"栏写入（或剪贴）所需字词，单击[搜索]按钮后即可将定义、解释完整地显示在右框中供阅读。使用完成后单击其右上角的叉形关闭按钮则可返回登录界面继续操作。

第四节 藏品多媒体信息的数字化采集

一件藏品的信息除了，上述文字性记录以外，还可能同时含有图片及视频、音频、动画等多媒体记录文件。要知道，非言语性的图形、音响等信息正是博物馆的特色所在，尤其静态图片信息对于保管工作至关重要，因而应该给予足够的重视。其各自的采集加工和登录方法如下。

一、静态图像文件采集与登录

（一）照片登录操作

首先看管理系统的照片登录操作，在藏品编目的简目表单界面上有[图片管理]按钮。只要拍摄并制作了 JPEG 格式的图片文件，无论是否已经给予了对象以藏品总登记号加分隔符再加序号的文件名（如：001272-01、001272-02），也不管当前文件处在什么位置，只要利用管理系统[参数设定]设置了图片文件路径（详见后述系统配置/参数设定），即可自动实现文字记录与相关图片的连接。

照片登录方法是在登录简目表单界面选中当前藏品记录后，单击[图片管理]按钮，则系统弹出工作界面框，在此首先单击[添加]按钮，则系统弹出对象图片来源的路径选择界面，找到一组对象图片后全部选定，单击[打开]按钮则返回本界面，可见该组图片已经出现，并自动命名以本藏品总登记号-01的序号。接着用复选框打钩的方法选中第一张并在[类型]中选择"正视图"选项，还可在"说明"中填写该图片的相关文字说明，最后单击[保存]按钮即可。完成第一张图片后，接着再选择第二张（序号为02，类型为背视图）、第三张（序号为03，类型为左视图）...其结果是将原来的图片重新以当前藏品"总登记号-序号"的文件名和系统参数设定的图片库位置复制并重新布局。如此操作步骤的设计可以使编目工作轻松地处理图片。

如果在图片拍摄过程中已经为每件图片给予了正确的文件名，并直接存放到了指定的存储位置，那就意味着图片连接步骤已经完成。此后经检索查询或其他功能打开该记录的[详细信息]界面，即可见相关图片的缩略图同步显示在其下方，单击其中之一的复选框即可观看该图片的放大效果。

（二）图片采集

博物馆是"以物思考说事"的地方，因而在内部管理或各种利用过程中，馆藏实物形态信息都发挥着重要作用。正如没有实物藏品就不称其为博物馆一样，数字化管理的博物馆也不可欠缺藏品影像。实践表明，馆藏数码影像是数字化建设过程中较为关键和复杂也是最耗费资源的工作项目，应给予足够的重视。

博物馆界对藏品传统影像技术并不陌生，以往作为入藏步骤之一通常都会普遍摄制藏品照片以应管理之需，有些特别珍贵的藏品还按出版印刷或陈列要求摄制了高质量的反转片。而今在数码影像技术已经普及的时代，不仅藏品影像的生产加工手段发生了巨大变化，而且用途目标比以前更多样化。对于博物馆业务而言，数码影像技术在为我们带来更经济、方便、快捷、高品质、易用等直接利益的同时，也带来一些需要思考的新问题，例如需要掌握一些相关的新专业知识来指导工作，需要一定的工艺标准来规范拍摄工作，需要选购合适的硬件设备，甚至需要制订全新的工作流程。从而认清问题的关键和本质，减少决策盲目性，确保目的与手段的匹配，避免资源的损失和浪费。

1.用途分析

在藏品管理业务领域，传统影像制作是比较耗费资源的，在正规的博物馆，以往就算业务经费不足也要尽量保障影像制作。之所以持如此慎重的态度，是因为影像在管理和使用过程中起着无可替代的重要作用。

（1）管理性利用。首先是藏品编目和制档需要。标准的藏品管理工作应该做到一物一卡对应状态，尽管编目卡格式并不统一但无不含照片内容，这就意味着每一件正式入藏的藏品都要经过影像摄制过程。附在编目卡上的照片能够使管理人员迅速建立形态印象，以便准确地提取操作，这是最为常规的管理需要。另外，国家文物局对三级以上珍贵文物的藏品有按照统一格式制作藏品档案册的工作要求，其中有照片一栏，照片尺寸比编目卡照片略大，但普遍性不如编目卡高，可谓次常规的需要。此外还有一些非常规的特殊需要，如安全需要—任何一件藏品若未经形象存底（如摄影、托片等）不能进入利用状态，否则万一发生藏品失窃，就无法向公安部门提供形态线索。又如追究责任的需要—在保管和使用过程中，藏品常常会暂时交给不同的责任人，为分清自然或人为损伤的责任，需要用比较客观的原始形态影像材料作为比对依据。当偶尔面临这些特殊需要时，往往不能指望编目卡或档案册上的小照片，而要调取原始照相底片放大制作。

（2）信息利用。人们看到的图像包含了极其丰富和复杂的信息，目前尚无一种替代品能代替图像所传递的全部信息，所以影像本身也是常被利用的信息内容之一。利用方式主要有编目卡片或档案册附图以及陈列展览。其中编目卡附图的尺寸很小，档案册附图的尺寸也不大，且限于正面一个角度，虽个体成本不高，但制度要求对所有藏品普遍制作影像；而陈列展览需要制作大尺寸硬片，个体成本较高，但往往仅涉及小部分藏品。另外，为图录出版印刷而专门拍摄照片，这也是一种信息传播途径，拍摄质量较高，但对象往往限于少数珍贵藏品。

现今采用数码影像技术后，在继承原有传统影像功能的基础上，还在范围和深度方面进一步发挥影像的作用。大致可归纳为原始文件保存、平面藏品复制、图录出版印刷、样片打印、研究性利用、一般性利用（屏幕显示）、检索性缩略图（屏幕预览）等多种用途。每种用途意味着不同的图片文件规格、格式、解析度、像素及容量，甚至涉及硬件设备和处理软件的选购问题，需要按照数码影像技术原理重新思考的问题还是相当多的。

2.优势对比

传统影像技术在博物馆运用了很长时间，存在许多不尽如人意的问题。首先，由于传统影像技术比较耗材，以往许多博物馆能够按管理目的，做到普遍为每件藏品拍摄一个角度的影像就相当不容易了，所以大多数藏品照片显然存在形态信息角度不够全面的缺憾；其次，彩色摄影在博物馆业务中的普及运用开始于 20 世纪 80 年代，此前的藏品照片几乎都是黑白的，缺乏色彩就谈不上形态信息的完整，利用价值相当有限；最后，绝大多数藏品影像都是用35毫米负片（135胶卷）拍摄的，图片精度较低，用彩色正片的不多，采用120胶卷彩色正片的就更少。凡此角度色彩、精度等方面的缺憾，不仅使影像的研究性或观赏性价值受到很大限制，而且无法完全满足管理需求，因而也就无法降低业务工作对实物藏品的依赖程度，而频繁移动实物与藏品安全保管之间恰恰是一对矛盾。

众所周知，数码相机与传统相机最显而易见的不同点就在储存媒介上，数码相机是利用可记录图像的磁盘片或记忆卡来存取图像，拍摄完毕之后则可以传输到计算机做处理，也可以由打印机直接打印出来，其最大的优点在于当对拍摄效果不满意时，可以及时删除并且重拍，同时在储存媒介上也不需要像传统相机那样时常购买底片，可以节省底片的费用且同时节省冲印费。而在处理的效率方面，数码相机与传统相机相比占了很大优势，过去用传统相机对一批藏品所拍摄的若干张照片，必须等待冲洗甚至邮寄的时间。而今却可以通过数码相机将图像传至计算机中适时再现，也可利用网络适时传给用户，因此数码相机在这个事事讲究效率的时代，可以说是一种非常方便的图像设备。

对于财力并不雄厚的博物馆而言，数码影像技术最大的诱惑力是不像传统影像那般耗材，而且高效率的工作方式也能降低生产成本，这足以增加影像技术对博物馆多项业务工作的介入深度。首先就拍摄角度而言，运用数码影像技术拍摄一个角度与拍摄多个角度影像之间的成本差别很小，可以无所顾忌地一次性将藏品所有角度拍摄下来。其次，数码照片的色彩还原效果很好，甚至超过了传统银盐照片的色彩保真水平，从而使博物馆非常看重的藏品色彩信息得以保存和显示。再次，数码影像含有很高的精度，可按数倍于实物的大尺度屏幕显示却又几乎不存在成本增加的问题。最后，数码影像文件可以实现跳跃式的检索、调取并通过网络进行远距离传送，在利用的便利程度上是传统影像所无法比拟的。这些优点不仅直接满足管理依据性的需求，而且基本满足研究性或观赏性利用的大尺度显示，甚至可以达到原样复制和出版印刷的要求。这些原来难以做到或不敢想象的问题，都可以通过数码影像技术得以一揽子解决，无疑为博物馆工作带来了福音，因为它最终能够大大降低博物馆业务工作对实物藏品的依赖性，减少实物藏品移动和触碰的频率，从而在很大程度上化解了长期困扰博物馆的保管与利用这对基本矛盾。难怪有博物馆专家提出，实现数字化之后将只开数据库而尽量少开藏品库。

数码影像技术属于新事物，并且处在迅速发展过程中，相关专业知识是开展工作的基础，具备相关知识才能解决生产过程中出现的问题，才能设计或采用标准，进而购买正确与适当的硬件设备和软件产品，乃至制订并采用合理的工作方法和流程。在明确数码影像技术的优点之后，我们还需要思考规格、设备和工作流程问题。

3.规格问题

由于数码影像技术在随后的短短几年间发展极其迅猛，用眼前的技术水平来衡量，当初所用最低标准的词汇至今看来仍可适用，但已无法对今天的数码影像工作起到具体指导作用。虽然影像标准规范应该跟上时代脚步，但本讲没有那么严肃的任务，在此仅根据眼前的技术环境条件，谈论一般博物馆实现藏品影像目的的几种规格问题，目的在于为目前的实际工作提供参考。

正如前述，藏品数码影像有多种用途，分别需要采取不同的规格加以制作、保存和使用。我们根据最近的专项实验和一些博物馆的实际工作经验，归纳出如下几点看法：

（1）原始图档保存。这类似于以往的底片保存。由于用数码影像设备制作的高精度原始图档体积较大，不便于直接利用，所以通常都要按具体用途进行降低精度的压缩性处理后才能投入使用。问题在于图像压缩技术本身也在不断发展，今后有可能出现比现在更好的压缩技术，为避免今后重新进行繁重的直接或间接采集操作，致使原始图档具有了被保存的意义。依据不同档次的数码影像设备，其拍摄精度存在很多差别。专业或准专业级的采集设备可以选择多种保存格式，值得关注的有两种，第一种是 RAW 格式，属于未经处理的图像数据，必须经过专业的后处理过程转换为其他格式才能投入利用；第二种是 TIFF 格式，属于无损压缩的文件，是对文件的数据存储方式进行优化，采用某种算法表示重复的数据信息，文件可以完全还原，不会影响文件内容。对于数码图像而言，也就不会使图像细节有任何损失，当然也就符合底本保存目的。我们平时常用的 JPEG 格式，属于有损压缩的，这是对图像本身的改变，在保存图像时保留了较多的亮度信息，而将色相和色纯度的信息和周围的像素进行合并，合并的比例不同，压缩的比例也不同，由于信息量减少了，所以压缩比可以很高，图像质量也会相应地下降，这显然不符合影像底本保存目的。按 600 万像素水平的采集设备换算,RAW 格式文件，分辨率为 2 032×3 056 时,文件体积约占 13MB 的储存空间；TIFF 格式文件若按 48bit RGB（红、绿、蓝每种颜色使用的比特数）影像模式，分辨率同样为 2 032×3 056，其文件体积约占 36MB 的储存空间。显然，这两种体积较大的文件都不便直接利用，而是用作根据具体用途转换为其他格式文件的底本，具有保存价值。由于 RAW 格式文件体积比 TIFF 格式小得多，因而保存代价更小，值得首选。

（2）平面藏品复制。需要制作超高解析度的影像文件，以保障打印输出的图片尺寸大于等于实物藏品对象，其 TIFF 格式文件若按 24bit RGB 影像模式，600dpi（每英寸点数）的分辨率，文件容量会达到 600MB 以上。根据这种特殊需要采集制作的影像文件当然也有保存价值，但大体积文件意味着保存代价较大，好在一般博物馆对此需求的数量极其有限，不会影响全局。

223

（3）图录出版印刷。需要制作高解析度的影像文件，其 TIFF 格式文件若按 24bit RGB 影像模式，350dpi 的分辨率，文件容量会达到 70MB 以上。如果按上述原始文件的保存目的存储了相关影像底本，那么出于本项用途的制作可以视作临时行为，虽然这项需求要比上述平面藏品复制需求频繁一些，但无须为专门保存文件而另外付出磁盘空间代价。

二、流媒体文件采编与登录

目前记录藏品信息所用的流媒体文件也叫时序性多媒体文件，主要指视频、音频、动画三类。这三种流媒体文件的登录，也可以在编目的简目表单界面进行链接，方法是选中对象藏品记录后单击上眉的[视频管理]或[音频管理]或[动画管理]按钮，单击[添加]按钮则系统分别弹出相似的对话框让你指定该藏品相应多媒体文件路径。

选中对象多媒体文件后单击[保存]按钮即可加以确定，系统将复制并重新给予该文件以该藏品总登记号的文件名（意味着每一件藏品都能链接这三种流媒体节目，每种链接的节目数量不限），并存放在"参数设定"指定的方位。以后在查询该藏品记录时，若单击[视频点播]等多媒体按钮，即可实施相应的视频节目播放。

众所周知，时序性多媒体文件体积是比较大的，并且往往存在多件藏品共同使同一个时序性多媒体文件的需要，本系统允许用户将多件藏品共享同一个时序性多媒体文件，以减少磁盘空间压力。只要路径选择"系统所在盘/CPGL/data/多媒体/目标文件夹"即可，结果是尽管多件藏品都可以点播某个相同内容的时序性多媒体文件，但磁盘空间并没有成倍增加。

上述图片及时序性多媒体文件的链接工作，也可以在系统维护的两种数据库修改功能中进行。推荐利用"数据库维护"下的[数据库顺序修改]或[数据库选择修改]功能进行这类操作，因为每件藏品记录所附的多媒体文件命名与其总登记号有关，而使用库记录的总登记号成分通常比较稳定。如果总登记号有误，那么除了修改总登记号以外，还要修改图片及多媒体文件名，修改工作可以利用上述[图片管理]方法，兹不赘述。

流媒体文件的采编，通常这类工作并不由保管部执行，保管员仅仅是将他人制作的现成流媒体文件纳入信息管理系统，从而实现有序化的存储而已，制作流媒体文件已经超出了藏品管理工作的范畴。这类文件的采编涉及多种工具软件，如制作器物旋转节目的 Flash、制作虚拟展厅节目的 Pixmaker、制作视频节目的 VideoStudio 等等，可参考相关软件使用说明。

三、图形文件采编与登录

图形文件指的是用计算机辅助设计软件绘制的图纸，例如 CAD 文件。有的藏品需要用这类软件绘制图纸（如建筑物），在一些拥有不可移动文物的遗址博物馆，需要用图形文件记录这种大型文物藏品的详细信息。如果有的话，可将这类文件纳入系统，实现有序化存储。

第十一章 博物馆藏品档案管理系统的设计与实现

计算机技术也可以让人们坐在家里从互联网上看世界以及来自各个国家的博物馆收藏、教育活动等等，这促使许多博物馆随着信息时代的到来而逐渐创立数字博物馆，数字博物馆建设的关键即建立数字化管理体系。本章主要对博物馆藏品档案管理系统的设计与实现进行分析和研究，供同行借鉴参考。

第一节 相关理论及技术介绍

一、概述

作为各种重要文物和标本的收集、保护、展示和研究，博物馆是社会文化基础的重要组成部分。博物馆也是集文物标本的收藏、保存、保护、研究、分享等功能于一体，在保护物质文化遗产、抢救非物质文化遗产、推进文化素质教育、教学活动、培养人才等方面发挥了重要的作用。

博物馆藏品是国家珍贵的科学文化财富和博物馆商业活动的物质基础。作为博物馆的主要业务之一，文物档案收藏管理工作就是收集、保护和研究馆藏。作为博物馆物理文物管理的延伸和发展，馆藏管理不仅涉及物品的物理收藏，还延伸到文字、二维图像、三维图像和虚拟现实等多媒体的使用。博物馆藏品档案管理系统应该能够管理所有的历史、科学和艺术等价值的相关数字遗产资源，进行记录、描述、存储、复制、处理和应用等，深入挖掘藏品的历史、艺术和科学价值。

如今，互联网技术已经十分流行。如何使博物馆更方便惠及市民，特别是对文物感兴趣的市民，使他们更便捷地了解文物。如何将文物与现代计算机技术相结合，成为博物馆亟待解决的问题。

二、研究目的

随着信息技术的普及和计算机信息技术的飞速发展，智能化、数字化已成为业界的热门话题。在博物馆的日常工作中，存在着大量的信息采集工作需要手工处理，因此各个博物馆领域迫切需要信息和数字化改造，使工作人员摆脱繁琐的工作。博物馆的日常工作之一是藏品管理。藏品档案管理系统的建设是博物馆信息化的核心任务。博物馆信息化的目的是把现有的各种卡片、书籍、图片、声音和视频等进行整理和数字化保存，建立藏品档案的数字化管理系统。

传统的馆藏文件管理工作量非常大，繁琐而单调的工作，需要手工分类，登记各种馆藏、维护和修理，搜索所需的馆藏要花费大量的时间。如果使用博物馆档案管理系统，可以给博物馆的管理带来巨大的变化，极大地提高了工作效率。

藏品是博物馆日常工作的主要对象。传统的工作方式不仅费时费力，而且容易出错，效率低下。例如，用户想要了解馆藏数据，除了藏品的安全性之外，在使用过程中搜索大量记录的集合是一件麻烦事，如果涉及几个人，还会导致工作重复。

随着博物馆的不断发展壮大和数字化的推进，传统的档案管理手段已经不能满足现代馆藏管理的需要。建立博物馆藏品档案管理系统，对提高博物馆收藏管理水平，促进博物馆建设具有重要意义。

三、国内外研究现状

（一）国外研究现状

博物馆的建设由美国基础设施计划发展而成，初期为保护文化遗产和财富，加强数字博物馆建设是项目的重要目标。数字博物馆是文物收藏管理的核心内容，涉及文物的实际管理包括虚拟现实、二维和三维多媒体形式等。在20世纪90年代中期，美国最早建立了博物馆的信息交流联盟。到现在为止，全世界已有1000多家博物馆加入这个联盟，不同国家的博物馆均实现了艺术、历史等文物的共享。

20世纪90年代，西方发达国家出现集中管理技术。管理方式的主要特点是有组织，高于传统方式的效率，非常的快速和灵活，促进了管理系统的发展。90年代以来的发展表现在以下几个方面：

1.信息集成通过计算机完成，实现系统管理办公室。数据采集的速度和精度都得以加强。能够更加方便地管理信息技术并做出相关决策。

2.Internet进一步提供了发展机遇。网络管理系统，一个独立的系统，包括计算机技术和互联网相结合所形成的，界面管理更加入性化。与Internet技术相结合，解决信息管理系统的操作不可编辑、删除管理、共享等问题。优化系统界面。

3.开发和使用的软件工具。当时，管理系统的开发工具很多。进一步缩短了软件开发过程，强化了软件运行稳定性。

随着博物馆信息化建设的发展，国外很多博物馆都实现了数字化管理，一系列现代化博物馆信息平台使博物馆的管理和服务水平提高到一个新的水平。主要研究内容包括：IBM 东京研究所，日本国立博物馆和大英博物馆的"全球数字博物馆：互联网上的多媒体信息访问与创作"。结合计算机技术和博物馆工作，有效地引入了基于 WEB 的多媒体信息发布方法。

（二）国内研究现状

在我国，随着信息技术的发展，近年来，我国各部门正响应这些呼声，随着信息技术的飞速发展，博物馆在信息技术建设方面取得了长足的进步。然而，信息技术的管理却相对滞后，容易出错，效果不令人满意对博物馆运行影响较大。

目前，有的博物馆管理方式仍属于纯手工管理。在这种情况下，博物馆馆藏的管理是非常复杂的。例如，博物馆藏品的收集、分类和编目都是手工完成的。注册、选择、报名、消毒、维护、信息录入等程序依赖于博物馆工作人员。特别是采集到的图像数据、大量的背景信息、历史相关信息、编目卡、借阅和账户、文物分类账、背景资料，许多与历史有关的工作涉及多方面，物力和人力都非常多。因此，人工管理存在很多问题。如果实体的收集没有被查询统计，信息的共享和标准化的正确性得不到保证，难以统计报告。

现阶段，小型博物馆因为条件仍然手工操作。随着互联网资源的不断丰富，自二十一世纪以来，一些国有大型博物馆已经从实际的手工操作升级为博物馆数字化信息采集系统。有些博物馆也使用爬虫软件来搜索因特网。尽管这种模式更容易收集文物资料，实现文物的快速互补，但大部分数据来自营利性公司，私人艺术博物馆或民俗博物馆，信息真实性、可靠性和可追溯性都较差。当然，在这种情况下文物遗产保护越来越弱。

从学术角度看，数字博物馆作为信息科学的综合服务体系，对文化信息的盲目追求是广泛而完整的。如果博物馆信息不准确，文物就得不到保护。近年来，随着国家对文物保护的重视，对数字博物馆的投入不断增加，在全国范围内展开推广，此外，许多博物馆一直在与软件公司及大学合作，制定自己的信息管理标准和专利，并在文物收藏和陈列领域取得了很大的进步，不断完善这些技术和标准。然而这些博物馆工作流程是完全不同的，因此往往只有一种类型的系统更难以推广，导致类似的采集和管理系统易于形成数据孤岛。

第二节 博物馆藏品档案管理系统分析

一、总体需求概述

通过研究本馆的相关信息，了解博物馆的日常管理工作流程和单位结构。工作人员分为四类：单位领导、部门主管、研究人员、一般工作人员。日常工作主要是收集、登记、编目和定期清理、出入库审批等相关信息管理。部门分为保管部、研究部、办公室等。在了解藏品入馆的过程中，目前所采用的博物馆藏品管理制度和监管要求还有一段距离，研究人员和参观者在参观博物馆期间，缺乏详细的文物信息。通常只有通过展示卡的介绍、引导和讲解员口述，观众无法获得可用做记录的信息知识，降低了参观的效率，弱化了博物馆的教育作用。一些珍贵的收藏品，为了保护它，只能放在恒温恒湿的密封柜里，用户不能从多角度观看它。

数据平台通过电子数据采集、数字化文献资源和元数据系统接收，形成一个庞大的文件库，通过档案信息平台的高效管理，实现档案资源业务的实现。通过有效利用数字档案信息服务平台的信息资源，从而完善外部文件数据采集中心、传输中心、日常业务中心、存储中心和历史档案中心，以及现有的文件检验中心进行改进，减少甚至消除纸质媒体文件和原始文件，文件信息资源采集的有效实施、维护和使用。

二、系统可行性分析

1.经济可行性

经济考虑主要分析系统开发成本和维护成本。使用 C＃语言和.NET 平台。使用 SQL Server 关系型数据库，这几乎不需要硬件成本，使用普通 PC，大大降低了项目开发成本和维护成本，这也是利用这些工具进行系统开发的重要原因。.NET 和 SQL 的广泛使用，大量的用户，成熟的开发者需要两个月，最慢三个月就可完成。

因此，开发人员的成本相对较低。系统投入使用后，只需管理员输入、修改、删除日常人事信息和收集的信息，维护简单。所以整个系统在经济上是可行的。

2.技术可行性

该项目的特点是针对黑龙江省民族博物馆的藏品档案管理系统的实际情况开发，目前的档案管理系统软件有许多成熟的商业软件，盛行的有 C/S，B/S 模式，根据博物馆情况的实际项目是基于 B/S 模式的文件管理系统软件的使用。.NET 软件开发，使用 SQL 数据库，该技术已经很发达，可以获得大量的数据。目前，有很多开发人员使用这些工具进行项目开发。这些技术在适应性、稳定性和安全性方面都是不错的选择。因此，从技术的角度来看，这项技术是完全可行的。

3.操作可行性

系统设计的人机交互系统，操作模式借鉴其他流行操作模式，接口简单、安全性高，很多应用程序都是文本信息，并为用户提供帮助。该系统能快速掌握用户的工作效率，使系统可行操作。

通过以上分析可以看出，无论从实际的经济、技术的角度还是从操作的角度来看，文件管理系统都是可行的。该系统作为一个管理平台，实现了对档案藏品科学有效管理，大大节约了管理和维护时间，提高了工作效率，使开发成为可能。

三、系统业务流程

1.业务流程分析

我们可以通过计算机优化、评估和分析业务流程，我们可以从三个方面来检查组织中的业务流程：

执行过程：在博物馆的日常业务过程中，执行一次工作流程。由于各种外部因素，这个过程可能需要多个部门的参与，可能是一个部门独立的工作流程。例如信息资源的收集和具体数据，是工作流的业务目标。然而，工作流也可以由不同部门发起。在任意一节点结束。节点之间也可以相互独立或独立执行，从而影响资源共享和相互制约。

过程构成：在流程中，流程由多个任务组成，包括任务序列，在实施工作流程时，通过按顺序排列来执行任务。

资源管理：在许多工作流管理系统中提供此功能管理工具。在执行工作项时，系统需要调用相关的资源。节点和开发级别批准需要适当的操作权限。

2.业务的流动方式

由于不同的系统和事务所在的环境不同，所以业务流程也有很大差异，一般有以下业务流程。这些流量包括单流方向、选择分流、并发分流等基本流类型，这意味着可以使用一种或多种类型的组合。

3.业务流程中的数据

博物馆藏品管理系统中有多种数据类型。可分为以下几种：应用数据：这些数据是应用程序在用户交互中生成的数据，而工作流程不生成数据，但数据是面向业务的。

关联数据：这些数据系统可以是在过程中运行的面向用户的过程。这主要用于确定工作流程的方向，因为用户输入的数据往往需要对工作流程进行判断。

控制数据：控制数据使用情况和工作流实例的状态，指定工作流中的工作方法和工具，但通常不允许访问面向用户的应用程序。

4.业务描述

（1）文物信息管理

收集文物基本信息，包括相关的研究文献和文物相关的图片和音像资料等，还需要记录如文物、主色调、文物的大小、重量、等级等相关信息。

（2）藏储设置

主要设置藏储的位置、温湿度、安全条件等，同时，文物进行分类、基本资料和记录仓库相关文物信息。比如文物的种类和数量，负责人信息等。

（3）文物保护方面

定期对文物进行检查，请专家鉴定损坏情况，制定相应的修缮计划保护文物。

（4）文物流动方面

文物展出任务很多，但是黑龙江省民族博物馆没有这方面的网络管理，主要依靠电话或纸质说明来操作。馆际交流、送文物下乡、送文化进校园等没有形成统一管理，对计算机和互联网的利用率低，不能在线发布文物信息。人们想了解藏品和文物的具体情况，只能亲自去博物馆参观浏览。

（5）统计报表方面

博物馆定期对这项业务进行统计分析。根据系统收集和分类的资料，制定民族藏品研究，便于深入挖掘民族历史和与其它博物馆进行深入探讨、交流。

因此，对文物档案管理系统在黑龙江民族博物馆收藏的建立可以解决以下问题：

1）利用计算机系统维护基本信息，用户可以在线查看文物信息，提供信息支持和保护文物的信息。

2）统一管理仓库通过计算机，使博物馆的工作人员能掌握仓库的详细信息和实时保护的文物。

3）利用计算机系统建立文物保护资料，及时了解文物破损情况。同时，我们将设立文物专家库，随时与专家交流和文物保护。

4）利用计算机系统和网络技术发布文物相关信息，让市民在线了解文物情况，宣传和保护文化遗产。

5）利用计算机系统采集的数据，用户通过报表就可以分析业务数据。

6）通过系统管理对用户权限进行划分，可以维护用户信息，管理日志，更好的理解该系统的运行。

四、馆藏资源分析

一般来说，博物馆藏品档案的实际工作包括一系列的描述属性（如藏品名称、年代等）、特征（如藏品外观，形状等）和相关背景（如藏品用途和来源等）。根据相关背景资料，将藏品主题扩展，如赫哲族鱼皮衣资料的描述将包括描述属性（英文名称和类别），表征（形状，颜色，光泽和纹理）和其他相关内容和描述（赫哲族鱼皮衣组成套件）。数字采集主要用于数字图像采集、背景图像、动画、视频和音频素材的等。对于更为珍贵或典型的收藏品，也可用三维建模技术与三维场景的三维重建，通过计算机获得真实数据并模拟展示。

把收集的信息进行整理和分类，根据藏品属性，创建查找条件，方便查找。

五、馆藏管理系统框架分析

该系统是基于自上向下视图。通过对系统总体结构的分析，可分为数据库、访问接口、管理平台、应用程序等部分的系统结构图。操作系统核心是数据库信息采集。

博物馆藏品档案管理系统是数字博物馆重要的组成部分，是需要长期完善的工作。它与一般管理系统存在的不同，馆藏信息收集是日常的重要工作。

为此，博物馆藏品档案管理系统建立了业务流程，划分相应功能模块。该系统的功能模块构建在听取研究人员和管理人员的意见基础上开发。做到"一切以用户为中心的设计"，所以系统可以更有针对性。

六、系统功能性需求

通过对博物馆日常工作流程和业务逻辑的详细分析，有必要分析博物馆藏书档案管理系统的需求，系统是否能满足客户预期。系统功能需求在需求分析中非常的重要。它是对系统功能的描述，功能如何实现。系统是对馆藏信息进行管理。因此，设计时应考虑文件信息的存储结构，根据档案信息功能划分模块。

通过对档案信息处理过程的分析，主要完成文物数据采集与检索、文物备份与恢复、备份与恢复、动态索引管理、系统管理、信息报送、批量图像处理、统计报表等。对于用户来说，档案管理系统需要提供数据存储和查询功能。功能如下所示：

1.文物数据采集和检索

通过藏品的日期、类别、负责人、历史等各种属性进行灵活查询，简化资源管理。在给定权限后需要通过用户登录赋予。用户权限的不同搜索选项不同。搜索功能允许用户根据一个属性或一组属性进行搜索操作。根据用户的属性搜索集、在数据库中搜索并返回结果。结果包括名称、类型、颜色和形状等。该系统还提供了模糊查找功能，可以在对藏品不了解的情况下搜索到藏品信息。

2.馆藏呈现模块

数字馆藏丰富，包括文字介绍，全景和大量的音像资料。结合多种展示机制，可以获得各种藏品进行展示。因此，系统对馆藏的介绍是多种多样的包括文字、图片和视频等，便于用户全方位了解藏品信息，方便管理。包括属性描述（如名称、年龄、类别、特征等），特征描述（如外观、形状等）和背景描述（如收集和使用来源等）。通常，背景将基于馆藏所属的主题。

另外，档案管理的数字化形式主要针对数字影像。收集、整理或制作，涉及图像、动画、视频、音频等多媒体素材的背景知识。采用三维建模技术，通过计算机显示模拟文物，利用纹理映射组织虚拟现实展示。根据不同的主题进行分类，通过提供一组分类目录浏览。用户根据目录清单查找。

3.统计报表模块

日常活动，如存储、收集、维护等活动，生成相应报告，是仓储管理最基本功能，提高工作效率，新收藏的一些信息，如采集日期、时间、位置、类型、所有者所存储的信息登记，借出时间、借出理由、借出入和归还日期记录。

4.文物流动模块

文物管理工作主要是文物展览工作。入农村和进校园等，有完整的记录。此外，把计算机和互联网充分利用起来，在线发布文物信息，对流通过程进行实施更新，公众了解文物的具体情况，用户可以在线申请，申请可以在线审核，文物流动信息保存，以供将来查询，便于系统管理。

5.审批模块

为了确保系统安全，需要对录入信息进行确认。文件信息系统需要检查用户存储，只有通过审核，以确定相应的信息采集表是确定的，识别信息可被用户检索到。审核权限也基于不同的角色，每种管理模式都有相应的审计权限。

6.对信息资源的收集岗位操作和维护

随着日常工作的不断发展和完善，不断增加新的收藏品，信息已经改进到收藏中，所有的工作都离不开后期管理员的维护。系统提供的维护模块为系统管理员收集和维护信息提供了极大的方便。

7.动态指标管理模块

动态目标管理主要是对信息流的统一管理，包括采集服务、维护和保护等，还可以提供维修、注销、显示等业务。作为最基本的服务。博物馆动态指标管理包括信息录入和编辑、查询统计、审计发布等功能。

七、系统非功能性需求

系统的非功能需求包括系统权限、性能、安全性等。在信息系统的开发中，非功能性需求是非常重要的。

1.系统权限要求

博物馆信息管理系统是一个具有访问量和不确定用户类型的综合应用系统。系统的管理权和使用权需要分开，以有效解决系统管理员权利不合理的问题。系统管理员（超级管理员）、博物馆领导、数据管理员、研究人员、浏览用户等划分权限。

2.系统安全要求

密码和访问控制用于系统安全，再加上特定的主机 IP 中断和 MAC 地址访问控制，实现安全管理，在机房要加强密码和权限的管理。在安装了用户身份认证软件的 LAN 上配置身份认证服务器。访问控制可以通过内部网络验证进行。

3.系统性能要求

系统性能的最主要指标是系统稳定性和安全性，包括：

（1）先进的技术

该系统需要强大的数据导入导出功能。完成多种格式的处理。有多种统计报表，并根据数据做出统计决策。

（2）系统稳定性

在设计过程中，应考虑可靠性和冗余性。保证系统可靠运行。为了保证数据库的安全，对数据库进行备份，以确保系统在事故发生后快速恢复，保证数据安全。

（3）系统可扩展性

设计必须考虑系统以后扩展的需要，提供二次扩展所需的接口，模块化设计，易于二次扩展。

第三节 博物馆藏品档案管理系统设计

一、系统设计原则

作为一种软件系统，博物馆档案管理系统应按照一般软件开发的设计原则进行设计。由于软件产业的发展和应用的特殊功能，根据博物馆档案管理系统的目标和要求开发。馆藏繁多，功能多，包括各种媒介的数据文字、图片、音视频信息等。因此，在整个系统设计过程中，需要其他设计原则作为指导，如下所示。

1.易用原则

馆藏档案管理系统的设计原则是从硬件到软件都易于使用和操作方便、维护成本低。

2.实用性原则

系统设计不追求华而不实，从实用角度出发，解决实际问题。

3.整合原则

系统的功能模块可以调用和共享与外部系统实现高度集成。

4.稳定的原则

博物馆的档案信息管理系统需要连续、稳定的运行。应用系统容错性较强。平均故障时间符合设计要求，从而保证整个系统的正常运行和不被破坏。

5.可扩展性原则

设计必须考虑系统以后的二次扩展，是系统设计的关键，在系统框架设计中要保证系统以后可以添加和升级功能模块。

6.可恢复性原则

系统具有快速恢复功能。当系统或数据库有问题时，有复杂的故障转移功能和安全措施。

二、系统架构

由于互联网的不断发展，其应用范围也在不断扩大。这促进了对互联网的研究越来越多，又因互联网的安全性越来越高，局域网开始逐步被互联网取代。互联网在很大程度上越来越受欢迎，这使得越来越多的人学习互联网，互联网络越来越成熟，网络应用也越来越多。在早期，客户端/服务器在客户端和服务器之间可以很好地相互操作。这是客户端直接访问服务器的 2 层模式。这种模式，由于客户端直接访问服务器，客户端访问数据库相关操作会给客户端带来很大的压力，并且这种模式已经逐渐得到改善。通过对这种弊端的认识，研究了一种新的访问方法，即浏览器/服务器模型。

这种模式以更人性化的方式放弃了很多客户端工作，这些繁重的任务开始在服务器端实现。这是基于客户端/服务器的 2 层模型，之后又出现了三层架构，表示层主要是客户端，功能层是向 web 服务器发送数据，数据层主要是服务器端。在系统设计过程中，采用三层管理模式，数据库服务器、业务逻辑和应用层。该模型打破了客户端和服务器的传统双层结构，在文件服务器上共享数据库，用户发送查询请求向数据库，数据库进行搜索，结果返回到用户的工作站。数据库文件在工作站处理，然后将处理后的数据信息发送到文件服务器。

黑龙江省民族博物馆藏品档案信息管理系统在 Microsoft.NET 框架的研究中，采用 SQL Server 2008 数据库技术和 C# 程序设计语言对系统进行设计，并采用关系数据库技术实现系统数据存储调度。同时利用 C# 语言和 .NET 框架技术的优势，开发界面和后台功能。管理系统具有良好的可维护性，可重用性，可移植性和可扩展性。

应用层提供对藏品资源访问和信息交换，提供浏览、检索等功能。不同级别的用户授予不同的权限，权限不同功能不同。

业务逻辑层提供了信息集成的机制，包括快速定位、资源收集等。功能模块易于添加和删除，系统对灵活性和可扩展性要求很高。在软件工程的要求中，系统架构的设计是为了满足高内聚和低耦合的要求，层间接触紧密。层之间的通信需要接口完成。数据服务层存储馆藏信息。包括文本信息和数字媒体信息。

三层结构模型：数据库服务器、业务逻辑和应用，应用层是客户的显示界面。系统使用浏览器作为客户端，B/S 模式的三层架构。简化客户端工作，不需要安装系统软件，不仅增加了交互性和可扩展性，还减轻了服务器的负担。

业务应用层主要负责系统前端交互业务，要求操作简单、美观大方、输入数据的校验准确、能多尺度适应，为业务逻辑层做好输入和数据展示工作。

业务逻辑层主要进行逻辑组件的封装和调用。针对不同业务进行权限验证和安全认证，所有业务模块化、组件化、合理化。

数据存储层主要负责数据仓库的管理，该层屏蔽了底层数据，业务逻辑层不能直接对数据库操作，需要调用数据存储层的数据管理模块，保证数据的准确和安全。

博物馆藏品档案管理系统采用了 WEB 服务器和应用程序服务器，所有的工作通过应用程序服务器进行处理，由 WEB 服务器来完成响应客户端的业务逻辑请求，并处理后便将结果返回给客户端。系统中的应用程序产生的结果通过 B/S 的模式进行展现，同时 WEB 服务器通过预定义的数据库连接配置信息来访问数据库和各个物理位置的文件服务器，对所有复杂的工作应用程序服务器提供统一的服务向客户，并且进行处理。

三、系统功能模块设计

通过对博物馆日常工作了解，划分系统模块，在对系统设计进行需求分析的基础上，将系统划分为出入库管理、藏品检索和查看、藏品呈现、报表生成、数据存储、用户管理、藏品保管和维护、审批等几个功能模块。

1.出入库管理

出入库管理模块：对最近藏品的日期、存放地点、负责人等信息进行入库登记，出库时进行出库时间、理由、返回日期等记录；对文物进行分库存储，并且可以查询库存信息。

2.文物检索和查看

文物搜索和查看模块：传统的手工搜索效率低，容易出错，如果使用计算机而不是手工搜索，效率和准确性会大大提高。系统应该分析用户的日常操作，选择属性搜索，如日期、类别、负责人等，可以单独属性查询或组合属性查询。查询非常灵活，方便用户查询和检索。

3.藏品呈现模块

藏品呈现模块：藏品的文字描述、图片、声音、视频等多媒体演示文稿的演示，方便管理人员、研究人员及观众更好地了解藏品信息，进而进行准确的管理。

4.报表生成模块

报表生成模块：根据需要生成集合中各种活动的详细记录，如存储，修复等，提高工作效率。统计报告管理模块包含文物信息统计、文化专家统计等。

5.文物流动信息模块

文物流动管理工作主要是文物至各地方或馆际交流展览。针对送文物下乡、送文化进校园，形成详细的记录。此外，利用现有的计算机和互联网技术在线发布文物信息，公众要了解文物的具体情况，应加大文物流通管理流程，各方面的审核状况透明化，用户可以在线申请，在线查看审核进度，文物流动信息保存，以供查询。

6.系统管理模块

系统管理包括系统权限管理、单位代码管理、系统代码管理等。系统管理员对于数据管理员和研究人员，需要提供特定的登录账户和密码以提供适当的权限。给研究人员分配相应的账户和适当的权限。用户管理权限功能。

7.文物信息审批模块

文物管理人员具有文物信息审批的功能，文物报送由未上报数据上报、上报数据变更、数据接收组成，根据实际情况上报文物数据，通过批准之后，数据库更新，可以查看报送进度，还可以对已上报数据进行修改，但是需要得到上级领导审批才能完成更改操作，数据库更新。

8.备份恢复模块

备份恢复模块是备份所有数据，可以根据需要恢复自己的想要恢复的数据，备份恢复模块是由数据导入、数据导出、完全恢复、完全恢复、属性查看组成。

四、数据库设计

数字博物馆最突出的特点是能够以报告对馆藏的所有信息进行报道。除了文本信息之外，还可以从多个角度获得数字文本。对文物历史的描述是多种形式的。这些海量的多媒体信息将存储在系统中进行管理。数据库技术和检索技术极大地促进了系统的建设，提高了馆藏效率。博物馆管理系统的建立是基于多种方式的（如音频、视频），要求分辨率高。随着文物的增加，信息量逐渐增加。

考虑到系统的效率和安全性，数据库不仅要满足一般功能，还要满足以下几点：

数据库中除了存储大量文本信息外还存储很多多媒体信息（如音频、视频等）。当系统运行时，这些多媒体信息可以添加、修改和删除；

考虑到数据的重要性、要对数据进行备份管理；

数据库中的各种信息可以分层存储，也可以查询和搜索相关信息。

1.概念结构的设计

在开发的过程中，常用的 E-R 图表示概念框架（实体关系模型）。系统设计采用自顶向下的方法。通过对系统运行的分析，确定了系统的数据实体和业务逻辑，建立了实体关系。该系统包括用户、藏品、部门等实体。

员工是数据库中非常重要的实体。员工的属性包括用户名、密码、身份证号码等信息。数据库用员工表来存储员工信息。

通过数据访问接口采集资源，实现资源分类检索和浏览。更改某些类型的数据不影响数据库其它信息，保证数据库的安全性，划分系统模块，构建系统实体，如员工实体和部门实体。员工实体和藏品资源实体、藏品资源实体和馆藏类实体之间的关系。

五、系统安全性设计

数据库系统中存储大量信息。为了保证信息的隐私和安全，在设计中必须考虑安全。系统对保护数据库的保护有多种安全措施。

1.设置管理员角色和密码加密

安全是系统的最基本保障，只有合法可以访问系统，根据用户职责划分权限，系统用户登录认证。确保只有有效用户才能登录系统。即使未经授权的访客获得加密的密码，也不知道原密码，确保系统安全。

2.保证数据完整确保数据库中的数据完整性是设计的非常重要的指标，数据完整性意味着数据库中数据都是正确的。要更新信息，具有一定的约束条件，验证信息的正确性，查询不改变数据库中的信息，不需要考虑完整性。

3.数据库备份和恢复

在系统运行过程中，存在许多导致数据丢失的外部因素。应该定期备份数据库信息。当然，一个可靠的系统要保证操作系统的安全。数据库备份由管理员定期执行，并将其保存到物理媒体以防信息丢失。

第四节 博物馆藏品档案管理系统实现

全国可移动文物普查藏品管理系统主要分为两大模块，一个模块是藏品数据库，一个模块是工作流程管理。

藏品数据库模块是系统的核心层，存储藏品数字信息，为保证与第一次全国可移动文物普查平台的无缝连接，保持地方平台与国家平台数据的一致性，达到互为备份的目的，藏品数据库的数据内容与字段设置与国家平台一致，而为了方便文物收藏单位管理工作，增加了诸如藏品所在馆舍、库房、架号、仓格号等信息以及文本、图片、影音等资料文件上传、下载、数据打印等应用元素。工作流程管理系统模块是整个系统的应用层，包括收藏管理、保管管理、安全管理、研究利用、检索统计、工作流管理、行政管理、系统设置共 8 个功能模块，另外还设计了"我的工作台"模块用以提醒工作人员代办事项、展示统计信息和流程图。

收藏管理下设鉴定机构、接收登记、清理修复、藏品鉴选、藏品注销、指标分类管理、藏品档案、不入藏藏品台账共 8 个子功能模块。通过这些功能模块可以登记接收的物品信息，记录清理修复、鉴定情况，制作入藏物品的藏品档案，制作不入藏物品台账，对馆藏进行注销管理。另外，可以通过鉴定机构模块记录鉴定机构的名称、地址、联系人及电话等信息，便于工作人员选择、对比和联系，可以通过指标分类管理对藏品档案数据的字段进行新增、删除、修改，例如可以新增一个"革命文物"的字段，便于统计、查找、布展等工作。藏品档案菜单还设计了藏品数据的导入导出功能，方便数据备份，并可通过数据转换接口与国家平台保持数据同步。值得注意的是，为了保证工作流程的灵活性，这里特别设置了手工录入功能，以跳过部分或全部流程环节，进入下一环节甚至直接进行登记入库。

保管管理下设借出申请、借出确认、归还申请、归还确认、库存盘点、仓位管理、到期警报共 7 个子功能模块。通过这些功能模块可以对藏品进行借出、归还管理，进行库存盘点记录，对收藏单位的藏品存放馆舍（适用于有分馆或多座藏品存放建筑的单位）、库房、柜、格架、箱进行定义、设定相应管理员，便于快速定位藏品位置，到期警报功能可以对借出藏品的归还期进行预警，确保按时收回藏品，降低风险。

安全管理下设环境安全、事故意外、出入登记、提用安全共 4 个子功能模块。通过这些功能模块可以对仓库特定位置的防火，防盗，防潮，防震，防尘，防霉，防鼠的情况、意外事故情况和人员出入库情况进行记录，可以对外借的藏品进行跟踪记录。

研究利用模块可对藏品的研究情况进行记录，并将有关资料以附件的方式上传到系统，便于研究成果的整理、查询、分享和利用。检索统计下设快速查询、分类统计、出入库统计、藏品入藏统计、多媒体查询共 5 个子功能模块。通过这些功能模块可以对藏品的各种信息进行查询，按藏品类别、文物级别等口径进行统计生成图表，统计一定时间内出入库的藏品件数，统计一定时间内入藏的藏品件数，查询管理藏品的多媒体资料。

工作流管理下设流程模板、待办信息、已办信息 3 个子功能模块。通过这些功能模块可以对工作流程进行设计定义，处理待办工作流程，查询已办事项。值得指出的是，工作流程不是固定而生硬的，本系统进行了灵活设计，不同的收藏单位可以根据自身实际，自定义工作流程，如定义工作流程的发起人、审批人，审批程序等。

行政管理下设部门管理、岗位管理、员工管理 3 个子功能模块。通过这些功能模块可以对当前登录账户所在的收藏单位进行部门管理，并针对部门指定相应的主管人员，用于审批流程；可以对岗位进行新增、修改、删除、启用、停用等操作；可以对员工进行新增，修改，删除，任职（可选）和转正（可选）、离职、账号申请等信息的维护（可作为一个简单的人事管理系统使用，进行任职和转正信息的维护）。

系统设置下设收藏单位管理、菜单管理、页面元素管理、角色管理、用户管理、数据字典共 6 个子功能模块。通过这些功能模块不但可以对收藏单位、用户账号、角色权限等应用层进行管理设置，还可以对菜单控件、页面元素、数据字段等系统基础层面元素进行管理设置。

第五节　博物馆藏品档案管理系统展望

一、建立文物藏品数据库管理档案系统策略

（一）制定数据化标准和格式

目前文物藏品档案工作中存在的一个重要问题就是藏品建档标准的不统一，藏品的分类、分级及定名至今都没有形成具体细化的标准，也就直接导致了文物藏品档案数字化过程中信息数据的规范化难题。因此，必须对文物藏品所涉及的全部数据如级别、类别、品名、数值等制定一套统一的藏品信息数据标准和格式规范，统一分类、分级及定名的标准与内容。

（二）藏品档案工作的重视

我国博物馆现采用国家文物局提供的全国可移动文物信息采集系统，把有关馆藏的信息重新整理录入，严格按照国家标准，将原始藏品档案进行梳理后，实行边采集、边录入、边审核的工作原则，做到规范采集，在规范采集、保证质量的前提下，确保每条录入数据的真实性、完整性和准确性。按照区普查办的安排，结合实际具体执行，建立简洁的藏品总账电子档案和完整的藏

品照片档案，无论是对藏品管理还是学术研究都是一种促进，同时，结合"一普"，现已分步实施"一物一盒"上架计划，力争文物藏品存放安全、流转有序、分类合理、查找方便、建档编目、利用编研等各个环节都有章可循，有规可遵，通过对文物藏品档案的掌握，促进藏品档案的健康、良性发展，努力打造博物馆藏品保护的新标准规范。

二、展望

全国可移动文物普查藏品管理系统以藏品管理为中心，覆盖主要的业务部门和业务流程，既可自定义藏品指标功能，亦能随时与国家文物行政部门颁布的新藏品指标规范保持同步更新；可调整藏品分类，解决文物收藏单位不同分类的要求，多层次、多方向、立体交叉的藏品管理权限控制，对软件模块、藏品指标、藏品级别类别、藏品库房、审核范围均可授权；自动记录操作日志，确保可管理、可追溯的安全性。实现以藏品为中心，以业务流程为主线，以业务资料采集、积累、整合、统计、查询为手段，满足文物收藏、保管、安全、研究、利用、展览、宣传教育等业务的需要，提高文物收藏的工作效率和管理水平。有了数字化的藏品管理系统作为基础，中小博物馆可以有效地完善数字化博物馆建设，只要将本系统与博物馆的数字化展厅系统连接，就可以让观众欣赏到更多的藏品、查询到更丰富的文物资料、分享文物研究的成果。

接下来，中小博物馆可以应用二维码技术，对藏品管理和展览展示进行优化升级。利用二维码编码软件将藏品的总登记或其他识别号进行编码生产二维码，将二维码（尺寸尽可能小）粘贴在藏品格位、锦盒或是藏品本体不影响安全和观赏的地方，配合与本系统联网的扫码设备，一扫即生成所需表格，实现"超市收款式"便捷出入库管理，极大地提高工作效率。讲解系统中加入藏品二维码识别功能，观众可以通过扫描展品标签上的二维码，获取详细介绍、语音讲解、多角度图片等更多的展品信息。

第十二章　博物馆文化创意产品开发

我国历史悠久，拥有丰富的传统文化，也留下了无数的文化瑰宝，至今对世界文化都有着很深的影响，近些年来，国家逐步认识到文化"软实力"输出的重要性，开始逐步加强对各地传统文化的保护，促进文化产业的发展。文创产品作为文化产品经济发展的重要支撑点，不但创意繁多、受众庞大，还可以联动其他跨界品牌，创造更高的经济价值，反哺文化保护产业。所以，文化产品的创意开发，也成为当下博物馆经营发展的重要工作。基于此，本章将对博物馆文化创意产品开发的相关内容进行简单的阐述。

第一节　"博物馆文化创意产品"的内涵、特点和价值分析

一、博物馆文化创意产品的内涵界定

作为本论著主要研究对象的"博物馆文化创意产品"这一概念，其实未曾在学理上予以严格界定，而是在博物馆业界发展文化创意产业的实践中提出并逐步推广使用的。与此同时，在各类相关研究论著中，提及这一类文化产品时，存在称谓不一、含义模糊、范围不清的现象。因此，有必要对"博物馆文化创意产品"概念的内涵和外延进行梳理与界定，厘清其与"博物馆文化产品""博物馆创意产品""艺术衍生品""博物馆商品""旅游纪念品"等诸多相似概念的联系与区别，在"正名"的基础上展开归类和价值构成分析。

（一）"博物馆文化创意产品"相似概念辨析

1.文化产品与博物馆文化产品

"文化产品"有各种定义，学界较为认可的是联合国教科文组织（UNESCO）的说法："个体和集体创造性劳动的成果均可视为文化产品，一般由文化产业相关活动提供，可细分为文化商品和文化服务。

文化商品指的是用于表现特定生活理念和生活方式的消费品，具有传递文化信息或提供消遣娱乐的作用，能够通过工业大量生产并广泛传播，有助于族群建立集体认同感，进而影响文化实践。文化服务则是指由政府、公立机构、公司或个人提供的用以满足大众文化需求或者获取自身

文化利益的活动，如博物馆和图书馆提供的服务及艺术表演等非物质形态的文化活动。"中国内，李东华认为："文化产品是由文化产业相关部门或者个人创作的含有较高文化性和艺术性的，能够满足大众精神和娱乐需求，反映社会意识形态的文化载体和服务。"

从"文化产品"的定义来看"博物馆文化产品"，亦可分为文化商品和文化服务两个方面。广义上讲，博物馆作为主要的公共文化服务机构，其对外提供的所有有形产品和无形服务，包括展览、教育活动、审美体验和衍生商品等均可视为"博物馆文化产品"。狭义上讲，博物馆文化产品主要包括展览和商品两类：博物馆组织的一项常规展览或者特展即为一个整体性的文化产品，博物馆开发和售卖的旨在传达展品信息的商品也是一类文化产品。

2.创意产品与博物馆创意产品

"创意产品"与"文化产品"既有联系又有区别。概言之，文化产品侧重于文化艺术价值，创意产品虽内含文化性，但更强调创造力与科技创新的元素。有人界定"创意产品"为在生产过程中涉及创意的产出，传达某种象征意义，体现了某种形式的知识产权的产品和服务。有人定义"创意产品"为体现文化性、艺术性和娱乐性的各类产品及服务。有人定义"创意产品"为来源于创意且有经济价值的产品和服务。国内学者也对创意产品做出了界定，如认为出自个人的创意思维和才能，经由知识产权开发和生产的兼具象征性、文化性和社会价值的产品及服务即为"创意产品"；从是否具有物质载体来看，创意产品可以分为无形的成果和有形的物质成果两个层面。

从"创意产品"的定义来看，包括侧重于文化艺术创意和侧重于科技创新元素的两类产品，博物馆创意产品一般都具有较强的文化性，因此"博物馆文化创意产品"的称谓更为恰当。基于博物馆资源开发的产品在研发设计过程中涉及较多创意思维的运用和创意元素的融入，称之为"博物馆创意产品"亦未为不可，且此含义可以囊括艺术类博物馆、自然科学类博物馆、行业博物馆等所有博物馆开发的衍生产品，定义的外延实现了最大化。但考虑到博物馆建筑设计和展览设计等无形创意设计也可归类为"博物馆创意产品"，范围过于宽泛，为研究对象的聚焦，此处仍倾向于采用"博物馆文化创意产品"的定义。

3.艺术衍生品与其他

"艺术衍生品"（art derivatives），是指以艺术家的艺术作品或具有艺术价值的历史遗产作为原型，继承了原作的特色艺术元素与符号，采用创意设计的手法将符号价值寓于新的载体之中，设计、生产的兼具美感与实用性的特殊艺术产品。就销售渠道而言，除博物馆商店出售部分艺术衍生品外，大多数艺术衍生品可以在画廊和艺术超市交易，网上艺术品电商也成了新兴的重要交易平台。艺术衍生品的概念包含但又不限于艺术博物馆和综合性博物馆开发的基于藏品资源设计的文化创意产品。从设计原型必须具有较强艺术价值的角度出发，自然科技类、行业类博物馆开发的文化创意产品并不能简单地归为艺术衍生品。

博物馆文化创意产品的"别名"还有"博物馆商品"和"旅游纪念品"等。其中，"博物馆商品"（museum store product）来源于西方博物馆零售业的语境，特指在博物馆商店中出售的产品。"商品"的指称更加强调此类物品的商业交易性质，但未能涵括其蕴含的文化创意要素。因此，虽然"博物馆商品"的概念范畴和"博物馆文化创意产品"基本重合，在具体使用时，采用"博物馆文化创意产品"的说法更加能够凸显其有别于一般商品的文化创意特性。"旅游纪念品"统称旅游市场上出售的具有纪念性质的商品。随着博物馆和旅游行业的深度融合，博物馆文化创意产品也可视为旅游纪念品的一种形式。但以"旅游纪念品"指代博物馆文化创意产品，含义过于宽泛粗放，无法彰显此类产品的文化价值和创意内涵。

（二）博物馆文化创意产品的内涵与外延

通过对各种不同称谓的梳理与比较，发现"博物馆文化创意产品"这一概念最能准确、有效地涵括本研究对象的主要特征。"博物馆文化创意产品"（museum cultural and creative products，简称"博物馆文创产品"），可以具体定义为"在博物馆实体商店或者电商平台销售的，创新性提取、运用馆藏文物的文化艺术元素设计、制作的融观赏性、纪念性、实用性为一体的特殊商品"。该定义包含三个方面的内涵：

其一，限定了产品的设计、销售和服务主体。首先，博物馆文创产品必须基于博物馆馆藏资源开发，其研发设计原型是博物馆的展品或者藏品。任何未进入博物馆收藏的艺术作品，无论具有多大的价值，以此为原型开发的产品只能归类为"艺术衍生品"，不属于博物馆文创产品。其次，该类产品只能在与博物馆有关的渠道上销售，如博物馆内设商店及其馆外分店、博物馆官方网站或者授权经营的交易平台等。再次，博物馆文创产品的研发主体和服务对象主要是博物馆，它存在的意义是为了延伸博物馆展览的教育传播功能，并为博物馆创造经营性收入。

其二，突出了产品的文化和创意特质。博物馆文创产品同时具有文化产品和创意产品的特点，既有较强的文化性、艺术性、观赏性，又融合了创意思维和创新技术的运用。不同于纯粹的科技类创意产品，博物馆文创产品的研发原型为历史文化遗存，通过对原型文化艺术元素的提取和挪用进行设计，使产品体现出相当的文化价值。但博物馆文创产品不是对馆藏文物的简单复刻，而是研发人员巧妙创新设计方法与技术，结合人体工程学和心理学研究成果，融入对时尚趣味的理解打造的具有较高使用价值的物品，实现了审美性和实用性的统一，其质量和价位都应高于具有同等功能的普通商品。

其三，规定了产品的类型和经济属性。不管是文化产品还是创意产品，都包括有形和无形两类。博物馆文创产品亦是如此。虽然在目前人们的认识中，博物馆文创仍以具有物质载体的有形产品为主，但无形的数字化文创产品越来越受到博物馆的重视，其在宣传博物馆展览方面的影响力和传播力也日益扩大，并逐渐形成了一定的营销推广模式。产品的经济属性内含于博物馆文创产品的定义之中。博物馆文创产品是博物馆发展文化创意产业的直接产物，与一般文化产业生产文化产品一样，博物馆研发生产文创产品的主要目的是创造经济收入，拓宽资金来源渠道。

二、博物馆文化创意产品的分类和特点

相比于国外博物馆商店销售的丰富多样的产品，品种单一和同质化现象严重是国内博物馆开发文化创意产品的一个突出问题，随着互联网时代的到来，深度融合数字化技术开发的新型文创产品也不断出现。因此，有必要从文化产品、创意产品的分类切入对博物馆文创产品类型的探讨。

关于"文化产品"的分类，和对其定义的界定一样，有着多种说法。

联合国教科文组织（UNESCO）将文化产品区分为核心文化产品（Core Cultural Goods）和相关文化产品。前者更多是传统文化产业的产品，文化含量较高，且多具有物质载体，主要包括文化遗产、书籍、媒体、视觉艺术等；后者更多涉及文化服务和支撑"核心文化产品"生产的活动、设备及支持要素，如软件、广告、建筑等。

亦有学者将文化产品分为私人性、纯公共性和准公共性三类，其中，公共广播与电视、公共文化服务机构提供的免费展览等属于纯公共性文化产品，而大多数需要购买消费的产品属于准公共性文化产品。从物理形式来看，文化产品可以分为有形和无形两类。更多学者倾向于将文化产品分为文化商品和文化服务。如胡惠林认为，从一般的经济学定义出发，所谓文化商品即可供交换的文化产品，以实物形式满足和提供人们的文化消费需求；文化服务则是以提供劳动的形式满足人们的文化消费需求。

创意产品的分类和文化产品有所不同。从用途角度看，可以分为生产性创意产品和消费性创意产品。生产性创意产品是无形的创意思维和技术投入，用以提升产品的附加值，如工业设计、软件开发、广告策划等；消费性创意产品用于满足消费者心理、精神、情感层面的需求，主要由个人或者家庭购买。从表现形式来区分，创意产品可以分为内容性和设计性两类。内容性创意产品的核心是品牌和知识产权，设计性创意产品是在设计过程中创造性融入文化元素，提高产品附加值。

对于艺术衍生品，按照加工和创意结合的程度，有学者将其分为"简单复制品""高端复制品"和"解读文化内涵后再创造的创意产品"三类。

博物馆文创产品兼具文化产品和创意产品的特征，是文化产品中创意含量较高、创意产品中文化性较强的一类产品。由于文创产品一经购买即为家庭或者个人拥有，因此属于私人性文化产品，有别于表演影视等公共性文化产品；文创产品是用于市场交换，从而创造经济收入的文化商品，也是生产性文化产品，多数以物化的形式满足人们的精神消费需求。在创意产品的分类范畴中，文创产品属于典型的消费性创意产品，尽管在研发设计过程中也融入了生产性的创意思维和技术；文创产品的设计原型是拥有品牌与知识产权的内容性创意产品，但文创产品本身却是有较高文化附加值的设计性创意产品。从艺术衍生品的分类视角来看，博物馆文创产品大多数都属于"解读文化内涵后再创造的创意产品"，仅有少量是简单复制或者高端复制品。

博物馆文创产品的具体分类，从涵盖范围来看，可以分为狭义上的文创产品和广义上的文创产品。在博物馆商店和电商渠道上出售的有形文创产品即为狭义上的博物馆文创产品，既有直观表现博物馆藏品和展览面貌的画册、出版物、文物复制品等，又有提取展品文化元素设计的兼具实用价值和流行趣味的各种生活用品。如美国大都会艺术博物馆网络商店销售出版物、印刷品、雕像模型、首饰手表、服饰配件、家居用品、文具用品、儿童玩具八大类共计一千余种文创产品；台北故宫博物院网络商城出售的两千多种文创产品，涵盖了图书影音、畅销礼品、书法绘画、典藏精品、生活风格、设计文具、饰品配件、流行趣味八个类型。即使是销售品种相对单一的上海博物馆网上商店，也拥有复刻文物仿制品、出版物、生活用品、文具等多个价位的商品。

值得注意的是，博物馆发展文化创意产业的形式日趋多样化，围绕博物馆文化资源和文物IP开发了各种广义"文化创意产品"，包括第一章前述的文博影视综艺节目、博物馆应用类App、博物馆数字体验项目、博物馆动漫游戏、博物馆游艺教育活动、博物馆时尚展览、博物馆主题餐厅、博物馆综合休闲设施等。广义上的博物馆文化创意产品虽然目前在数量、开发程度和产业规模上还不如博物馆实体文化创意产品，但随着互联网技术的快速发展以及博物馆和其他行业的深度融合，将在未来成为重要的发展方向。

三、博物馆文化创意产品的价值构成分析

长期以来，对物品"价值"的讨论更多的属于经济学和哲学的范畴。"价值"产生于主客体之间的关系，即客体的属性与功能满足主体需要的程度。如果客体的功能或者属性可以满足主体的需要，无论是物质需要还是精神需要，即可认为客体对主体具有某种价值；客体价值的高低则取决于满足需求程度的高低。基于博物馆文化创意产品是一类特殊的商品和文化产品，探讨它的价值构成，有必要从一般商品、文化产品和创意产品各自的价值构成来展开分析。

根据马克思的劳动价值论，一般商品是使用价值和交换价值的统一。商品的"价值"（Value）是凝结于商品中的无差别的人类劳动，价值量的大小可以用生产中投入的社会必要劳动时间的多少来衡量，在市场中表现为商品的价格。马克思将一般商品的价值视为特定社会关系的产物，作为抽象劳动的凝结，价值是看不见的。

对于文化产品这一类特殊商品，由于其中涉及的社会必要劳动时间无法准确估量，因而马克思的劳动价值论很难对它的价值做出满意的解释。19世纪，西方经济学提出的效用价值论更适用于文化产品的价值判断。"效用"是指消费者基于商品消费所获得的满足感而赋予商品的主观属性，所谓效用价值论，即用商品满足心理需求和欲望的能力或者消费者对商品的主观评价来解释商品价值的形成。运用效用价值论分析文化产品的价值构成，呈现出几个特点：

1.文化产品具有象征性、创新性、娱乐性和超前性等基本特性。

2.文化产品具有意识形态性、公共性、衍生性、可复制性、传播快速性等特殊属性。

3.文化产品具有一定的外部性。有人指出，文化产品具有正外部性，其中的优效品具有很高的价值。有人认为，文化产品最主要的外部性有：同群效应、促进社会利益和经济发展、关注明天的文化。国内学者等指出，文化产品的正外部性对于传播先进思想文化、提高国民素质有重要的作用。

4.文化产品的价值形成具有主观性、偶然性和动态性。文化产品价值不同于一般商品价值之处在于，它事实上处于流动、开放的体系之中，表现出明显的动态性，在生产、流通、消费各个阶段的不断地运动过程中形成和实现。文化产品的价格决定于一系列非常偶然的因素，如注意力效应的作用和由文化生产者、批评家、消费者和流通渠道组成的"文化场域"的影响。

创意产品作为一类特殊的商品，结合了艺术和技术、文化和经济、物质和精神，处于商品、文化和社会的三重结构中，其价值同样不能简单地用劳动价值论来判定，而是具有多层次、多维度的价值体系。体验是创意产品实现其价值的主要方式，价值的形成和高低主要取决于消费者的

心理感受，因此效用价值论在分析创意产品的价值构成上也有一定优势。但是，创意产品的价值核心在于其提供的内容创意以及知识产权等客观价值，因此需要结合客观价值理论进行分析。国外学者往往从市场/经济价值和非市场/文化价值两个层面切入分析创意产品的价值构成。

如有人认为，艺术会给大众带来收益，无论其是否为此付费。有人提出，艺术可以参与市场买卖，但公共利益不能被售卖。

文化经济学家则认为，作为社会建构现象的一种，价值是内在连接文化和经济的基石。国内学者何琦、高长春构建了创意产品的价值模型，区分出三类价值：一是使用价值，可视为功能、创意、文化和体验价值的结合；二是市场价值，可以用价格的形式体现，包括物及物权、知识产权、消费者感知与文化符号价值；三是非市场价值，反映创意产品固有的特征，是具有公共属性的长期价值，可以作为文化资本积淀，不因消费者的主观意愿而变化，如科技创新、美学艺术、教育价值、遗赠价值、选择价值、声望价值等。对创意产品价值体系的分析为探讨博物馆文创产品价值构成提供了重要借鉴。

它的价值构成兼有文化产品和创意产品价值构成的诸多特点。作为文化产品，博物馆文创产品的价值可以用效用价值理论予以分析，具有创新性、娱乐性、衍生性、可复制性等特点，且有相当的正外部性，它的价值形成于动态的过程，受到主观评价的一定影响。但是，区别于影视广播等无形文化产品，博物馆文创产品多数有物质载体，供私人或者家庭购买，意识形态性和公共性较一般的文化产品薄弱；定价虽然受到主观评价的影响，但基于其内在工艺和使用价值，仍然有一定的客观标准。博物馆文创产品和创意产品一样处于多维度的价值体系之中。创意产品的价值构成模型基本适用于博物馆文创产品的价值分析，亦可分为使用价值、市场价值和非市场价值三个层次，但其美学艺术和历史文化价值高于科技创新价值。以往国内外研究者对于博物馆文创产品价值特征的系统性总结较为罕见，通常泛泛归纳为经济性、实用性、观赏性、知识性、文化性、收藏性等。

本研究认为，对于博物馆自身乃至社会经济的整体运作而言，开发文创产品具有显著的经济价值和教育价值；对于消费者而言，购买文创产品除实用性的考虑外，在很大程度上亦源于审美需求和内在心理需求的驱动，由此形成博物馆文创产品的审美价值和情感价值。

（一）符号消费理论视角下的经济价值

作为文化创意产业的有机组成部分，开发文化创意产品无疑将为博物馆乃至整个社会创造可观的经济收入，其中蕴含的巨大发展空间源于现当代文化的视觉符号转向，消费逻辑逐渐取代生产逻辑的背景以及体验经济的兴起。

部分从事视觉文化研究的西方马克思主义学者，根据马克思对于文化商品特殊性的论述，提出了"马克思的符号经济学"理论。他们的主要观点是，与传统的以语言为中心的理性主义形态不同，当代文明正在日益转向以视觉为中心的感性主义形态。而在以视觉和图像为中心的文化语境中，形象符号的生产、流通和消费越来越重要，成为主，流形态。代表人物英国社会学家拉什认为，当代社会生产出来的越来越多的不是物质对象，而是符号。"有两种类型的符号，一是具有认知内容的信息商品，二是具有审美内容的艺术商品，后者不但体现于具有基本审美要素的产品（电影电视等）的迅速增长，而且也反映在物化商品中蕴含的符号价值和形象要素的增加，物质对象的美学化在其生产、流通和消费过程中完成。"

法国社会学家鲍德里亚的消费理论也揭示，在充分发展的资本主义阶段，消费逻辑取代了生产逻辑，需求和使用价值产生了分离。人们购买商品不再出于实际需求，而是由于商品所蕴含的符号价值。在消费社会中，事物遵循符号逻辑，本身具有的意义不再重要，不再与真实相连，而成为一种仿真和幻象。在这样的背景下，博物馆文化创意产品天然具有的符号价值和象征价值得以凸显，在与具有同等功能的普通商品竞争时，由于附加于其上的文化符号而轻易胜出，并促使人们愿意支付更高的价格，从而创造经济收益。

体验经济的兴起是推动现代文化产业发展的主要背景，以超越同质化和标准化的产品与服务营造增值效应，以提供给消费者某种良好的心理体验为目的，形成个性化的生产与服务，提高人们的幸福感和生活质量。从这个意义上来看，所有文化产品和文化服务都有赖于体验经济的发展，但是体验经济格局的全面形成，主要表现在企业将提升产品体验感的思想融入和应用于产品设计及市场营销环节。博物馆文创产品的开发即是顺应体验经济潮流的举措，通过对文物资源及艺术元素的提取和运用，创新性开发满足人精神和物质双重需求的产品，使消费者在日常生活中体验到文化的浸染和艺术的熏陶，从而提升生活幸福感和人文素养。

在符号经济、消费经济和体验经济勃兴的时代，博物馆发展文化创意产业已经创造了可观的经济收入，成为现代文化产业体系中不容忽视的一环，并且面临着重要的发展机遇和广阔的发展空间。

（二）基于心理学和传播学理论的教育价值

随着"新博物馆学"理念的确立，博物馆的创立宗旨经历了"以藏品为中心"向"以观众为中心"的转型，公共教育责任得到充分的彰显和重视，成为博物馆的核心功能。美国博物馆协会（ICOM）提出："博物馆应切实履行其作为重要教育资源的职能，为各阶层人群提供教育类服务。"而公共艺术教育在现代社会中的重要性不容忽视，有利于培养公众的审美品位和创造力，提升文明素养。参观博物馆是公众接受公共艺术教育的主要途径。现实生活中，博物馆主要通过展览提供公共艺术教育，辅之以讲座、导览、论坛、活动等多种教育形式。但是，传统的博物馆参观模式面临着三个问题，阻碍了公共教育和传播目标的顺利达成：

其一，展品陈列方式在观众和作品之间制造了距离感。本雅明曾指出艺术品原初的膜拜价值："艺术作品根植于传统关联中的初始方式是膜拜。"即使进入博物馆展厅，艺术品的神秘感并未削弱，观众在欣赏作品时仍然怀有无意识的膜拜心理，保持敬而远之的心态。观众和作品间的天然鸿沟和永恒的距离感始终存在。而许多历史上留存下来的作品是需要通过近距离欣赏、观看，乃至抚摩、把玩，才能充分显示细节艺术魅力，最大程度发挥其文化浸润和美育的功能。如中国古代书画多为卷轴的形式，方便观者在手持、展玩间感受艺术之美。展品所处情境的改变和距离感的营造无疑妨碍了文化价值的有效传达。

其二，遗忘规律的存在导致观众对博物馆和展品的印象不断淡化。步入博物馆的观众需要面对成千上万件文物和附着其上的大量信息，而参观时间至多一天不超过十个小时，人脑在短时间内接收信息的能力有限，必然会无意识的有所选择。根据艾宾浩斯的遗忘曲线理论，人在接收和学习陌生知识之后，如若不进行有效复习，第二天仅剩下25%的记忆。因此，除少数专家和艺术爱好者反复参观博物馆研究展品外，大量的普通观众一年内步入同一家博物馆的次数有限，对展品和博物馆本身的印象必然会不断弱化，最后只留下模糊的记忆，极大地违背了博物馆开展公共艺术教育的初衷。

其三，单向灌输式的教育方式不利于深入理解和感受。按照一定的时间序列和叙事方法设计的博物馆展览，根本上还是信息灌输式的单向传播教育模式。既有的教育学研究成果表明，相比于双向交流的互动式教育，这种教育模式并不利于知识信息的吸收和美育目标的达成。尤其是出生于网络时代的80后、90后和"千禧代"（00后），更加排斥单向和教条式的学习模式，偏爱通过探索体验寻求知识，通过新媒体主动获取信息。国因此，博物馆为更好履行公共艺术教育职能，必然需要对现有的教育模式进行变革。

博物馆开展的讲座、论坛、导览和亲子活动等辅助教育形式在一定程度上是展览教育的补充，而容易为人忽视的是，博物馆开发的文化创意产品亦是强有力的教育资源，其具有的教育价值和传播潜力恰好可以有效弥补博物馆教育的天然弱点。

首先，文创产品提供的切身文化体验满足了观众亲近展品的需求。我国学者提出了"灵韵"（Aura，又译为"光晕""光环"）的概念，表明随着机械复制时代的到来，文化产业的发生和发展使艺术品成为可以被大规模生产和复制的物品，因而丧失了其独一无二的原创性，展示价值取代了膜拜价值。不同于文化悲观主义，该学者对艺术技术化持乐观态度，认为艺术品的批量生产使得其不再为精英阶层所垄断，从而实现了艺术的民主化和普及化。从某种意义上说，博物馆文创产品也是对艺术原作进行机械复制的产物，因而对于艺术品进入大众视野，实现广泛的公众艺术教育具有显著的意义。观众可以通过购买和拥有文创产品的方式持有、把玩缩小版的艺术作品或是其一部分，笼罩在艺术品之上的"灵韵"消失了，艺术品嬗变为可亲近、可感受、可接触的寻常之物，从而加深了对其文化艺术价值的理解。

其次，文创产品长久延续了观众对博物馆和展品的记忆。对抗遗忘规律的唯一方法是不间断的复习和巩固。对于没有条件在短时间内反复出入博物馆参观同一个展览的普通大众而言，保留文物原貌或是展现其核心艺术元素的文创产品是对博物馆之旅最好的纪念和提醒。随手可得的文创产品以融入日常生活的方式，巩固、延续了消费者对博物馆的美好记忆，每一次的使用都宛如昨日重现，唤醒人们脑海中对某些曾经留下深刻印象的展品的回忆，催生出再次参观的欲望。对于偶尔来访的客人，它们还将传达来自博物馆的讯息，传播博物馆文化，令其萌生前去参观的愿望。

再次，文创产品营造了沉浸式和互动式的学习氛围。与单向灌输式的教育方式相比，互动式和浸入式的教育模式显然更具优势。虽然在博物馆开展的展陈设计和教育活动中已经有意识地运用了多种体验式学习方法，但虚拟的数字化文创产品可以让观众在远离博物馆的情境中依然沉浸于博物馆的传播场域，从中获得知识信息和审美陶冶。AR、VR 等虚拟现实技术在博物馆文创产品中的运用创造了虚拟情景体验，结合传播学、心理学知识开发的导览和游戏类 App 等无形文创产品，让观众在轻松自如的心态下观赏和了解展品，更好地激发观众对博物馆文化的兴趣以及主动探究的积极性。博物馆教育的覆盖面得以有效扩充，成为随时随地可以获取的教育资源，与传统的教育方式相比，显示出极大的优越性。

（三）视觉文化背景下的日常审美价值

博物馆文创产品有别于一般商品，形成其核心竞争力的另一个重要价值是审美性。审美需要是人类有别于其他动物的高级精神需求。

在《动机与人格》一书中，马斯洛将人的需要分为基本需要和成长性需要。基本需要包括生理需要、安全需要、归属与爱的需要、尊重的需要；成长性需要不受本能支配，它的满足可以带来最大的快乐，主要包括求知需要、审美需要和自我实现的需要。其中，审美需要属于高层次的，对人的成长具有重要意义的需要。审美需要使人希望处于愉悦、舒适和美观的环境之中，当这种需要无法满足时，会产生心理障碍。在某些人身上，却有真正的审美需要。丑陋会使他们致病（以特殊的方式），身临美的事物会使他们痊愈，他们积极地渴望着，只有美才能满足他们的欲望。

出于对审美需求的天然追求与回应，以日常生活审美化为特点的"审美泛化"已成为后现代文化的美学特质，代表人物是英国社会学家麦克·费兹斯通。"日常生活审美化"即指将"审美的态度"引入现实生活，赋予日常生活用品以美学和艺术的品质，使原本平庸甚至粗俗的客观物品显现出审美性。以此观之，任何日常事务都可以用审美的方式加以呈现，推动传统的精英审美品位向大众审美文化转型。

法国社会学家鲍德里亚在《符号交换与死亡》中提出"拟像三序列"的理论，认为有别于古典时期的"仿造"（counterfeit）和工业时代主导的"生产"（production），当代文化流行的是以代码和符号为主宰的"仿真"（simulation）模式，表现为"图像转向"或"视觉文化转向"。而"日常生活审美化"最突出的表现，就是仿真式"拟像"在当代文化内部的不断膨胀和爆炸。鲍德里亚将这种文化特性形容为"超美学"（Trans aesthetics），艺术元素渗入所有对象，所有的事物都变成了某种审美符号。

在"审美泛化"的背景下，博物馆文创产品的开发以满足消费者的审美需求为内在驱动力，是日常生活审美化的具体体现。博物馆文创产品的审美价值来源于两个方面，一是作为开发原型的文物资源自身具有的审美意蕴，二是通过艺术化设计方式最大程度提取和表现产品的美学内涵。作为卢浮宫的三大镇馆之宝之一的达·芬奇名作《蒙娜丽莎》有着极高的艺术审美价值，卢浮宫授权合作制造商，通过截取画作元素开发了几十种文创产品，让《蒙娜丽莎》走入千家万户，这些产品携带了画作原型的部分动人韵致。台北故宫博物院也基于翡翠白玉摆件开发了多种多样的文创产品，多数是日常用品，传达了原作天青月白的淡然飘逸之美。梵·高博物馆所有的文创产品都来源于馆藏的梵·高画作，无论是缀满杏花的靠垫、丝巾、服饰，还是遍布星空意象的文创伞，无不将人带入梵·高的美学世界。文创产品中的仿真复刻品，直接被应用于家居装饰，更是充分发挥了审美效用。设计产业融合美学观念是审美经济的表现。艺术与技术、文化与设计结合在一起的技术美学观，使文化因子、文化元素广泛地渗透到物质产品中，通过商品中文化价值的强化，走向家庭艺术化、社会审美化。博物馆文创产品充分发挥和利用文化艺术元素在物质产品设计、制造中的作用，通过改变产品的外观造型设计或内部构造设计，在提高产品实用价值的同时，赋予或提升产品的审美价值。

（四）文化资本理论视域下的情感价值

情感价值是博物馆文创产品所拥有的一类特殊价值，有别于一般文化产品的体验性。从广义上说，博物馆文创产品的审美价值、教育价值等都可归为"情感价值"的范畴；从狭义上说，"情感价值"特指消费者因拥有文创产品而获取的身份认同感，属于美国心理学家亚伯拉罕·马斯洛的需求层次理论中"自我实现需求"的一部分。

由于附着审美和符号价值，博物馆文创产品的价位一般比同等功能的商品高。消费者购买文创产品并不仅仅是出于使用的目的，更多源自"炫耀性消费"的心理动因，展示自己不俗的品位和文化修养，以区别于普通的民众阶层。"炫耀性消费"理论由美国制度经济学家凡勃伦提出，意指人们并非出于满足实际需求，而是为了炫耀地位及财富的消费现象，动机是求取社会地位和阶层认同。文化消费是一场没有硝烟的战争，拥有金钱和财富的人们通过炫耀性消费的形式赢取或巩固社会地位。在西方经济学文献中，与"炫耀性消费"类似的概念还有"炫示效应""钻石效应""地位效应""位置消费理论"等。炫耀性消费的一个作用是对阶层外部人员产生排除效果，如通过消费高档艺术品制造壁垒，阻止中下层阶级跻身上流社会。

凡勃伦所指的"炫耀性消费"的主要形式是购买高端奢侈品（包括艺术品），而对于中产阶级来说，购买此类消费品超越了自身消费能力，只能是偶然为之的行为。相比之下，博物馆文创产品亦具有显示经济实力和文化品位的功能，属于炫耀性消费品中相对容易接受的门类。类似的消费现象还有对时尚潮流的追逐。

德国社会学的创始人之一齐美尔的时尚消费理论是对炫耀性消费理论的延伸，强调消费者对时尚商品的购买和展示意在区分不同的社会阶层。齐美尔还提出了"时尚滴漏理论"，即中下层群体通过模仿或者参与上流社会的文化消费形式，意图从底层向高层流动，而上层阶级为了维护自己的地位，需要持续创造新的流行或时尚。由此可推论，作为炫耀性符号的博物馆文化创意产品应融入一定的社会流行时尚趣味，以适应更多消费者的需求。

法国社会学家布迪厄进一步揭示了文化资本对于体现和维持阶级差距的重要性。他指出，当今社会阶层划分的因素不仅在于个人拥有的经济资本，还在相当程度上有赖于个人的品位和生活方式等文化资本。个体所有的文化实践（包括文化创作与消费，如对文学、绘画和音乐的偏好）实际都和个体的阶级习惯紧密联系，通过家庭教育和学校教育两种途径习得，在此基础上形成了特定的消费品位，内化为文化资本。中上层阶级的一大特征是其生活和消费已经不再受制于生存压力，因而在日常生活中能够随心所欲地体现自由、小资甚至是奢侈的品位，表现出一种"美学秉性"，集中于对艺术品的欣赏与消费。博物馆文创产品以其独特的观赏特性和文化意蕴，满足中上层阶级区隔社会身份和坚持文艺趣味的需求，从而给消费者的精神和心理带来极大的慰藉，在此基础上形成其独特的情感价值。

在博物馆文化创意产品价值构成体系中，经济价值和教育价值属于社会和博物馆自身从开发文创产品中获得的价值，审美价值和情感价值则是消费者从购买、拥有和使用文创产品的过程中体验到的价值。这四种价值有着极强的内在联系，审美价值和情感价值的存在提升了产品的经济价值和教育价值；而对产品经济价值和教育价值的认识也从侧面增强了消费者的审美和情感体验。在此四种价值的基础上，衍生出文创产品的收藏价值、装饰价值、实用价值、投资价值、传播价值，进而形成博物馆文创产品复杂而多样的价值系统。

第二节 基于"价值链"理论的博物馆文化创意产品开发模式

一、博物馆文化创意产品的基本开发模式

（一）博物馆文化创意产品开发的五种基本模式

从国际上来看，博物馆开发文化创意产品的基本模式可以分为独立研发、代销、合作研发、市场采购、艺术授权五种类型。

1.独立研发模式

独立研发指博物馆自负盈亏，独立设计产品、推动产品研发，并承担所有的研发费用和营销风险。博物馆自行研发的产品（museum-developed merchandise）通常与博物馆的宗旨和藏品紧密联系，这些产品区别了博物馆文化创意产品交易平台与博物馆之外的书籍、礼品店的分野。由馆

内自行研发的产品若能充分结合目标消费者的需求，将达到专业零售的最大利益。观众购买的意愿越强烈，行为越频繁，文化创意产品交易平台的收益增长越快，对博物馆整体发展的回馈也越充分。因此，博物馆自行研发产品，应成为所有产品开发的重要部分。许多专家相信，独立研发产品将是博物馆的优势所在。

2.代销模式

博物馆代销，是指由博物馆之外的企业或厂商等提出开发文化创意产品的方案，提交博物馆审核。博物馆审核通过的方案，则由厂商自行出资投入生产。博物馆与厂商签订合同，产品可在博物馆的营销渠道出售。相对于独立研发模式，这种代销的方式可以为博物馆节省开支，规避部分营销风险。

3.合作研发模式

合作研发是指由博物馆发出创意招标，中标的设计企业或设计师负责研发和生产，最后的成品在博物馆的渠道销售，收入在博物馆和企业之间进行分成的模式。博物馆无论规模大小，均可采用合作研发模式。在产品设计之初，企业就与博物馆密切合作，就博物馆想要研发的产品进行充分的沟通，确定并落实方案，由企业投资研发制造，博物馆提供营销渠道。这种方式与前述代销方式相似，不同之处在于，博物馆参与程度更高；同时，博物馆需要支付的费用和产品销售风险可得到更大程度的降低。在这种模式下，博物馆通常需要支付研发费用，例如铸模（molds）、打版制作（tooling）和艺术品塑造费。如博物馆自己拥有铸模工具，则在研发费用上可取得适当的杠杆平衡作用。也即，当原始供给博物馆产品的厂商改变时，博物馆由于拥有模具的所有权，能够立即着手委托其他厂商另行制造产品，而不会因更换厂商而重复支出研发费用。通常这一类的产品，博物馆会要求专卖权，也即，消费者无法从其他博物馆购得产品，因此更具特色和纪念性。有些博物馆专卖的产品已经成为博物馆特定品牌的重要营销工具。

4.市场采购模式

从公开市场（如贸易展、手工艺博览会等）采购产品也是博物馆文化创意产品的来源之一。博物馆根据其需要达成的教育和传播目标，选购市场上已有的文化产品。这种方式多用于短期特展纪念商品的采购，有利于把握时效、节省成本。并且，通过此渠道，博物馆可以广泛且仔细地搜寻与博物馆教育目标相符的商品，并进而与厂商接洽。此外，对于参与贸易展或手工艺博览会的博物馆而言，可以借此全面了解博物馆文创市场的概貌、流行趋势以及产品的相对售价等，并获取博物馆开发文化创意产品的灵感，或与更多有潜力的主要制造商建立联系。

5.艺术授权模式

博物馆的艺术授权指博物馆将受到法律保护的藏品图像数据、设计、文物资源或博物馆商标等授权给厂商，用于开发文创产品，而厂商必须支付博物馆产品的版税或权利金。对博物馆而言，艺术授权的方式可以使其免于商品研发的财务负担，同时，博物馆也必须扮演管理者的角色，监督厂商并确保所生产的产品能够兼具质量与实用性。通过授权的行为，附有博物馆标志的众多商品得以散布至全世界各角落，更能远及那些不会或不曾到过博物馆的潜在观众，除了为博物馆开拓更多财务来源之外，凭借商品的流通，也充分发挥了博物馆的广告宣传效益。

对营运能力强的大型博物馆而言，灵活采用这五种文化创意产品开发模式，可以应对不同的状况。市场采购模式更适用于特展和合作办展；当博物馆缺少经费与人力，但又需开发文化创意产品时，多采用第二种或第三种模式；当博物馆外企业对博物馆藏品的商业运用表示高度兴趣时，则采用艺术授权模式；而就产品开发活动的形式来看，从第一种至第四种方式，博物馆皆是为了供应博物馆商店而为之，唯有第五种艺术授权方式，是厂商主动，博物馆采取配合的情形。

从博物馆文化创意产品的开发模式与营运状况来看，绝大部分博物馆开发文化创意产品的初衷乃是增加博物馆的收入，因此从产品的目标市场定位、开发预算经费、产品规划到产品的销售渠道等，均易于局限在博物馆的框架之内。然而，在文化创意产业在全球蓬勃发展的当今时代，博物馆拥有文化创意产业的核心创意资源，这也是工业设计领域与文化产业界取之不竭的创意和灵感来源。博物馆虽自身资源不足，但如能凭借拥有的"文化资本"，与工业设计界和文化产业界密切合作，则博物馆文化创意产业能够触及和影响的范围，将大大突破博物馆传统的框架限制，扩大至整个社会层面。而博物馆希望对外传播的文化特色和意欲实现的教育目标，将因之更容易达成。

因此，在上述五种博物馆文化创意产品开发模式中，第五种艺术授权模式应可跃升成为合作主流。目前，多数博物馆对于授权方式仍采取被动态度，等待着馆外厂商找上博物馆，博物馆应更积极主动地寻求授权合作。博物馆最了解自身的藏品与特色，若能主动出击，应会取得更好的合作成果，同时，博物馆应制定与授权方式相关的配套措施与行政体制方案，以为应对之道。

（二）中外博物馆开发文化创意产品的模式异同

1.国际博物馆开发文化创意产品的主流模式

国际知名博物馆多数都拥有文化创意产品设计团队，同时也希望利用品牌合作商的资源扩大市场，并建立了完善的艺术授权产业链，因此多采用"独立研发+合作研发+艺术授权"的混合开发模式。如大都会艺术博物馆不仅拥有自己的产品设计团队，而且直接经营工厂，其独立研发的产品直接由馆方经营的工厂生产。博物馆设有专门的销售部门，下设"总馆商店经营""分店、视觉促销、商店规划""批发零售""财务和营运计划制定""营销和公共关系""商品管理"六个子部门，负责从文化创意产品开发规划制定到商店营运、顾客服务的各个环节。在具体的研发设计过程中，与销售部门并行的教育部门、研究部门也会参与其中，负责对产品方案的审核把关，真正将文化创意产品开发融入了博物馆运行机制和总体发展规划。负责销售业务的员工，全力协调展览部门与工厂之间的合作，规划相关产品，并随时注意消费者的需求与流行趋势，开发新产品，或将旧产品披上新的流行色彩。文创团队通常在展览前两年即着手进行展览衍生产品的研发工作，与展览研究员的沟通平均持续一年以上，以求研发极具教育意义，的衍生品，又不致曲高和寡。

美国旧金山亚洲艺术博物馆也非常注重原创设计，拥有自己的设计团队，自行研发设计产品后委托厂家生产制造。该馆设计师曾指出，博物馆自主设计的好处是熟悉藏品，对重要的展览和活动能迅速做出反应。

大英博物馆采用混合型文化创意产品开发模式，下设文创设计部门，由若干全球采办负责自行设计，或委托馆外设计师设计，同时从固定的合作厂商直接购买产品。

卢浮宫博物馆采用以艺术授权为主的经营模式，博物馆自身并不独立设计产品，而是授权给博物馆协会设计生产，收取授权费用。但是在博物馆研发产品过程中，卢浮宫教育、研究部门的相关成员会对产品的质量和传播效果进行审核把关，监管最终的设计方案，并以自身庞大的客源提供营销渠道。

2.我国博物馆开发文化创意产品的主要模式

国内目前拥有自己的文化创意产品设计团队、具备自主研发能力的，仅有北京故宫博物院和上海博物馆等几家大型综合性博物馆；在艺术授权环节上，多数博物馆尚未构建完善的产业链，因此采用最多的是第三种模式，即通过招标形式委托合作研发产品。在实践中，也有许多博物馆采用"独立研发+合作研发""合作研发+艺术授权""独立研发+合作研发+艺术授权"等两种或者三种混合的运作模式。

二、博物馆艺术授权模式的发展应用

"授权"的字面意义有"许可"或"特权"的内涵，也即授权人将其所拥有的产品或产品相关标的物的权利，许可他人分享并以签订合同的形式予以约束。被授权人根据合同约定，将授权标的物用于其他产品的设计、生产、销售等活动，并支付给授权人一定的授权费用。被授权的厂商必须要有和品牌有关的商业潜力，也即被授权的厂商在其所能掌控的领域，必须与被授权的商品或商标有一定程度的相关性及潜力。

授权范围十分广泛，不仅限于品牌授权和娱乐授权（entertainment licensing）。许多大型企业和媒体都认为，授权是有力的现代营销和品牌延伸工具。在国际上，授权已经成为一项独立的产业，每年约有500个组织参加国际授权展，授权的主体包括卡通造型、艺术设计、流行商品、品牌商标等，每小时全球商品授权零售产值达到150万美元。

"艺术授权"（art licensing）是使艺术产业化的重要手段，让艺术从传统印象中的消耗资源转变为具有实际经济价值的产业。艺术授权的方式非常多元，主要有作品授权（艺术家直接授权厂商复制和买卖作品）、商品授权（将具有版权的艺术图像融入商品设计，博物馆授权多属此类）、促销授权（如荷兰银行将绘有梵·高作品元素的商品作为促销礼品）和数字授权（博物馆影像资料授权）等。艺术授权的产值虽然比不上娱乐、运动、动漫授权，但艺术授权市场一直在持续稳定增长，有赖于良好的艺术设计驱动，在市场上历久弥新。

博物馆艺术授权就是博物馆以订立合同的形式，将其拥有的知识产权授予企业等社会主体设计开发文化创意产品，并收取一定费用作为权利金的做法。被授权的社会主体需按照合同规定，利用被授予的版权等博物馆知识产权进行与博物馆相关产品的设计、生产、宣传、展览和销售等活动。

艺术授权是全球授权产业中授权金额成长最快的一类，而博物馆授权正是艺术授权的主要组成部分。但是，目前博物馆授权在我国还处于探索阶段。

（一）博物馆直接授权

博物馆直接授权是指以博物馆为主体的授权方式，具体来说，是博物馆将馆藏文物的知识产权等相关权利授予被授权方，被授权的厂商根据合同约定在特定的时间和区域内以此为基础进行文化创意产品的设计、制造和营销等经营活动或者其他非营利性活动，并支付给博物馆授权费用的一种模式。

博物馆直接授权的优势在于，一是博物馆对自身文化特色和藏品价值更为熟悉，在授权过程中，占据主导的市场部门与博物馆教育、研究等其他部门的沟通更为方便；二是便于博物馆掌控和管理整个授权的流程，避免出现不利于博物馆利益的情形。不足之处在于，博物馆作为非营利性质的文化事业单位，长期游离于市场之外，缺乏市场敏感性，在与厂商的直接联系和洽谈中容易处于被动地位。尽管如此，由于博物馆在直接授权操作中占据主导性，具备一定市场营销经验和资源的博物馆多选择直接授权的模式，如大英博物馆、大都会艺术博物馆和台北"故宫博物院"都以直接授权模式为主。

（二）博物馆委托授权

作为文化经纪的一种类型，博物馆授权经纪的角色是随着授权产业的发展应运而生的，在博物馆、被授权厂商和公众之间起到沟通联系的作用。授权经纪的出现，是对传统博物馆授权模式的重构，为博物馆开拓市场，实现跨行业、跨领域合作提供支撑，并有效解决博物馆和被授权方之间信息不对称的问题，使两者的沟通更为顺畅。

在实际操作中，博物馆委托授权一般可以分为代理授权、中介授权、平台授权三种形式。

1.代理授权

代理授权是指博物馆指定授权代理商，由其代表博物馆的立场与利益和被授权的厂商进行沟通洽谈、订立合同，完成授权过程。例如，古根海姆博物馆指定 360ep 公司为其代理授权商，代理古根海姆的品牌授权业务。知名的代理授权商拥有较好的市场资源，可以引入更多有潜力的厂商和博物馆进行合作，给博物馆开拓市场提供契机，并降低博物馆的交易成本。但如果博物馆未能寻找到规模大、知名度高的代理商与之合作，则代理授权模式不易开展。

2.中介授权

中介授权模式是指博物馆委托授权中介进行授权，授权中介收取权利金后，将一定的比例回馈给博物馆。与代理授权不同的是，授权中介大多组建了自己的数据库，汇集了各博物馆的影像、商标和专利资源，以此吸引潜在的被授权者。被授权者直接通过授权中介的网站操作，给付授权金后获取授权。比较知名的博物馆授权中介商有 Scala Archive（意大利）、Art Resource（美国）等。

3.平台授权

平台授权是指博物馆将授权标的物置于授权平台，由平台代表博物馆进行对外授权。平台由企业或非营利机构建立，一般分为线上平台和线下运行机构两个部分。国际上典型的博物馆授权平台有法国的国家博物馆授权联合会（RMN）。该平台是法国各博物馆统一的授权平台。目前，联合会已经有 68 家博物馆的近 60 万件作品高清图像。需要授权者登录联合会官方网站，寻找到作品，付费给联合会就可以得到该作品的图像资源。此外，加拿大的知识共享中心、美国的版权结算中心（Copyright Clearance Center）也是国际上重要的授权平台，提供授权代理服务。

国内近年来规模比较大的博物馆授权平台有国家博物馆和阿里巴巴、上海自贸区共建的"文创中国"项目，以及南京博物院牵头组建的江苏省博物馆商店联盟等。

（三）博物馆混合授权

国际上一些知名度高、藏品资源丰富、授权标的物类型多样的大型博物馆，经常会采用直接授权和委托授权相结合的混合授权模式。该模式结合了直接授权和委托授权的优点，部分博物馆标的物直接授权给厂商，厂商向博物馆直接交付权利金；博物馆同时将另外部分的标的物委托给授权经纪，授权经纪根据合同约定向博物馆回馈一定比例的权利金。虽然混合授权具有相当的优势，但由于交易成本较高，一般不适用于中小型博物馆。采用混合授权的典型案例是大都会艺术博物馆。

第三节 艺术创意学视域下的博物馆文化创意产品设计策略

一、博物馆文化创意产品的设计原则

目前我国国内博物馆文化创意产品在研发设计层面主要存在以下九个问题：一是质量粗糙，使用感受较差；二是缺乏文化深度，与博物馆宗旨结合程度不高；三是外形平庸，缺少吸引人的美感设计；四是简单挪用古代文物元素，无法很好融入现代生活；五是艺术呈现过于诉诸理性而忽略情感设计；六是面貌偏于严肃教化，趣味性不强；七是大量同质化设计，特色不明显；八是产品类型分散，缺少鲜明的博物馆品牌标识；九是产品开发难以涵盖所有背景和年龄结构的人群。国际上，文化创意产品开发起步较早的欧美博物馆，在早期开发过程中也曾出现过类似的问题，并通过深入调查市场、强化研发设计、完善产品结构等方式，逐步克服或解决了这些问题，为处于文化创意产业发展初级阶段的我国博物馆积累了足资借鉴的丰富经验。针对这九个问题，借鉴国际博物馆学界和设计界的观点与经验，特提出博物馆文化创意产品研发设计阶段需要遵循的九个原则：精品原则、深度原则、审美原则、亲民原则、情感原则、新奇原则、特色原则、系列原则、分众原则。

（一）精品设计原则提升产品使用舒适度和便利性

品质良莠不齐一直是我国博物馆文化创意产品的主要问题之一。

文化创意产品首先要具有普通商品的使用功能和实用价值，其次再以附加于其上的文化艺术因子彰显独特的符号价值。在当今品牌竞争激烈的消费型社会，严格把控产品质量是企业永续经营的根本之道，也是文化创意产品从许多功能相同的产品中脱颖而出，获得消费者青睐的重要因素之一。对于文化创意产品来说，品质的重要性丝毫不亚于附加其上的文化意蕴。单霁翔院长曾指出，北京故宫博物院下一步开发文化创意产品要从"数量增长"向"质量提升"转变。提升文化创意产品的质量，不仅要对产品的生产制造工艺和技术进行严格选择和控制，更重要的是，从产品前端的研发设计环节开始就必须树立"精品意识"。

所谓"精品意识"或称"精品原则"，一是必须对产品的材质选择、色彩装饰、整体造型、细节布局、生产工艺等因素精益求精，力求产品呈现最为精致和吸引人的外观；二是充分运用人体工程学、设计心理学等理论进行产品的功能性设计，使产品具有超过或至少是不逊于同类商品的使用便利性和实用性。从20世纪设计产业发展的历史来看，大致经历了30年代的功能性设计、50年代的亲人性设计、70年代的趣味性设计、90年代的新奇性设计、21世纪的人性化体验设计五个阶段，

目前已经全面迈进了注重人性化体验设计的阶段。我国的很多博物馆仍然更为注重开发文化创意产品数量和种类的多样化，精品意识有待加强。值得注意的是，贯彻精品原则并非要一味提高产品的定价，以"昂贵"来凸显品质，而是在研发设计文化创意类日常用品的过程中融入精品意识，关照到产品的每一个细节，给予消费者良好的使用体验。

（二）深度设计原则有效传达博物馆文化信息

博物馆文化创意产品的设计需要遵循的"深度原则"，一是指产品要具有文化深度，而非仅注重从外观意象上来传达文化信息；二是指产品的设计需要符合博物馆的教育宗旨，有效传递博物馆文化。

博物馆文化创意产品必须展现蕴含于文物中的深度文化内涵与魅力，塑造人文艺术情境，从而延伸过去的生活、文化与记忆，传达文化艺术专业知识。如仅将文物的纹饰、造型等简单运用于产品设计，偏重于外观的再现，则会使产品流于表面化和肤浅化，无法有效传达文物深邃的历

史文化价值和内在意蕴，亦无法展现博物馆特色文化，达到辅助教育和传播的目的。

商店出售的商品类别必须符合博物馆宗旨；同时，博物馆须顾及文化商品的深度教育功能，即使博物馆并非自行开发商品，而是委托外包厂商进行，博物馆仍需严格把关，确保商品能够符合博物馆的宗旨、特色与教育目标。

对于博物馆文化创意产品的设计师而言，要在研发设计层面实现深度原则，对文化创意产品的定位，应超越博物馆纪念品的层次，而将其视为博物馆在展览之外的另一种与观众沟通的有力工具，并善加利用其可以被携出馆外，且常伴观众左右的特性。同时，文化创意产品所传达信息的层次，除了所谓的"正确知识"之外，应以更宽广的视野来提升观众制造意义与诠释意义的能力。因此，产品的设计思考重点，应从"信息的传达"转变成为"经验的创造"，而"经验"来自博物馆重要的知识或信息，将信息与产品作巧妙而创意的联结，以吸引使用者的青睐，方是产品设计的真正挑战。文物和博物馆的信息不能只是"印在"文化创意产品的表面，而要让观众使用产品的行为具有深度文化意义，真正提升使用者对于产品的兴趣，进而衷心喜爱产品，频繁使用产品，从而真正实现博物馆文化创意产品所欲达到的教育目标。

（三）审美设计原则提供消费者美感体验与艺术涵养

有学者提出，美学经济（The Economy of Aesthetics）时代已经来临，将审美因素大量渗透于商品之中，提供给消费者充分的审美愉悦感，是文化创意产品的重要特点。对应于"日常生活审美化"和"审美泛化"的趋势，审美价值成为文化创意产品的重要价值。成功的产品需符合"感质"产品的特点，即具有"魅力"（Attractiveness）和"美学"（Beauty）、"精致"（Delicacy）等美感特质。在未来的设计中，技术只是辅助工具，美学才是最终旨归。设计师对于产品设计的责任，除了提供消费者使用便利和舒适度之外，也需要模拟消费者使用时的心境，让其得到艺术熏陶和情感浸润。

如何在产品设计中实现美感最大化，值得博物馆和设计师仔细思考和研究。大部分文物本身即具有较强的艺术审美价值，如绘画和雕塑作品等，以之作为原型设计的产品要注意保留、强化、凸显其美学特征，有效传达展品的审美价值，避免由于文物元素提取不合理或者任意切割破坏了产品的美感。而部分独具历史文化价值的文物，外观上的审美性可能并不明显，这就要求设计者善于灵活提取、运用文化元素，结合现代美学设计风格，强化产品美学特质，同时传达文化内涵。

设计者主要通过产品的色彩、质感、造型、线条、表面装饰、细节处理等传达美感，使消费者的感官获得审美愉悦。台湾学者研究表明，单一材质的文化创意产品在美感上胜过复合材质的产品，简约设计风格的产品胜过复杂设计风格，为文化创意产品的美学设计提供了参考。

（四）亲民设计原则使产品走进大众日常生活

博物馆文化创意产品的开发要确立亲民的价值取向，一是注重开发能够融入普通消费者日常生活的"接地气"产品；二是产品的定价要适中，符合一般博物馆观众的消费能力和消费需求。发挥博物馆品牌和展品文化价值的教育传播功能是开发文化创意产品的最终目的。

文创只有真正步入百姓的日常生活，成为使用频率高、使用性能好、使用口碑佳的亲民产品，才能彰显产品的文化意味和审美内涵，从而在潜移默化中起到艺术熏陶和人文浸染的功效。

长期以来，我国许多博物馆之所以观众寥寥，除了展品陈旧、不善自我推销和宣传等原因之外，更为重要的是博物馆一直以"高高在上"的严肃面目示人，给观众制造了心理距离和情感隔阂。新博物馆学运动推动博物馆确立了以人为本、以教育为核心使命的发展目标，博物馆如欲通过文化创意产品实现教育传播，正要通过"接地气"的亲民设计改变博物馆给人的刻板印象，使博物馆吸引到更多的注意力资源。

有研究表明，在博物馆开发的众多文化创意产品系列中，销量最高、受到好评和关注最多的正是价位在 100 元以内的生活用品。如北京故宫博物院以亲民原则重新定位文化创意产品开发后，研发了朝珠耳机、容嬷嬷针线盒和《皇帝的一天》《胤禛美人图》应用程序等一批"萌萌哒"文化创意产品，以戏说的方式将百岁故宫的"正经历史"和互联网时代的时尚趣味相结合，虽然在某种程度上亦有肤浅化和过度娱乐化之嫌，但线上线下相结合的销售方式创造了销售奇迹。以"萌化"的方式开发博物馆文化创意产品在国外也形成了潮流。大英博物馆著名的"小黄鸭"系列产品，结合埃及狮身人面像、罗马士兵等馆藏文物元素呈现"呆萌可爱"的面貌，风靡海内外。因此，博物馆开发文化创意产品需要确立和回归亲民原则。

二、博物馆文化创意产品的设计方法

从设计方式来看，博物馆文化创意产品的设计既需要遵循一般文化产品和创意产品的设计法则，也有自身的特殊性。设计师需充分运用发散思维、联想思维和创意思维，从不同角度解读文物元素，实现符码转化，创造出各类博物馆文化创意产品。以往从设计方式和设计策略来分析博物馆文化创意产品的研究成果尚不多见，近年来部分艺术类院校设计专业教师和学生的论文对此略有涉及。如徐燕认为，博物馆文化创意产品的设计方式有装饰性设计（产品外观上融入文化元素的平面设计，为多数产品使用的设计方法）、骨架式设计（将文物造型和产品功能相结合，以简化、形象化、夸张化文物外形的方式设计产品整体造型）、意蕴式设计（挖掘文物的深层内涵，通过隐喻的方式融入产品设计）、体验式设计（产品和消费者产生互动体验）四种。有研究者持类似看法，将博物馆文化创意产品的设计方法归纳为表皮式、骨架式和意蕴式三种。亦有研究者将博物馆文化创意产品的设计方法归结为形态转化法和故事转化法两大类，其中，形态转化法包括对文物外形的提取和简化、形象化处理，整体运用或局部截取器物纹饰用于产品外观，借鉴文物色彩，改变原有材质，传统功能现代化和实用化等具体方式。马琳认为，博物馆文化创意产品的设计策略可以分为表象直译、符号转化、意境诠释和时尚创意四种，除时尚创意外，前三种实质上分别对应于徐燕提出的装饰性或称表皮式设计、骨架式设计和意蕴式设计。

博物馆文化创意产品设计的关键在于，萃取蕴含于文物文化元素中的象征意义，将之转换成视觉消费符号，再将这些消费符号设计成为创意产品。综合已有的研究成果，本研究认为，博物馆文化创意产品的主要设计方式有五种：元素提取式设计、功能融合式设计、意境传达式设计、情景复原式设计、互动体验式设计。

（一）元素提取式设计

元素提取是博物馆文化创意产品设计中使用最普遍，也是最容易采用的一种设计方法。通过提取原型文物具有辨识度的特色纹饰、图案、色彩和造型特征，用平面设计的方式刻印，绘制在文化创意产品之上，创造出具有较高文化附加值和艺术审美价值的产品。元素提取式设计主要分为整体运用、局部截取和解构重组三种方式。

所谓整体运用，即将文物的整体造型纹饰进行微缩化处理后，改变材质，应用于创意产品的外形塑造。占据博物馆文化创意产品一定比例的文物复制品就属于这种设计方式，另外，通过这种方式还可以开发许多在外形上可以直接应用文物原型的产品。如根据罗塞塔石碑开发的拼图、明信片、首饰盒、书立、镇纸等，外形均为石碑形状且印有石碑的完整图案。

相对于整体运用，局部截取文物的纹饰图案并应用于产品装饰的做法更为灵活和常见。衣物首饰和生活用品类文化创意产品的设计多采用局部截取文物元素的手法。在文物信息的保留和传达上，局部截取不如整体运用完整而一目了然，这就要求设计师对文物的背景信息和文化价值有较深的了解，且自身具备较高的审美能力，能够从众多文化元素中选择和提取特色最为鲜明、最有辨识度、最具美观性的元素，用于产品装饰，以画龙点睛的方式实现产品的文化增值。如梵·高博物馆通过局部截取的设计方法，以梵·高花卉名作《盛开的杏花》《向日葵》《鸢尾花》等为原型开发了一批各种类型的文化创意产品，极具创意和美感；卢浮宫围绕馆藏展品《蒙娜丽莎》开发系列文化创意产品，也多采用截取部分图案并绘制于产品表面的方式。由于人们对馆藏的明星展品如《蒙娜丽莎》和罗塞塔石碑印象深刻，以之为纹饰来源的产品可以省却说明；但是，对于并不那么出名的展品，藏取图案后容易给人迷惑感，最好附上设计说明让消费者了解产品背后的文物信息。

对文物元素的解构重组是设计要求更高的装饰手法。某件展品可能有两处以上的标志性外观特征，而产品限于造型和大小无法展现全貌，仅截取部分图案亦不足以诠释展品的独特文化艺术价值。在这种情形下，充分解读文物内涵，提取其中多处特色纹样，结合产品功能和外观设计予以重组，是一种比较好的设计方法。该种设计方法还适用于根据两件以上彼此间有密切联系的展品设计的文化创意产品。

比如上海博物馆以馆藏书法名作为模本设计的服装、环保袋、文具等文创产品，许多都通过对若干件同一作者或者同一时代书法作品进行元素解构，提取标志性书体，合理重组并绘制于产品表面，充分展现中国书法或凝重浑厚，或洒脱俊逸的独特风情。

元素提取式设计方法虽然运用简单、可操作性强，但在实际设计过程中要特别注意文物原型和产品契合度的问题，一般来说，这种设计方法更多适用于装饰性较强的衣物首饰、生活用具等产品的设计，以平面化的设计方法为主。对文物的选择和对元素的提取要经过仔细考虑，一是围绕馆藏明星展品设计，易于辨识，更多展现博物馆独有特色；二是选择有较强艺术美感和视觉辨识性的展品，如主题和色彩鲜明、纹饰独特或给人以较大视觉冲击力的绘画和工艺美术作品等；三是选择展品原型要和设计产品本身的功能特点相契合，产品本身的材质、颜色和风格与文物原型接近或者一致为佳。如风格厚重而带有神秘气息的罗塞塔石碑，更适合开发硬盘、杯子、手机壳、镇纸等质地比较坚硬的产品，或是黑色的巧克力、拼图等衍生品；首饰、衣物等产品所依据的文物原型，以风格飘逸、色彩绚丽的花卉绘画或瓷器的纹样为佳。

（二）功能融合式设计

功能融合式设计是指，根据产品的功能需要，将文物的文化元素或者造型形态予以简化、变形、夸张化处理，与产品的使用功能融为一体。

成品符合人体工程学理论和消费者的身心需求，既可以使人自然联想到原型文物，又不会有强行拼接、生搬硬凑的斧凿之感。功能融合式设计其实也可以视为元素提取式设计的一种，属于元素的解构和重组，不同的是，一般的元素解构重组偏重于平面化设计，功能融合式设计偏重于立体形塑和整体框架结构的重新组合，且这种元素符码的转化是基于产品功能的要求，类似于有些研究者提出的"骨架式设计"方法。根据台湾学者林荣泰提出的文化创意产品设计三层次框架，功能融合式设计旨在满足消费者行为层面的需求，设计功能合理、操作便利、安全的产品，同时又能使人联想起原型文物，体味其中的意涵。

这种设计方法对设计师的创意思维有较高的要求，产品往往表现得新奇而不落俗套。曾获奖作品"翠玉白菜伞"为采用功能融合式手段设计的翠玉白菜系列文创作品。伞面合拢后仿若一株造型生动的翠玉白菜，打开后犹如一朵翠绿莲叶，雨滴仿佛凝结其上的露珠，优美自然而饶有意趣。

而曾经的"网红"堕马髻颈枕也是一款典型的功能融合式设计产品，设计者巧妙联系唐人宫乐图中宫女流行的"堕马髻"发饰元素，和当代人的生活需求衔接，开发出符合人体工程学的颈枕，供小憩使用，时尚创意趣味十足。

（三）意境传达式设计

"意境"是东方传统美学和艺术的重要审美范畴，用以形容书法绘画等艺术作品所传达的一种能使欣赏者产生感动和共鸣，却难以言表的独特韵味和境界。意境开启了审美想象空间，虚实交融、形与神会，使观者驻足，低吟徘徊于审美想象中不能自已。而西方的艺术作品风格虽偏于直白显露，然亦有内含深邃悠远意蕴的作品，现代艺术也多以简洁造型和线条传达言外之意，因此，本研究认为，"意境传达式"设计方法可通用于中西方博物馆文创产品的设计，要求设计师深入把握、感受、解读文物和艺术作品的审美意蕴、文化内涵，通过创意设计将之有机融入产品，使产品有效传达同样的文化意蕴，使消费者感受到类似的艺术美感。

"意境传达式"设计通常运用明喻、暗喻、隐喻等方式表达原作和产品的联系，含义比较隐晦。对设计师来说，运用"意境传达式"方法设计产品是难度较高的挑战，如果对原作只有走马观花式的浅层次了解，是远远不够的，容易设计出让观众"看不懂""不知所云"的产品。

设计师必须具有较高的文化素质和艺术品位，必须经常"到博物馆里上，上课"，在博物馆策展人、释展人和教育项目策划人等的帮助下深入学习、掌握文物背景知识和文化内涵，并具有扎实的设计功底和较强的设计技巧，方能设计出成功传达原作神韵的高品质文创产品。

如台北"故宫博物院"撷取清乾隆年间宫廷画师郎世宁创作的《仙尊长春图册》的春天和花卉意象，设计"三清茶具"套装，以粉色、青色、翠绿和天蓝为淡雅底色，附以造型生动可爱的花鸟虫鱼点缀其间，一派生机盎然，传达出清新自然、生机勃勃的初春意境。以同一绘画原型开发的系列首饰产品，撷取菊花、兰花、梅花等花卉意象，与珍珠、珊瑚、玳瑁、琥珀、琉璃等不同材质相融合，呈现或清新淡雅，或明艳动人的审美效果，无不传达着春天的气息。

（四）情景复原式设计

博物馆文化创意产品设计的一个关键之处是将古代文化元素融入现代生活，让今人在不断的使用中体味古风雅韵，代入古人的生活场景，从而获得对文物更深层次的理解和认知。情景复原式设计方式正是基于这样的目标，选择能够有效衔接古今生活的文物，通过复制、微缩、放大或是改变功能、将平面文物立体化等方式，延续古老文物在现代的使用功能，有机融入当代时尚生活，令其在当下焕发出勃勃生机。

情景复原式设计主要有两种方式，第一种是在不改变文物原有功能的基础上以仿制的形式设计创意产品，产品有着和原型文物一样的外观与使用功能。消费者在实际使用产品过程中仿佛步入了古人的生活场景。如根据古代首饰同比例复刻原型开发的珠宝饰品，或仅在材质及色彩上稍稍融入现代设计，保留文物的整体风貌，即是这种设计方法的体现。另外，博物馆文化创意产品中占比很高的生活用品一类，有许多是采用这种方式开发的。尤其是各种纹饰精美、质地精良的瓷器，特别适合开发成现代食器、茶器，延续或扩展原有的使用功能。

情景复原式设计的第二种方法，即保留文物的场景原貌，改变使用功能，使之更好融入和适应现代生活。如根据《清明上河图》开发的纸本游戏，以绘画中出现的人物和场景为基本游戏元素，融入任务设置、完成奖赏和失败惩罚等现代游戏设计元素，以生动有趣的形式，让玩家在游戏过程中通过沉浸式体验了解北宋时期的民俗风情。

（五）互动体验式设计

互动体验式设计主要应用于无形文化创意产品，即各类博物馆开发的应用类和游戏类 App。互动体验式学习是博物馆学习的一贯优势，相比于单向灌输式的书本教育，博物馆以实物的形式为观众提供了多种多样的参与互动的机会。研究表明，互动体验式的学习效果远优于仅动用视觉和听觉的学习方式，对于感性思维为主、好奇心旺盛的青少年来说尤其如此。因此，除了博物馆开发的各类教育项目强调互动体验性之外，博物馆开发文化创意产品也应充分利用这一优势。

博物馆开发的实体文化创意产品中，大部分须通过消费者的亲自使用和亲身感受来发挥教育传播作用、达到愉悦身心之目的。大数据、云计算、虚拟现实等互联网技术的兴起，为博物馆开发能够提供更为生动的互动体验的无形文化创意产品提供了契机，而对这类产品的开发，主要应用的就是互动体验式的设计方法。

目前，博物馆研发的无形文化创意产品主要有两类，一是各类导览性质的服务型应用程序（App），如大英博物馆、大都会艺术博物馆、卢浮宫等都拥有多个导览 App，实时提供精选展品和参观路线推荐；二是大量出现的旨在传播博物馆和展品文化，以生动趣味的形式展现的游戏类、互动类应用程序。研究讨论的主要指后一类含有互动游戏元素的 App，如近期北京故宫博物院开发的《韩熙载夜宴图》《皇帝的一天》《胤禛美人图》App 等，均收获广泛好评和高下载量。这类 App 的设计初衷，即是通过让使用者在充满乐趣的互动体验中了解和体会传统文化知识。

以《皇帝的一天》为例，作为一款儿童游戏类 App，有效结合了儿童的认知心理、兴趣点和知识点，通过引导儿童"游览"养心殿、御花园等故宫建筑，有序触发、推进各类情节，并设计一系列以宫廷文化为核心的小游戏，让孩子们了解古代皇帝的生活起居、工作娱乐和故宫传统文化。

第四节 我国博物馆开发文化创意产品存在的问题和对策研究

一、我国博物馆开发文化创意产品存在的问题

（一）观念、体制、资金、人才的多重制约

1.博物馆人对文创产业认识存在观念偏颇

博物馆从业者对博物馆从事文化创意产业的正当性、合理性存在疑虑，对博物馆文化创意产业的内容、形式理解狭隘。由于国际博协对博物馆的定义始终强调"非营利性质"，我国博物馆从属于文化事业中的公共文化服务机构类型，强调公益性，对于博物馆是否能从事商业活动，是否能获取经济效益，博物馆界人士长期以来存在争议和认识上的误区。理念上的束缚导致我国博物馆在发展文化创意产业的道路上裹足不前，不敢用文物资源、不会用文物资源、怕犯错的心态

长期制约博物馆经营活动的开展。

即使在新版《博物馆条例》颁布后，从法律上确认了博物馆开发文化创意产品的可行性与必要性，破除了博物馆开展经济活动的观念桎梏，对"博物馆文化创意产业"的狭隘理解仍然进一步制约着产业的顺利发展。许多博物馆从业者将博物馆文化创意产业等同于文化创意产品开发，并且对"文化创意产品"认识模糊，等同于博物馆旅游纪念品、博物馆小商品或是补充收入的辅助手段，未能从思想上真正认识到博物馆文化创意产品有别于普通文化产品和商品的特殊教育价值、情感价值，经济价值和审美价值，因而对如何合理挖掘文物内涵来设计产品缺少感性认识和理性思考。博物馆文化创意产业形式多样，除开发文创产品这一主体运营模式外，还包括馆内的餐饮和场地租借活动，运用博物馆资源开发的教育和文化旅游项目，围绕博物馆藏品进行的影视、游戏等全媒体视听产品开发，博物馆作为 IP 品牌的整体运作项目等。多数博物馆从业者未能认识到博物馆文化创意产业形式的多样性，导致发展博物馆文创产业时手段单一、内容单薄、效果不佳。

2.博物馆旧有体制机制束缚产业发展

首先，在博物馆的组织架构上，国内的大多数博物馆沿袭旧有的以收藏和展览为主要业务功能设置的"三部一室"架构，没有专门的市场营销或是文创开发部门。而国外文创开发较为成熟的大型博物馆大多设有市场总监、营销总监的职位，以及市场部公共关系部等文创专业团队，集合了设计、营销和管理的各类人才。虽然随着近年来我国博物馆对文创经营的重视，部分省级博物馆成立了专门的文创团队，如南京博物院成立文化创意部、湖南省博物馆成立文化产业开发中心、故宫博物院成立文创部等，但不管是在人员数量上，还是在专业化程度上，和国际博物馆均存在一定差距。博物馆市场部门通常处于边缘地位，博物馆的各种资源也更多地向收藏、策展、陈列部门倾斜，文创开发经常面临"人、财、物"的巨大缺口。

其次，作为重要的文化事业单位，博物馆在经营收入分配机制和相关激励机制上限制颇多。依据国家规定，博物馆文创经营取得的收入可以不纳入财政预算，而用于文创产品的再开发和本单位事业经费缺口。但是依据现有的事业单位财政审计制度，取得的全部收入都须纳入财政预算；理论上实行收支两条线，但实际操作中经营性收入经常被用于抵扣财政预算。因此，文化创意产品开发合理的收入分配制度和激励机制未能在博物馆有效建立，导致博物馆员工缺少开展文化创意活动的积极性。

3.资金瓶颈制约博物馆文化创意产业开展

与欧美国家资金来源渠道多元化的现状不同，我国博物馆资金的主要来源是政府拨款，社会捐赠和基金会支持很少，资金来源渠道相对单一。博物馆实行免费开放后，资金不足的情形益发严重，来自政府的资金仅能支撑大多数博物馆的日常运营，缺少资金专门用于文创研发设计。而各类文化产业专项资金多数未能将博物馆文创产业纳入其中，博物馆文创开发难以取得社会资金支持。依据政府最新规定，鼓励博物馆以众筹的方式融资进行文创产品开发。但是和其他的文创众筹一样，博物馆文创众筹由于价值评估缺乏统一标准、投资风险大、投资周期短，很难吸引企业和社会投资。另外，目前中国国内还缺乏像美国等发达国家乐意无偿支持创意的文化环境，这也是博物馆文创众筹遇到的主要障碍。

4.人才瓶颈制约博物馆文化创意产业开展

除资金不足外，创意人才短板亦是限制博物馆文创开发的一大瓶颈因素。据统计，在北京的就业人口总数中，文创产业从业者仅占比 1%，而纽约的文创人才比例为 12%，伦敦为 14%，东京为 15%。其中，对博物馆文化有高度兴趣和深入了解，致力于从事专门的博物馆文创产品开发的人才更是寥寥无几，这与我国文物资源的丰富程度和创意经济的巨大潜力极不匹配。高端文化创意人才和设计、营销、管理复合型人才的缺失，不仅体现于博物馆相关部门的人才缺口，也是文化创意企业团队建设和城市文化人才结构的缺陷。

造成这一状况的原因，无疑与现阶段教育体系的不完善密切相关。普通高等院校创意设计类专业偏少、课程设置不合理、培训计划和社会需求脱节，应试教育环境下对艺术审美教育的忽视，对学生创新创意创造能力培养的欠缺，对中国传统文化知识的传授不够重视，这些因素叠加起来，共同造成了目前高端文化创意人才供给不足的现状。

另外，博物馆作为事业单位，其薪酬体系和激励机制无法有效吸引高端复合型文创人才长期入驻，偏于保守僵化的面貌不利于创新创意氛围的营造和灵感的激发也将有潜力的创意设计人才拒之门外。

（二）研发设计水平和授权模式亟须升级

1.产品设计同质化、表面化现象严重

由于中国本土高端创意设计人才的匮乏，博物馆文化创意产品设计水平整体不高。产品类型同质化，文物内涵理解浅层化，文化元素运用表面化，产品设计脱离实用性或是与时尚审美趣味背离，产品质量粗糙，这些问题在博物馆文化创意产品中普遍存在。精致品位、时尚趣味、文化韵味未能在文创产品上达到有机统一。中小型博物馆做文创不能深入挖掘自身特色，盲目抄袭，复制大型博物馆的文创产品，导致销路不佳。大型博物馆缺乏对馆藏文物内涵的深入理解和创意转化，过于迎合市场，简单借鉴国外博物馆的文创产品，过度研发以卡通造型为主的萌系产品，占领市场的同时却无法有效传达正确的历史观和高雅的文化意蕴。

目前，我国博物馆研发的文化创意产品在种类、质量、创意思维运用、文物内涵发掘、文化意蕴传达、教育目标达成方面，均与国际知名博物馆有较大差距。即使是近年来在文创产业上取得快速进展的故宫博物院、首都博物馆和上海博物馆等大型展馆，其文创面貌优于国内大多数博物馆，但和美国大都会艺术博物馆、大英博物馆、卢浮宫等的设计水平相比，差距仍不容小觑。造成这一状况的原因，既有文创经验的匮乏、人才的缺口，也囿于中国本土设计领域整体水平不高的限制。

2.社会力量参与不足，授权模式不健全

在博物馆开发文化创意产品的各种模式中，艺术授权被公认为较为成熟的产业模式，也是国际博物馆发展文创产业的首选模式。但在中国，包括博物馆授权在内的整体艺术授权产业尚处于初级发展阶段，产业链不完善，社会力量参与不足。

博物馆在资金有限的情况下单独开发文创产品明显有困难，和企业合作开发，建立优势互补、互利共赢的合作机制是首选策略。但由于博物馆文化创意产业具有价值难评估、回报率难以预期、风险性较大等文化产业投资项目的共性，较难吸引企业和社会资金注入，以众筹、众包方式投资博物馆文创，则目前还未形成成熟的投资群体和环境。向社会开放文物知识产权，吸引文化创意设计企业用购买或是竞标的方式参与产业开发，需要建立完整高效的研发、设计、营销艺术授权产业链，其中涉及的版权等法律问题依据模糊，缺少明确规定。

（三）营销渠道和消费市场尚待开拓

1.营销渠道不够畅通，新媒体手段运用不足

作为博物馆文化创意产业链后端的营销环节，在渠道建设和覆盖面上还存在许多问题，比如分众市场定位不够清晰，宣传营销策略效果不佳，品牌意识不强，新媒体手段运用不足等。据统计，目前我国博物馆文化创意产品营销仍以实体商店为主，设置于博物馆内部的文物商店和展销柜台是主要的销售渠道，虽然已有部分博物馆分店进驻机场旅游景点、综合性商场等购物中心，但尚未形成覆盖全国乃至延伸海外的营销格局。以美国大都会艺术博物馆为例，其文创产品分店遍布南美洲、大洋洲和亚洲，而我国博物馆文创产品尚未在真正意义上"走出国门"，仅在国际

授权展和对外文化贸易博览会上有所展示和交易，无法有效发挥博物馆文创产品协助"讲好中国故事""传播中国文，化"的作用。

博物馆文创产品的重要消费群体是拥有一定文化知识背景、消费审美品位和经济能力的年轻白领人群，这部分群体更习惯于使用微信、微博、App 等互联网工具了解信息和进行购物行为，因此在文创产品销售上，开辟网络营销渠道尤为关键。目前建立了官方购物网站的仅有故宫博物院、上海博物馆、首都博物馆、苏州博物馆等几家场馆，且网络上销售的仅为其全部产品的一小部分，大多数购物行为还是在线下进行。而使用微博、微信进行口碑宣传的也仅有上述几家博物馆，且建立微信网店和 App 网店的几近于零。新媒体手段运用不足导致消费人群在无形中流失，也是我国博物馆文创产品销售面临的一个突出问题。

2.成熟的文化创意产品消费群体尚未形成

从博物馆文化创意产品的需求侧来看，产业链的合理循环需要成熟的文化创意产品消费市场作为支撑。文化产品的消费能力、消费意愿取决于民众的受教育水平、艺术素养、经济能力等多种因素。成熟的文化产品消费群体的形成和消费市场的建立，往往需要几代人持之不懈的努力。根据调查统计，目前我国民众的文化产品消费观念尚未与国际接轨，消费形式仍以上网、电视、电影等传统形式为主，参观博物馆、美术馆，聆听音乐会等艺术作品实地欣赏活动，仍然以教育层次较高、经济能力较强的白领精英阶层和部分"银发族"为主，博物馆文创产品的主要消费群体也与此重合。尤其在中小型城市，高端文化消费形式更为罕见，人们更愿意将有限的文化消费资源投入通俗性娱乐活动，博物馆研发的高雅文创品因"曲高和寡"面临滞销局面，客观上也制约了中小型博物馆文化创意产业的发展。

（四）政策执行难发展不平衡问题突出

1.国家出台的推动政策难以落地实施

国家文化部、国家文物局虽然出台了一系列推动博物馆发展文化创意产业的政策，但大多是指导性意见，明确了相关原则，在实际操作中需要落实配套细则和措施。部分地区出台了实施细则，但表现出较强的不平衡性，有些地区支持力度大，扶持政策全面，有些地区尚处于摸索阶段。

指导性意见中明确提出，允许探索单位和个人以知识产权，商标、科研成果和创造性劳动作为要素或相应资本入股。但在现实环境中，博物馆等公益事业单位的资产、人事利益和产权均归国家所有，以知识产权入股面临实际障碍。而博物馆在人员管理上参照公务员管理，实际，上难以尝试股份制企业试点。另外，虽然国家文物局出台意见指出，允许以经营性收入的 50% 作为奖励资金，但在目前的财政审计制度约束下，博物馆原则上不允许超过年终绩效定额和工资总额控制，发放创造性劳动奖励金属于违规发放补贴，导致很多博物馆不敢触碰政策红线。

虽然国家艺术基金等部分基金将文化创意产品研发纳入资助范围，但大多数文化产业专项资金均未纳入博物馆文创开发项目，多数博物馆事业发展经费中也未辟出专项用于研发文创产品，因此，博物馆开发文化创意产品所能申请和获取的资金支持可谓杯水车薪，远不足以覆盖研发过程所需的大量费用开支。

2.地区不平衡和规模不平衡问题突出

我国博物馆的文创开发状况还具有明显的区域不平衡和发展层次不平衡的问题，文创产业链完善程度从东部地区向中西部地区递减。在国家文物局确定的 92 家文博创意产业试点单位中，东部地区博物馆占比超过 50%（53 家），其中还不包括故宫博物院和首都博物馆两家文化部直属博物馆，中西部地区加起来只有 39 家。许多位于著名旅游地的西部博物馆如西藏博物馆等，虽然客流量很大、展示品丰富，但囿于地区创意设计产业基础薄弱和人才匮乏的状况，未能开发出与之匹配的文化创意产品系列。

目前我国博物馆文化创意产业开发还存在显著的规模不平衡现象，即综合类大型博物馆的开发能力较强、产品种类齐全、经济效益较好，中小型博物馆开发现状堪忧。中小型博物馆开发能力较低，既有客观上的资金匮乏、人才短板、消费市场需求不足等因素，也有博物馆管理者观念陈旧、缺少开发动力、不善于挖掘馆藏特色等原因。诚然，亦有部分民营博物馆如观复博物馆等开发出了富有特色的系列文创产品，获得较好经济效益，但主要集中在东部发达地区人才和消费群体相对集中的区域，中西部的中小型博物馆的文创产业发展状况面临重重瓶颈，很难在短期内取得突破。

上述四个方面十大问题共同作用，阻碍了我国博物馆文化创意产业的深入发展。破解这些瓶颈问题，需要从政府营造有利政策环境、博物馆内部体制机制改革、社会力量深度参与、产业链完善构建等各个层面上寻求博物馆文化创意产业发展的基本路径。

二、开发文化创意产品的对策

（一）专业化培训搭建博物馆文创交流分享平台

未来，建议博物馆文创专项培训班扩大授课范围和学员覆盖面，不仅面向博物馆文创部门、公共文化服务部门从业者，也面向创意设计专业学生，有志于从事博物馆文创的设计人员和传统文化爱好者、文创企业等招收学员。可以采用优惠收费的模式，有兴趣的公众通过培训主办方的背景审核后，只需缴纳一定的培训会费即可参与此类培训，获得和国内外一线文创从业者、博物馆界大咖接触交流的机会。

同时，在课程的设置和安排上，建议拓宽视野，邀请国内外文化产业界、专家学者、著名文化创意设计师和博物馆文创把关人参与授课，讲授理论知识，分享实践案例，并提供实地参观考察的机会。另外，由于博物馆文创实践涉及设计、管理、营销等多项业务内容，建议开设针对性更强的专题培训班，如针对各博物馆馆长和文创负责人的高端培训，针对一线文创设计师的设计类专题培训班，针对博物馆市场部门和文创企业的授权模式，运营经验交流培训，以及面向社会上感兴趣公众，的以博物馆文创知识普及，传统文化元素读解为主的培训班，培养博物馆文创的潜在消费群体，推广传统历史文化艺术教育。

（二）文化博览会打造博物馆文创交易展示平台

博物馆组团高频率、高密度地参与文创展会，无疑有助于博物馆文创交流平台的搭建，让更多公众认识和了解丰富多样的博物馆文创产品，提升了产品的社会效益。但是，各类展会上博物馆文创产品的交易额数据甚少对外公布，产品质量参差不齐，耗费高昂的展台搭建费用和人力资源，取得的成效是否符合博物馆预期？业内人士指出，博物馆在参与展会上，应该有所取舍，以参加高层次专业性行业展会为主，并着重拓展海外市场。

如在德国法兰克福国际文化创意产业会上，专设以江南文化元素为主的"东方文化元素产品展示区"，包括苏州博物馆等在内的带有传统东方文化意蕴的中国博物馆文创产品反响热烈。之后，北京故宫博物院、中国国家博物馆、秦始皇帝陵博物院、敦煌研究院、四川博物院等近20家文博单位再赴法兰克福 PaperWorld 展会，在以"中国文博创意"为主题的"东方文化元素展区"亮相，广受好评。

未来，博物馆参加展会应从注重参展数量和频率转向更为关注展会的质量、交易额、面向对象等方面，建立文创参展评估机制，评估参展达成的教育目标和经济效益，以筛选重要展会。博物馆行业联盟应牵头组织更多博物馆文创专业展会，集中展示各大博物馆文创产品，便于消费者比较选择。博物馆选择参展产品应以特色化，高质量为标准，借助文博展会这一交流交易平台切实有效宣传博物馆文化，推动博物馆文创"走出省市""跨出国门"，对外讲好地区故事传播好中国文化。

结语

总之，科学保护管理文物藏品是博物馆保管工作者的重要职责，更是博物馆工作开展的重点所在。现代科技不断进步，社会不断发展，博物馆文物藏品的管理工作需要不断地提高、完善。科学、规范的对其进行管理能够推动我国博物馆事业的发展，对于提高我国历史文化遗产保护维护工作的水平有重要意义。

文物是历史遗留给后人的珍贵记忆，经过千百年时间洗礼的文物具有重要的历史价值、文化价值和科学价值。博物馆做好文物保护和藏品管理工作，对于传承中华民族文化、突出民族个性来说，有着十分重要的意义，同时也是新时代背景下落实科学发展观、实现民族振兴、构建和谐社会的必然要求，是提升地域形象、加强文化软实力、改善民生的必经之路。

文物保护工作是人类珍贵的文明财产，是中华文明璀璨文化的重要印证。因此当前的文物保护工作人员要从现实问题入手，进一步积累与维修经验，积累有关科学知识，切实提高文物保护与维修工作的技术，以克服当前在文物保护和维修工作中出现的新问题，进一步完善当前的文物保护维修工作规范与系统，使文物的保存和维修管理工作在现代科技的促进下，日趋完善。

此外，博物馆提高文物藏品管理水平，有效保障文物安全，可以推动博物馆科学研究工作的顺利开展。每一名博物馆工作人员都需高度重视藏品保护工作，要意识到自己承担的责任。在我国博物馆事业的健康发展过程中，不断涌现出新技术、新材料和新手段，要求藏品管理人员及时转变管理观念，引进新型管理技术，使博物馆藏品彰显自身价值，为人们提供更全面的服务。

参考文献

[1]朱秀梅著.博物馆建设发展与文物保护研究[M].长春：吉林人民出版社,2022.05.

[2]张立乾编.文物保护技术[M].北京：文物出版社,2022.04.

[3]龚钰轩.文物保护技术[M].合肥：中国科学技术大学出版社,2022.06.

[4]靳花娜.文物保护管理及其技术研究[M].长春：吉林出版集团有限责任公司,2022.07.

[5]武仙竹编.科技考古与文物保护技术第 4 辑[M].北京：科学出版社,2022.10.

[6]史宁昌.故宫文物保护修复文集[M].北京：故宫出版社,2021.06.

[7]王芳著.考古发掘文物保护技术研究[M].哈尔滨：哈尔滨出版社,2021.03.

[8]李承先作.中国文物艺术品的鉴定与保护[M].北京：新华出版社,2021.08.

[9]张杨.皮革文物保护研究[M].合肥：中国科学技术大学出版社,2020.10.

[10]龚钰轩著.文物保护概论[M].合肥：中国科学技术大学出版社,2020.05.

[11]王春法作.中国国家博物馆文物保护修复报告集[M].北京时代华文书局,2020.12.

[12]祁庆国主编.文物保护与利用专刊[M].北京：北京燕山出版社,2020.

[13]巨利芹，乔迅翔，杨彬著.文物保护区划及地下文物埋藏区研究[M].郑州：河南文艺出版社,2020.06.

[14]符燕，朱海，宋美娇著.文物保护与修复技术[M].长春：吉林文史出版社,2020.07.

[15]邱坚，高景然著.海门口遗址木质文物保护关键技术研究与应用[M].北京：中国林业出版社,2020.08.

[16]李宏松著.不可移动石质文物保护工程勘察技术概论 2020 年[M].北京：文物出版社,2020.08.

[17]刘江卫著.中国陶质彩绘文物保护修复案例报告——青州香山汉墓[M].北京：科学出版社,2020.01.

[18]任丽莉，沈真波.近代建筑文物保护与建筑旅游应用设计[M].长春：东北师范大学出版社,2020.

[19]牛志文，黄鹤，米瑞霞著.现代博物馆陈设与博物馆发展[M].北京：中国商务出版社,2019.06.

[20]宋娴等著.国内外博物馆科普教育活动案例与评析[M].北京：中国科学技术出版社,2019.10.

[21]袁园著.俄罗斯博物馆建筑装饰艺术[M].沈阳：辽宁美术出版社,2019.08.

[22]何秋菊著.文物色彩分析与保护[M].北京：北京燕山出版社,2018.11.

[23]汪磊主编.文物保护学概论[M].武汉：武汉出版社,2018.05.

[24]张玄微著.纸质文物保护基础[M].长春：吉林科学技术出版社,2018.06.

[25]李春玲著.全国重点文物保护单位制度研究[M].北京：文物出版社,2018.11.

[26]武仙竹主编.科技考古与文物保护技术[M].北京：科学出版社,2018.10.

[27]郑轶著.MR 数字化可视艺术与文物保护[M].北京：文化艺术出版社,2017.06.

[28]张世满，赵路路，张亦非著.文物保护单位价值评估标准体系研究[M].太原：山西人民出版社,2017.12.

[29]杨晓飞主编.信息技术在文物保护与博物馆中的实践[M].北京：科学出版社,2017.03.

[30]刘爽著.文物保护概论[M].沈阳：辽宁教育出版社,2016.07.

[31]李存信著.考古现场处置与文物保护技术[M].北京：中国社会科学出版社,2016.01.

[32]卢燕玲著.文物保护修复理论与实践[M].北京：文物出版社,2016.10.

[33]叶帆符燕.海南出水铁质文物的保护与修复[M].海口：海南出版社,2016.11.

[34]单霁翔著.浅谈博物馆陈列展览[M].北京：紫禁城出版社,2015.05.

[35]马建辉，王晓宁主编.中国高校博物馆建设研究[M].北京：新华出版社,2015.01.

[36]梁建著.北钞博物馆[M].北京日报出版社,2015.09.